近代中国乡村建设研究丛书　王先明　主编

基层治理

社会精英
与近代中国乡村建设

柳敏　主编

社会科学文献出版社

SOCIAL SCIENCES ACADEMIC PRESS (CHINA)

本丛书为2017年度国家社会科学基金重大项目"近代中国乡村建设资料编年整理与研究（1901—1949）"（编号：17ZDA198）的阶段性成果之一

本书同时得到山东省高等学校"青创科技计划"（人文社科）基金项目资助（批准号：2019RWD004）

序　言

　　20 世纪以来，伴随着乡村凋敝和乡村危机的日渐加深，各种救治乡村、复兴乡村或建设乡村的理论思想相继出现，并在相互促动中形成了乡村建设的社会运动。乡村建设的理论探讨和社会实践（或实验）历久不息，留下了极为丰富的文献资料，在此基础上的相关研究成果也颇丰硕。近年来，有许多研究从不同层面对乡村建设做了初步评介，但多从社会教育、乡村治理、现代化路向选择角度展开，全面深入分析乡村建设整体历史进程的成果不多，其中最主要的原因之一，是相关资料虽然丰富却极为分散，难以为系统完整的研究提供史料支撑。

　　学界已经认识到，中国乡村建设的思想与历史的内涵及其特质，掩隐在百年乡村建设的历史进程和民国乡村建设运动史以及代表人物的传记中，嵌入中共早期的农村调查文献、历史文件及历代领袖人物的著作中，蕴含在新农村建设的巨大成就和"中国经验"中。因此，将这些极富特色的资料文献分类编年整理，具有学术研究的迫切性、重要性、长远性的价值和意义。这正是我们努力开展的国家社科基金重大招标课题"近代中国乡村建设资料编年整理与研究（1901—1949）"的内容。

　　在这一课题研究过程中，我们不仅集研究团队之力，更汇聚全国学术界之力，在专题性研讨和共识性话语建构中，产生了许多创新性的研究成果，由此形成了这一课题进展的阶段性研究成果——"近代中国乡村建设研究论集丛书"（计划出版 3—5 辑）。

　　"近代中国乡村建设研究丛书"第 1 辑《走向建设：社会思潮、生活改造与近代中国乡村建设》出版后，获得了学界和社会各界的肯定和勉励，这是对我们的一个鞭策。继第 1 辑后我们又精选了一批论文，推出以《基层治理：社会精英与近代中国乡村建设》为主题的第 2 辑，希望继续获得学界的支持、鼓励和批评！学无止境，吾当砥砺前行！

王先明

2020 年深秋于南开大学历史学院

目　录

1

绅董与晚清基层社会治理机制的
历史变动

王先明*

"州县地大事繁，不能不假手于绅董，宪札亦令督董办理，原恐书吏侵蚀故也。"① 光绪年间曾任地方官的阮本焱深有感触，认为基层社会治理舍绅董而无从措其手足。作为国家权力末端的州县官，如果要实现对地方社会秩序的有效治理，实现国家与社会良好的对接运行，那么绅董乃其关节之处。所谓"绅董无不倚官为护符。而官之贪婪者，亦无不借绅董为绍介"。② 因而，在晚清推行地方自治制度转型的规章中也特别明确规定，"向归绅董办理"③ 的地方事务属于地方自治内容。这在一定意义上提示，绅董不仅仅是一个地方治理主体力量的称谓，也是具有一定规制的社会运行体制。

以往的研究受社会阶层或社会分层视域的制约，大多以"绅治"或"乡绅"话语④概而论之，未能真正揭示基层社会治理的主体力量及其运行

---

* 王先明（1957—），山西屯留人，历史学博士，南开大学历史学院教授、博士生导师，主要从事近代中国乡村史研究。

① 阮本焱：《求牧刍言（附：谁园诗稿）》卷1，文海出版社，1968，第76页。

② 白莲室：《绅董现形记》，上海日商株式会社，1908，第3页。

③ 《湖南地方自治筹办处第三次报告书》（清宣统年间铅印本），李铁明主编《湖南自治运动史料选编》，湖南师范大学出版社，2012，第2页。

④ 吴晗、费孝通等：《皇权与绅权》，天津人民出版社，1988；费孝通：《中国绅士》，惠海鸣译，中国社会科学出版社，2006；张仲礼：《中国绅士——关于其在19世纪中国社会中作用的研究》，李荣昌译，上海社会科学院出版社，1991；王先明：《近代绅士——一个封建阶层的历史命运》，天津人民出版社，1997；徐茂明：《江南士绅与江南社会（1368—1911）》，商务印书馆，2004；王先明：《变动时代的乡绅——乡绅与乡村社会结构变迁（1901—1945）》，人民出版社，2009。

机制。通常所称的绅士，只是一个具有功名（等级）身份的人数众多的群体（阶层），并非获得绅士身份就可以直接跻身于地方社会公共事务管理者行列。事实上，只有被推举（或选举）为地方各级和各项事务的总董、董事者（如乡董、城董、团董、局董、学董、渠董、仓董等），才真正成为地方社会事务的掌管者。州县官也只有借助于绅董的力量或依托于绅董体制，才能将国家权力与地方社会管理体制对接，从而有效地实现基层社会的治理。绅董形成的基本规制及其对地方社会建设和公共事务管理机制的影响、其基本规制和内容在近代以来的制度性变迁中发生的变动等方面都是值得深入探讨的问题。

一 绅董之称谓以及基层社会治理的"官役制"

何谓绅董？词典的权威解释为："绅士和董事。泛指地方上有势力有地位的人。"词典还列举两个例子加以阐释。其一为《文明小史》第五十三回："那买办为着南京地方情形不熟，怕有什么窒碍地方，说必得和地方绅董合办，方能有就。"其二为鲁迅《准风月谈·同意和解释》："至于有些地方的绅董，却去征求日本人的同意，请他们来维持地方治安，那却又当别论。"① 将绅董解释为对绅士和董事的结合称谓，在字面意义上是贴切的，但这一诠释却与历史事实和本来的指称内容相去甚远。1930 年代，上海现代书局曾刊行谷剑尘的《绅董》② 剧本，对于绅董人物有一个鲜活而形象的描述。剧本的主人公范之祺是留学生出身，并因银行及纱厂经理地位而成为著名绅董。范之祺的身份以及出身显然不符合"绅士和董事"的合称这样的解释。

如果说民国时期由于社会政治制度的更易，会导致传统称谓内涵及其指称对象发生变化的话，那么光绪年间出版的社会小说《绅董现形记》③ 的描述，则应准确地表达了晚清时期关于绅董的一般认知。书中描写了梧县的查延宾科考成功"点了翰林"之后，不想在京城做个低三下四的小清官，

---

① 罗竹风主编《汉语大词典》第 9 卷下册，汉语大词典出版社，1992，第 780 页。
② 谷剑尘：《绅董》（现代戏剧三幕剧），现代书局，1930。
③ 白莲室：《绅董现形记》，上海日商株式会社，1908。

而是一心要回乡做一个"尊无二上"的绅董。几番运作后，他获得了办理学务照会，"请他为办学的总董"。此后，他又为商会会长并兼任团练局总董，遂成为一邑之大绅董。① 晋绅刘大鹏在1908年1月20日的日记中记述："晋祠一带生意，近立一名目，凡出钱票之家，有人凭票取钱，而该号每千钱少付五六十文，谓之'快钱'。乃不肖绅董尚为巧饰其词，致人民受困，此亦世道之大不幸也。"② 不难理解，上述文字记述的绅董，是单指一个具有特定地位和权势的人物，并没有"绅士和董事"的合称的意义。

那么，绅董的确切所指是什么？晚清时期《申报》上《绅董不可轻信说》一文可以为我们提供更明晰的含义。

> 今夫近时之为绅董者，吾知之矣。……地方绅士果其德隆望重者，往往不肯预闻外事。……彼纷纷扰营，干各善堂董事，借此以亲近地方官者，必其有所求于官者也。而无如绅董，则不避嫌疑；官亦不知律意，下车伊始，即有绅董迎迓。若书役之接差，门上之手版朝投，袖中之公事夕至，其弊可胜言乎？③

就文中所言可知，即使是身份和官职甚高的地方绅士，如无地方公共事务之职责，亦非绅董。所谓"地方绅士果其德隆望重者，往往不肯预闻外事"，只有那些"百计千方，钻营谋控，忽焉而延之为某善堂董事"的绅士，才进入"绅董"之列。

咸丰时期因应"乱局"，各地均成立团练以靖地方。因此，地方官周知地方形势的重要事项之一，即是与绅董沟通，"地方牧令，形势不可不熟也。各村各团之绅董，皆有簿籍，俾得随时访察"。④ 此处所指的绅董，实为一个地方社会特定权力行使者，亦非"绅士和董事"的结合称谓。以下我们可从三个不同时段的史料详予说明。

其一，道光年间，林则徐关于通州治河折中提到："知州督率委员绅

---

① 白莲室：《绅董现形记》，第12—77页。
② 刘大鹏：《退想斋日记》，山西人民出版社，1990，第164页。
③ 《绅董不可轻信说》，《申报》1888年7月17日，第1版，第1页。
④ 方宗诚：《鄂吏约》，严云绥、施立业、江小角主编《桐城派名家文集》第9卷，安徽教育出版社，2014，第468页。

董，劝谕捐修。首先知州捐廉，劝谕绅董捐挑，一律挑深三尺。"此后，各乡董事或开挑柴南沙河界。① 此处所言绅董是特指，并与"各乡董事"相区别，表明绅董是高于各乡董事的人物。此处所指的绅董的含义显然不能解释为"绅士和董事"。

1882 年 12 月《申报》转载《京报全录》，记述了巡视中城工科掌印给事中臣国秀"为遵保获盗出力之司坊绅士仰恳恩施，以资鼓励事"奏折。折中提及"按照历保成案，拟保首先司坊官三员绅董五员"一事，这五员绅董为：北城绅士董志敏（候补知县）、南城绅士房毓璋（候选教谕）、南城绅士李振钧（议叙县丞）、北城绅士宁师张（候选知县）、中城绅士杨逢篁（议叙知县）。他们都是以绅士身份出任五城水局的董事者②，亦即董理地方公务的绅士。

其二，1901 年八国联军占领天津期间，天津都统衙门第 105 次会议决定在津城分设五区，并由各村镇务于本月 25 日之前举荐三名绅董，负责维护各村镇的秩序及安宁。③ 对此，《大直沽欸乱记碑文》记述，由绅董王聘三、刘鑅斋、李榭香、李高贵请都统衙门派巡捕维持治安。其中绅董王聘三、刘鑅斋、李榭香是大直沽村烧锅"义丰永""义聚永""同兴号"的经理，而李高贵是村正④。1904 年《大公报》所载《天津县示》中革除的"不肖绅董"即是担任村正的乡绅王文宗⑤。此处所指的绅董，都不是绅士和乡董的合称，而是指管理乡村事务的乡绅董事。这不是一个身份的标示，而是具有实际职权的社会职位（但不是官位）。

其三，1910 年长沙米荒时，湘抚设立由绅董掌管的禁米局。据藩司"禁米局全案总说明书"可知，禁米局设于商会，置总董、董事，并于各地立分局，征收捐款。相关条规第六条规定：投票选举绅士为董事，每局选

① 《通州捐挑河道片》（道光十六年五月下旬至六月上旬），林则徐全集编辑委员会编《林则徐全集》第 2 册《奏折卷》，海峡文艺出版社，2002，第 727—728 页。
② 《巡视中城工科掌印给事中国秀等跪奏为遵保获盗出力之司坊绅士仰恳恩施，以资鼓励事》（光绪八年十月十一日京报全录），《申报》1882 年 12 月 2 日，第 10 页。
③ 刘海岩、郝克路等编《天津都统衙门会议纪要选》，庄建平主编《近代史资料文库》第 6 卷，上海书店出版社，2009，第 514 页。
④ 林开明整理《大直沽欸乱记碑文》，庄建平主编《近代史资料文库》第 6 卷，第 459—460 页。
⑤ 《天津县示》，《大公报》1904 年 10 月 20 日，第 4 版。

定二人，董事每月各支薪水。在第七条中特予说明："绅董职任已于第六条内叙明；至权限一节，应实守调查米数宗旨，一切局事该董事等均不得干预。""绅董经费已详载第六条内。"①

以上史料表明，从道光到宣统相当长的历史时期内，在正式的官方文献中，绅董是一个特指的称谓概念，而且也是相对稳定的一种表述，其含义实指"董理地方公务的绅士"，即"公正绅耆董理其事"者。②

值得我们特别关注的问题是"事由局而不由县，权在绅而不在官"③的绅董治理模式，并非清王朝建政立制时的制度性选择。明清易代，乡村治理体制大体因袭明制而有所取舍。"清代在州县以下不设行政机构，各种乡里组织大致可以分为两类：其一，办理乡里社会自身事务（或者说承担"自治"功能）的组织，主要是宗族和由绅、民自发建立的各种常在性或临时性会、社；其二，办理各种官府事务（即所谓'政教之下于民者'）的组织。"④因此，直接承接官府政务的相关制度有两种。一是保甲制，"主掌盗贼逃入，奸宄窃发事件；以连坐互保行弭盗安民之规"，于清朝定鼎之初即举而行之，"其后屡经申饬，为法甚详"。二是里甲制，以"一百一十户为里，推丁多者十人为长……十人轮年应役，催办钱粮，勾摄公事"。⑤此后乡里规制时有变化，"又有耆老一项，例有顶带，亦与闻乡里之事"。⑥所承负者"不过宣谕王化，无地方之责，非州县乡约比"。⑦倚重于乡治且教养兼施，是中国古代社会治理的传统。清前期亦曾有设乡官之议（雍正七年御史龚健即奏请添设"乡官"），"取本乡之人以资治理"。但此议旋即被鄂尔泰所否定："如牧令得人，则此等人原俱可以助其不及，而进其不知，即乡进士、举贡、生监内品行才德之选，亦未始不可以资耳目而益心思，是不必增乡官，而堪以佐理者甚多。设使牧令不得人，则虽贤能乡

---

① 《拟稽查禁米局全案总说明书》，赵滨彦：《湘藩案牍钞存》，文海出版社，1976，第665—666页。
② 王先谦：《东华录 东华续录》第8册，上海古籍出版社，2008，第335页。
③ 刘蓉：《复温邑宰书》，葛士濬辑《皇朝经世文续编》卷21，文海出版社，1973，第589页。
④ 魏光奇：《有法与无法——清代的州县制度及其运作》，商务印书馆，2010，第382页。
⑤ 林建：《中国乡治史观》下册，福州市大酉山房书局，1929，第21—22页。
⑥ 林建：《中国乡治史观》下册，第23页。
⑦ 林建：《中国乡治史观》下册，第24页。

官，亦原不能主其事，或遇不肖乡官，且适足济其恶。且乡官既应设，则佐贰可裁，佐贰不可裁，则乡官为冗。臣以为该御史请设乡官之议，似不可行者也。"①

在清朝前期乡制运行的制度框架中，极少见到直接由绅董操持地方事务的情况。从顾如华之《西台奏疏》所记顺治十六年间有关地方报荒蠲免事项，主要依托的力量"半是分委佐二，或依凭该村地方保正"。② 雍乾之时，即使属于地方救灾事务的社仓管理，亦是选取"殷实老成之人充为社正副，董理收放"③；而社长之任不过"视同传舍，寅接卯替……一年一换，需人过多。惟凭乡保举报，按户轮当，遂多任非其人"。④ 这与明代"该用赈济稻谷若干，就令图里长领去粜卖"⑤ 的惯制基本相同。这是以"职役制"⑥ 为主导的基层社会控制体制。"动行乡约、社仓、保甲、社学，纷纷杂出"⑦，无论里甲、保甲还是乡约、里老之选，虽都被赋予"皆民之各治其乡之事"，但其名分地位甚为低下，不过为官之差役。其名目各地虽略有不同，但其总体职能和地位一仍其旧，"或差役，或雇役，或义役"，是一种将基层社会完全置于官府管控之下的治理体制——"职役制"⑧。

那么"督率绅董切实办理"⑨ 地方公务的治理模式，又何以形成并何时得以建构呢？

---

① 鄂尔泰：《议州县不必设副官乡官疏》（雍正七年），贺长龄辑《皇朝经世文编》卷18，文海出版社，1973，第686页。

② 顾如华：《西台奏疏》，文海出版社，1988，第18页。

③ 岳濬：《议社仓与古异同疏》，贺长龄辑《皇朝经世文编》卷40，第1433页。

④ 李湖：《酌定社长章程疏》，贺长龄辑《皇朝经世文编》卷40，第1436页。

⑤ 章懋：《与许知县》，陈子龙等选辑《明经世文编》卷95，中华书局，1997，第839页。

⑥ "甲长乡正之名，近于为官役"，见张惠言《论保甲事例书》，贺长龄辑《皇朝经世文编》卷74，第2650页。魏光奇称之为"乡役制"，见魏光奇《有法与无法——清代的州县制度及其运作》，商务印书馆，2010，第383页。在官役制体制中，清初实际将绅士置于被控制的地位，此举遭到绅士阶层持久顽强的抵拒。详见王先明《明清士绅基层社会地位的历史变动》，《历史研究》1996年第1期。

⑦ 陆世仪：《论治邑》，贺长龄辑《皇朝经世文编》卷22，第811页。

⑧ 林建：《中国乡治史观》下册，第25页。

⑨ 张之洞：《札东臬司饬东莞等七属遵办清釐匪乡事宜》，赵德馨主编《张之洞全集》（五），吴剑杰、周秀鸾等点校，武汉出版社，2008，第118页。

二 "绅董主其事"治理机制的形成

清朝"国初以来，例不用绅"①的惯制被打破，从而形成"每县各有练局委员，绅董主其事"②的治理机制。这种历史性变动大致发生在咸同之际。"自咸同时，克复疆畿，赞成庙略，半皆出于诸生，不用之说，久已废搁。"③一方面，因战乱兵事之需，各地设立专局，咸以绅董主其事。署理四川总督的丁宝桢谓："川省自同治初年，本省军务紧急，各处征兵防剿，地方供给兵差，始创设夫马局，由地方官委绅设局，按粮派钱，预备支应。"④两江总督曾国藩于同治初年《报销安徽省抵征总数疏》中也称："自楚师入皖……各州县支应兵差，款项无出。每立公局，按亩捐钱，以绅士经理其事。民捐民办，从不报销。日久弊生，县官不能过问，绅士亦互争利权，征求无度，百姓苦之……兵革之后，册档全失，丁漕混淆，遽征钱漕，竟无下手之处。当经善后总局议以亩捐之法，参用正供之意，查明各处熟田，按亩捐钱四百文，给予县印串票以抵正赋，名曰抵征。一切收解动用，官为报销。兼设绅局，襄办清查粮亩。"⑤此举措原属"万不得已之举"，不料竟演为平时规制。"迨后军务肃清，兵勇大半遣撤，而各厅州县积习相沿，仍借支应兵差名目，任意苛派……较正供浮多加至数倍。地方官以此为应酬入私之具，局绅以此为迎合渔利之阶。小民脂膏，半入官绅私囊。二十余年，视为固有。"⑥

太平天国运动被镇压后，地方所设的各种局、所激增。"这里是官员、士绅、商人一起工作和交换意见的最重要的地方。例如1860年代，在上海海洋运输局的'士绅帮办'中，就有像胡光墉这样的商人官员，还有像王荃元、王承勋这样的士绅地主。上海的另一些局包括：巡防局、厘金局、

---

① 《拟上某宪整顿绅董书》，郭希仁主编《丽泽随笔》第9期，1910年，第7页。
② 《团练害民》，伍承乔编《清代吏治丛谈》，文海出版社，1975，第242页。
③ 《拟上某宪整顿绅董书》，郭希仁主编《丽泽随笔》第9期，1910年，第7页。
④ 丁宝桢：《裁撤夫马局疏》，盛康编《皇朝经世文续编》卷38，文海出版社，1973，第4043页。
⑤ 曾国藩：《报销安徽省抵征总数疏》，盛康编《皇朝经世文续编》卷36，第3721页。
⑥ 丁宝桢：《裁撤夫马局疏》，盛康编《皇朝经世文续编》卷38，第4043页。

保甲局、洋务局、清道局、文庙所扫局等，总计多于 50 个。"① 不仅专项事局的设立和运行依赖绅董，即使地方社会常设的救助机构，如善堂、济养堂等，也强化了绅董管理模式。上海"'善堂'是官员、商人、士绅领袖之间会面、沟通信息以及互相合作的另一个重要场所"。在《上海县续志》中，有 22 个善堂董事的小传，其中 13 人有商界背景，只有 11 人原来是士绅学者或官员。②

另一方面，清政府面临地方社会秩序难以重建的困局。江南地方"自粤逆窜扰后，田地类多荒废"，尤其"江宁、镇江、常州三府暨扬州府之仪征县，被兵最重，荒田最多……同治三年，军务平定，随时设局招垦"。③依凭"职役制"架构中的保甲、里甲乃至乡约的组织资源，显然无法实现地方社会秩序的重建，即便如朝廷一再试图强化保甲制，也只是官员对上的呈文功夫，其实效却是"近代以来，奉行鲜有成效者"，"因地方官疲于案牍，不能不假手书差，而一切工料、饭食、夫马之资不无费用。大约书役取给于约、保，约、保集之甲长，甲长索之牌头，牌头则敛之花户。层层索费，在在需钱，而清册门牌任意填写，以至村多漏户，户有漏丁。徒费民财，竟成废纸"。④ 因此，一定程度上摆脱既有的"官役制"，"不令书役干预"⑤，转而倚重于绅耆成为地方官重建地方社会秩序的必然选择。"今大乱之后，民户死绝流徙，册籍难稽。僻壤远乡，避抗成习，非一二书差所能承办也。"⑥ 如陕西巡抚刘蓉提出，地方社会秩序重建之大要有数端：一是正经界，以清丈地亩；二是定限制，以核实"叛产"、绝产概令充官；三是缓钱粮以苏民困；四是定租谷，以息纷争⑦。为此，地方官选绅设局以主其事，"由总局颁发执照，设分局以专责成。各州县选择公正明白绅耆二

① 《上海县续志》卷 2，第 22—32 页，见梁元生《上海道台研究——转变社会中之联系人物，1843—1890》，陈同译，上海古籍出版社，2003，第 146 页。

② 梁元生：《上海道台研究——转变社会中之联系人物 1843—1890》，第 146 页。

③ 李宗羲：《招垦荒田酌缓升科章程详文》，盛康编《皇朝经世文续编》卷 39，第 4125 页。

④ 方宗诚：《鄂吏约》（同治二年），严云绶等主编《桐城派名家文集》第 9 卷《方宗诚集》，第 466 页。

⑤ 方宗诚：《鄂吏约》（同治二年），严云绶等主编《桐城派名家文集》第 9 卷《方宗诚集》，第 466 页。

⑥ 吴嘉宾：《上大府条陈新章利弊书》，盛康编《皇朝经世文续编》卷 37，第 3993 页。

⑦ 刘蓉：《筹办陕西各路垦荒事宜疏》（同治四年），盛康编《皇朝经世文续编》卷 39，第 4211—4214 页。

三人，户工书吏各一人，书手一二人，设立分局，丈量地亩，册记登录，颁发执照"。①

刘汝璆《上浙江论清粮开荒书》直言，咸同以后，绅董在地方社会的作用日见其重。"兵兴以来，百姓失业多矣，国家之赋税缺矣。且谬意，此办事绅董，不必他择也，即取之粮户耳。"② 由此或可推断，咸同之后地方治理中的一个重大变动即是基层社会中绅董治理机制的出现。"各村各团之绅董，皆有簿籍"，地方牧令欲察知形势，熟悉民事，须借助于绅董，方可"俾得随时访记"。③

以乡约和保甲为主体的地方治理体制，事实上在历史的演进中已"名存而实亡矣"④，至晚清之际更是流弊丛生，如户口之册籍所载与乡村实态相去甚远，"今有一村数里，一巷数甲，甚有一家一户，里甲不同。河南河北，里甲牵制，插花犬牙，在在而有"。⑤ 有些地方户口，"每以具文从事。究其实，官捧一册，户悬一牌，亦曾何益之有哉？盖官取据里绅，里绅取据甲首，甲首取据村牌，各不任咎，存心作伪，何伪不生。及观所开户册，不过男女大小，以外别无载列。推原册状，实无所用。持以办丁户、赈饥民，而未详其贪，何以详极详次？持以理词讼，盘奸宄，而不知其名，何以知人知事？"⑥ 就地方社会秩序治理而言，此于清查地方基本情况实为根基之所在，所谓"兴亡之途，罔不由此"，⑦ "若不更改，如何而可？"因而，"立绅首"就成为地方社会有效治理的必然选择。"立绅首，定坐落，清户口"，至此皆可坐收其益。⑧

"军兴以来，各省团练民勇，有图董，有总董，大同小异，顾行之转视保甲为有效。"⑨ 许多地方出现的这种倚重于绅董治理的模式，断非地方官

① 刘蓉：《筹办陕西各路垦荒事宜疏》（同治四年），盛康编《皇朝经世文续编》卷39，第4221—4222页。
② 刘汝璆：《上浙江论清粮开荒书》，盛康编《皇朝经世文续编》卷39，第4306页。
③ 方宗诚：《鄂吏约》（同治二年），严云绶等主编《桐城派名家文集》第9卷《方宗诚集》，第468页。
④ 顾炎武：《乡亭之职》，贺长龄辑《皇朝经世文编》卷18，第691页。
⑤ 《庚子议办渭南各镇保团事宜》，郭希仁主编《丽泽随笔》第20期，1910年，第3页。
⑥ 《庚子议办渭南各镇保团事宜》，郭希仁主编《丽泽随笔》第20期，1910年，第4页。
⑦ 顾炎武：《乡亭之职》，贺长龄辑《皇朝经世文编》卷18，第689页。
⑧ 《庚子议办渭南各镇保团事宜》，郭希仁主编《丽泽随笔》第20期，1910年，第3、5页。
⑨ 冯桂芬：《复乡职议》，《校邠庐抗议》，上海书店出版社，2002，第12页。

员个人好恶偏向所致，它成为晚清以来基层社会治理规制建设中的选项，且实践成效颇受推崇，显然也有其制度性原因。对此问题，著名学者、官至刑部主事的孙诒让曾有所指陈："今中土之县邑，大者数百里，户盈十万，而以一县令治之，极耳目之明，竭手足之力，亦必不能周知其情；则不得不假手于架书、粮、书、地保之属。其品既杂，率为民害，今宜一并裁革。……又多设乡正，以绅士耆民有恒产者为之，不为书吏而为绅董。则位为略高，而自爱者多。其职掌教化，平争讼，略如汉之三老啬夫之制。使百家以上，各公举一人为之，小里不及百家者，附于别里。"① 在乡村社会治理的历史实践中，"官役制"的治理效用颇多诟病，因此在实践中，择"其秀而文者为绅董"② 就成为地方官措置乡村公务的应然之举。

首先，绅董的身份地位远高于保长和甲长，属于"准官员"资格。冯桂芬在《复乡职议》中曾比评二者谓："地保等贱役也，甲长等犹之贱役也，皆非官也。团董，绅士也，非官而近于官者也。"这是形成保甲制之"无效"与绅董制之实效的重要原因之一。"惟官能治民，不官何以能治民？保甲之法，去其官而存其五四选进之法，不亦买椟而还珠乎！"因此，冯桂芬提出的"复乡职"方案实际就是建构绅董治理模式，即由所举正董、副董主图、里、村落事务，"皆以诸生以下为限。不为官，不立署，不设仪仗，以本地土神祠为公所"。③ 曾在歙县授馆收徒的张惠言关注地方治理事务，他从另一角度强调绅董治理机制优于"官役制"之所在："（保甲之设）自来行之不善，官民相违，胥役滋扰，往往反以病民。今惟责成本乡绅士，遵照条法，实力举行，地方官止受绅士成报，时加劝导，不得令差役挨查。如有公事，止传总理面议。"④

咸同以后地方机制表明，这种倚重绅董治理的方案相当普遍存在于实际操作层面，而非只是纸本上的构想。譬如阮本焱谈及阜宁县赈灾举措情形："于城董中选择二人作为总董，谕令督同沿河各乡董、保、顺庄挨查。每乡实有极贫村庄何处，每村实有极贫户口何人……如无甚错，由县核定先期榜示某乡某庄实在极贫无力购种之某户田若干，应借给籽种若干，然

---

① 杨天竞：《乡村自治》，村治月刊社、大东书局，1931，第42页。
② 刘汝璆：《上浙江论清粮开荒书》，盛康编《皇朝经世文续编》卷39，第4306页。
③ 冯桂芬：《复乡职议》，《校邠庐抗议》，第12页。
④ 张惠言：《论保甲事例书》，盛康编《皇朝经世文编》卷74，第2648页。

后示期交董均匀散给，督令种入。"① 可见，地方事务的具体运行和县政措施的落实，均有赖于由总董、城董和乡董构成的绅董体制。

其次，出任地方社会公共事务管理者的绅董，须经过推选或选举程序，其地方权威性或认同度由此获得。"各图满百家公举一副董，满千家公举一正董，里中人各以片楮书姓名保举一人，交公所汇核，择其得举最多者用之。"② 与皇权钦命的正式官员不同，绅董不属于官权体系，其地方公共权力的合法性和正当性，一定意义上取决于地方社会的认同度；而公举或选举的程式恰恰是获得这种认同的社会规制。"董事民间所自举，不为官役，又皆绅士，可以接见官府，胥吏虽欲扰之不可得矣。"③ 更为重要的是，正董、副董与县级官员间并没有直接的上下级统辖关系，而是国家与社会（不同力量或权属）的依存关系。④

最后，绅董设立局（所），掌管地方公共事务，并享有薪酬。按张惠言所述规制，为乡设一局，"以绅衿一人总理，士夫数人辅之，谓之董事。牌头无常人，轮日充当，谓之值牌，如此，则牌头之名不达于官"。⑤ 绅董所督理的范围不仅仅局限于社会秩序或治安、户口、册籍，几及一切民间事务，甚至"民有争讼，副董会里中耆老，于神前环而听其辞，副董折中公论而断焉……不服则送正董，会同两造族正公听如前，又不服送巡检，罪至五刑送县，其不由董而达巡检或县者，皆谓之越诉，不与理。缉捕关正副董指引而不与责成，征收由正副督董导而不与涉手"。⑥

由于地方事务繁简不同、具体情景有别，作为地方治理机制的绅董亦无统一的规制，但其基本框架却大致相近。绅董通常设总局于县，以驻局绅董数人总领局事，复分一县为数乡，"由城董举报每乡中之稍有身家明理识事之生监为乡董，每乡统数十村，由乡董每村举报一人为村董。村无生监，则以诚实耆民充之"。⑦ 以总局绅董统辖下属乡董、村董，由此形成以绅董为主体的地方社会治理的权属体系。

---

① 阮本焱：《求牧刍言（附：谁园诗稿》卷1，第76—77页。
② 冯桂芬：《复乡职议》，《校邠庐抗议》，第12页。
③ 张惠言：《论保甲事例书》，盛康编《皇朝经世文编》卷74，第2648页。
④ 牛铭实编著《中国历代乡规民约》，中国社会出版社，2014，第61页。
⑤ 张惠言：《论保甲事例书》，盛康编《皇朝经世文编》卷74，第2648页。
⑥ 冯桂芬：《复乡职议》，《校邠庐抗议》，第12页。
⑦ 刘佳：《与郑耕畲广文书》，盛康编《皇朝经世文续编》卷45，第4923—4924页。

与保甲、里甲以及乡约不同的是，绅董是享有薪酬的职位。"正董薪水月十金，副董半之。正、副董皆三年一易……见令丞簿尉用绅士体礼，文用照会。"① 当然，这并非是制度化或普遍化的薪酬标准，事实上因地方经济社会条件的不同，绅董们所获收益和报酬也远非如此，"绅董每借办团横索暴敛来鱼肉平民"②。

"不假书役，不由现充之保甲人等，专俾绅士富户经理"③，绅董总率其事。"局绅专办团练，都总兼催钱粮。当其立法之初，妙选廉正绅士以充其任。上下之气既通，官民之情大洽。"④ 咸同之后，许多地方逐渐兴举绅董制，甚至一些地方还将"乡约责任从地方官吏的手里，转移到地方绅董的手里"⑤，遂使"诏书宪檄络绎旁午而卒不行；间行之而亦无效"⑥ 的地方社会治理借此获得生机。这一地方治理体制的历史性变动，导致传统乡制在管理模式上发生了重大变化，许多地方的基层社会治理已经形成了"权在绅而不在官"⑦ 的绅董治理机制。

需要指出的是，绅董治理模式并不是朝廷典章制度意义上的显性制度体系，它没有也不可能典制化（规范化）于朝廷文本中，而是依存于地方特定情景而变通运行的一个机制。因此，各地局（所）乡区的绅董权属体系并不具有统一规制和范式，其具体架构诚然难述其详，然其大要则不外有两个方面。

其一，县设总局或公所，入局（所）办其事者为绅董，总其事者为总董、局绅；因事之繁简设若干分理事务的分董。各乡区对应办理公务之绅董，或为图董、都董、村董，均听命于总局绅董。就地方治理权属分层面而言，绅董为主导，而区村长及地保，不过行走办事而已。"其朴而愿者为公正区长弓手诸色。此无异以己之财力，办一己之事，而游手无业之人，初不得冒充入局也。至于庄书人，不过令其造册勾稽书算而已。"⑧ 总局绅

---

① 冯桂芬：《复乡职议》，《校邠庐抗议》，第 13 页。
② 罗尔纲：《湘军新志》，文海出版社，1983，第 26 页。
③ 徐文弼：《设卡房议》，葛士濬辑《皇朝经世文续编》卷 74，文海出版社，1973，第 588 页。
④ 刘蓉：《复温邑宰书》，葛士濬辑《皇朝经世文续编》卷 21，第 589 页。
⑤ 牛铭实编著《中国历代乡规民约》，第 58 页。
⑥ 冯桂芬：《复乡职议》，《校邠庐抗议》，第 12 页。
⑦ 刘蓉：《复温邑宰书》，《皇朝经世文续编》卷 21，文海出版社，1966，第 588 页。
⑧ 刘汝璆：《上浙江论清粮开荒书》，盛康编《皇朝经世文续编》卷 39，第 4306 页。

董，可为全县绅董之首，在局（所）布置事项，议决公务。这基本上形成一个绅董自主、官为督察的地方社会治理权属机制。

其二，绅董治理模式的出现，体现着地方治理机制的历史性变动趋向。虽然其演进的具体线索还有待进一步梳理，但大致可见其时代性差异，即咸同之际的地方社会治理模式与雍乾之时已全然有别。譬如雍乾时期的义仓管理，通常"择里中老成信实者为社长，司谷之出入，收息免息，悉依前法"。① 至乾隆五年（1740）时，仍然是"社仓已选有殷实老成之人充为社正副，董理收放，似毋庸更设保长乡官名目而保簿"。② 但是，咸同时期许多地方却运行"当社立仓之法，各归各庄，暂存富家公所，选择本乡公正绅士妥为经营"③ 的治理模式。其管理规制"于县署二堂设局，选本城绅董四人，常住其间，总司赈务"，下辖乡区则"由城董举报每乡中之稍有身家明理识事之生监为乡董，每乡统数十村，由乡董每村举报一人为村董。村无生监，则以诚实耆民充之"。④ 这种"地方事尽归绅董，亦非所以存政体杜弊端"⑤ 的治理模式，显然具有不同既往的时代特征。

现代政治制度研究者亨廷顿认为："制度是稳定的、有价值的行为的再现模式，组织与程序会随其制度化程度而变化。"⑥ 绅董治理模式如果不构成显性制度的话，也是一个地方社会内生的权力运行机制（或谓隐性制度）。

三 绅董治理的权属范围——溢出官役体制所限

乡村治理乃国家治理之基石。"今之为治者，动行乡约、社仓、保甲、社学，纷纷杂出，此不知为治之要也。"⑦ 明清以来，乡村治理的制度设置名称各异，规制不一，但其大要不出乡约、社仓、保甲、社学之范围。这

① 孔毓珣：《议复社仓疏》，贺长龄、魏源编《清经世文编》上册，中华书局，1992，第584页。
② 岳濬：《议社仓与古异同疏》，贺长龄辑《皇朝经世文编》卷40，第1433页。
③ 任道镕：《东省办理积谷情形疏》，盛康编《皇朝经世文续编》卷38，第4610页。
④ 刘佳：《与郑耕畲广文书》，盛康编《皇朝经世文续编》卷38，第4923—4924页。
⑤ 庄建平主编《近代史资料文库》第6卷，第465页。
⑥ 转引自高旺《晚清中国的政治转型：以清末宪政改革为中心》，中国社会科学出版社，2003，第162页。
⑦ 陆世仪：《论治邑》，葛士濬辑《皇朝经世文续编》卷10，第811页。

一官役制下的乡村治理模式，职分明确，所谓"乡约是纲，社仓、保甲、社学是目。乡约者，约一乡之人而共为社仓、保甲、社学也。社仓是足食事，保甲是足兵事，社学是民信事，许多条理曲折，都在此一日讲究。不然，徒群聚一日，说几句空言，何补益之有？"① 官役制的乡职人员只是奉命行事，应差服役，于地方公共事务以及社会建设事业方面一无所为，"其流品在平民之下，论者亦知其不足为治也"。② 因此，在地方治理实践中，"延绅士以通上下"③ 的绅董治理模式得以成型。

追溯源起不难发现，传统"官役制"下地方社会秩序维系和防护困境是绅董治理机制的发端。嘉庆年间，川楚"教匪"蔓延，朝廷"令民团练保卫，旋即荡平……若得公正绅耆董理其事，自不致别滋流弊，即地方间有土匪，一经约束，亦将去邪归正，共保乡闾"。地方社会秩序维系和治理"均归绅耆掌管，不假吏胥之手"，从而获致"以子弟卫父兄，以家资保族党"④ 的功效。事实上，作为社会（或社区）内生的公共权力体系，绅董涉及的地方社会治理范围远远超越了地方保卫和维系社会秩序的界限。"凡公事之要而且大者，则惟繁冲之处居多，无论绅倡议而请于官，与官有意而商诸绅，其谋之臧否与事之难易，及经费之若何措置，于以绅之言为定。绅亦必以众绅之言与四乡合城之言禀于官而后定，则绅之言公言也。"⑤ 从绅士中推举或选举出来的绅董及其运行机制，是地方社会公共权力建构和运行的系统，它具有相对独立于官治体系的属性。"凡一地方，常有特别之事情，一方之人，皆同其利害，而能合力以营谋。且官吏之知之也，不如其地方人士知之之为悉也。"⑥ 地方社会内生的事务和公共事务（社会）之建设因地而异，受地方经济、文化与习俗的制约，无法被纳入统一的国家治理权属。"所谓利害共同之事，在愈小之区域，则其事愈多，在愈大之区域，则其事愈少。"如道路之修筑、医院之建设，"在一市一乡，其利害固易相同也，若在一省，则不必然矣"。所以，地方治理之道，"使仅集利害相同之人以

① 陆世仪：《论治邑》，葛士濬辑《皇朝经世文续编》卷10，第811页。
② 冯桂芬：《校邠庐抗议》，第12页。
③ 姚莹：《复方本府求言札子》，贺长龄、魏源编《清经世文编》上册，第577页。
④ 咸丰三年正月癸丑谕内阁，见《咸丰东华录》卷19，转引自罗尔纲《湘军新志》，第22页。
⑤ 《论宁郡潴河专任绅董之善》，《申报》1879年5月3日，第1页。
⑥ 吴贯因：《省制与自治团体》，经世文社编《民国经世文编》内政二，文海出版社，1973，第2069页。

谋之，则其事易举……故普通之自治事业，宜于市乡办之，而不能于行省办之"。①

地方社会公共事务繁难丛杂，晚清以来绅董在地方事务活动的内容也广为社会各界关注。我们通过《申报》关于绅董相关活动的记述可以见其概要。检索《申报》从1872年5月至1910年12月关于绅董的记述条文，共有1167条②，其中按年代统计分别为：1870年代（1872—1880）为131条，1880年代（1881—1890）为319条，1890年代（1891—1900）为377条，1900年代（1901—1910）为340条。报刊为社会舆论之中心，它所关注的内容与社会生活息息相关。从其记述绅董相关内容数量看，呈逐年增加趋势，尤其从1880年代开始出现大幅增长态势（见图1）。

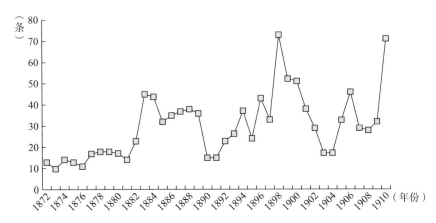

图1　《申报》记述绅董相关内容的数量变化（1872年至1910年）

　　资料来源：笔者根据《申报》（1872年至1910年）绅董条目检索显示的资料数据制作。

---

① 吴贯因：《省制与自治团体》，经世文社编《民国经世文编》内政二，文海出版社，1973，第2069页。

② 笔者检索统计情况分别为：（1）1872年13条，1873年10条，1874年14条，1875年13条，1876年11条，1877年17条，1878年18条，1879年18条，1880年17条，年均14.56；（2）1881年14条，1882年23条，1883年45条，1884年44条，1885年32条，1886年35条，1887年37条，1888年38条，1889年36条，1890年15条，年均31.9；（3）1891年15条，1892年23条，1893年26条，1894年37条，1895年24条，1896年43条，1897年33条，1898年73条，1899年52条，1900年51条，年均37.7；（4）1901年38条，1902年29条，1903年17条，1904年17条，1905年33条，1906年46条，1907年29条，1908年28条，1909年32条，1910年71条，年均34。

据统计，1870 年代《申报》关于绅董记述条目的年均值为 14.56，但 1880 年代后开始激增。1880 年代的年均值为 31.9，1890 年代的年均值为 37.7，1900 年代（至 1910 年）的年均值为 34。除 1870 年代外，在大约 30 年的时间里其数值基本稳定（年均值 30 以上）。这从一个侧面显示绅董在地方社会的作用及其影响力既广泛又恒定。那么，绅董治理地方公务的内容究竟有哪些，即其权力影响的具体范围有多大呢？这是我们需要进一步讨论的问题。

据图 1 可知，绅董积极介入地方事务。州县治理地方"舍地方绅董不为功"，"地方之有绅董，诚足以匡官之不逮者也。或家资殷实可以经理公款，或名望素重足以压服群情。地方公事往往官所不能了者，绅董足以了之；官所不能劝者，绅董足以劝之。且官虽亲民而民情或不能邃达，是又借绅董为之转圜，为之申诉"①。绅董经管事务非常之泛，几乎涉及地方公共事务的一切方面。

> 书院有绅董也，善堂有绅董也，积谷有绅董也，保甲有绅董也，团练有绅董也。或一董总理数事，或各董共理一事。虽各处公事不同，而皆足代官分理则一也。②

由此可知，地方公共事务均为绅董掌管经营，例如：水利渠塘开放闸口③；地方"权衡公允"，即由绅董禀请改用十六两秤，"务必家家户户尽换而后已"④；议定工价上海婚丧应用之吹鼓手，"经地方绅董议定工价，不准备临期需索"⑤。

不仅地方公共事务悉由绅董治理，且地方各行业之公务通常也由绅董经管。据《申报》记载，汉镇行帮绅董分设有油腊帮、绸缎帮、棉花帮、广福帮、匹头帮、祥盐帮、药材帮、药土帮、记票帮、银钱帮等⑥，尤其汉

---

① 《论严惩劣董事》，《申报》1899 年 9 月 30 日，第 1 页。
② 《论严惩劣董事》，《申报》1899 年 9 月 30 日，第 1 页。
③ 《山阴县令与经理塘闸绅董共筹洩水之策》，《申报》1898 年 10 月 21 日，第 2 页。
④ 《权衡公允》，《申报》1896 年 5 月 17 日，第 1 页。
⑤ 《罗夫人等需求奉禁》，《申报》1873 年 1 月 9 日，第 1 页。
⑥ 《照抄酬谢拾遗章程示》，《申报》1874 年 3 月 5 日，第 3 页。

口之八大行，即各立绅董经管公事。①

地方绅董"既为上流社会中人，当尽地方上之义务，即当享地方上之权利。欲尽地方上之义务，故不得不运动；欲享地方上之权利，故不得不谋虑"。② 然而，绅董虽然在一定程度上操控着地方公共事务，但是其经管治理显然有所侧重，权用所及也有轻重之分。在对《申报》资料检索基础上，我们将1900年前的相关记载略分为七类（即道路、河渠等营建，派抽捐税和地方经济事务，把持公事和包揽词讼，善堂、义仓、社仓以及救济，团练、保甲以及地方风化，地方学务，其他），按年代统计所得情况，由其数量分布可以见其概要（见图2）。③

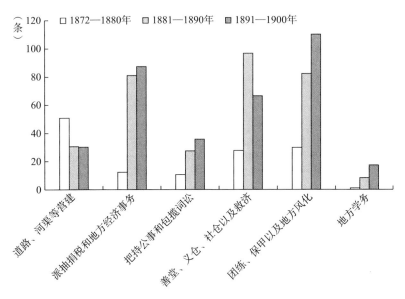

图2　绅董掌控地方事务类型重点变化情况

图2表明，1870年代，绅董多在道路、河渠等营建的事项中介入地方事务；1880年代以后，绅董的活动侧重在三方面：团练、保甲及地方秩序的维系；善堂、义仓、社仓以及救济救助，派抽捐税和地方经济事务。

---

① 《集款赈饥》，《申报》1886年11月15日，第3页。

② 《绅董之忙碌》，《申报》1910年2月19日，第1张后幅第4版。

③ 按《申报》资料检索，道路、河渠等营建，派抽捐税和地方经济事务，把持公事和包揽词讼，善堂、义仓、社仓以及救济，团练、保甲以及地方风化，地方学务。1872—1880年分别为52、12、10、28、30、1、15；1881—1890年分别为30、81、27、96、82、8、23；1891—1900年分别为18、87、36、66、110、17、64。

清代地方行政事务由六部主之，在基层社会治理权属方面，无论"户口之编查，丁役之征调，赋税之课税，率掌之于户部与兵部；其乡村之保卫政策，重在施行保甲，以期互相牵制，此其一也"。① 基于"官役制"的保甲、里甲功能虽各有侧重（或归于户部，或归于兵部），然其大要不出于六政。然而，地方绅董的治理权属却远超其上，溢出了官役体制的范围。从1888年南汇县的一则告示中我们可见其大略。

> 本县莅任以来，凡民间大小各案，无不随到随审随结……城中善堂如积谷、育婴、卹嫠、普济、宾兴、书院，亦俱会董筹商。……但以百里之大，四乡之广，一人耳目，窃恐难周全，赖缙绅大夫及各乡各镇各团各图诸贤董，实力匡维，共图补救。……本县公余之暇，仍复周履各乡，宣讲圣谕，查办保甲，密拿讼棍土棍，并与诸绅董就近商酌公务。倘有应办事宜随时在乡讯断，以期不扰不累。②

此县令告示表明，不仅县域之内的社会救助善堂"如积谷、育婴、卹嫠、普济、宾兴、书院，亦俱会董筹商"，各基层社会应兴应革诸务、风俗教化、社会秩序、百业维系，均需"与诸绅董商酌公务"。"近来州县官有欲自拔于庸庸碌碌之中，求获好官之名，往往寄耳目于绅董。"③ 在国家权力与基层社会治理架构的机体中，绅董是其运转如常的链动装置。"绅董为地方表率，苟有关于地方公益，自当竭力赞助。"④ "故各邑各乡无不立有绅董。"⑤ 可以说，咸同以后，绅董及其运作机制在整个基层社会治理体制中扮演着关键角色。

四　绅董与地方治理的近代转型

"各地方之绅董，乃因而忙甚。其未为董事而欲为董事者，于循例拜年

---

① 闻钧天：《中国保甲制度》，第203页。

② 《南邑告示》，《申报》1888年2月5日，第2页。

③ 《绅董不可轻信说》，《申报》1888年7月17日，第1页。

④ 《论官绅仇视公所学会之原因》，《申报》1906年5月11日，第2版。

⑤ 《论严惩劣董事》，《申报》1899年9月30日，第1页。

外，以欲得票多数极力运动，其忙固弥其。其向为善堂董事者，闻将清查公款也，翻阅其历年之报销账；其尚有罅漏否？熟计其历年侵蚀之银钱，其幸能保存否？花账又花账，画策又画策……于是营营补救外更极力运动，其忙盖尤甚……"①《申报》以讽喻的笔触描绘了"各地方之绅董"忙忙碌碌的剪影。这幅忙碌的图景中尽管充满了辛辣的嘲弄，但也映射出在地方社会事务中绅董们活络而繁忙的身姿。显然，伴随着晚清"三千年未有之变局"的累积而触发的"新政"改革，以及由此引起的地方治理体制转型，增添了绅董们的"繁忙"："今天下之谈新政者，莫不曰学堂之宜遍设也，警察之宜急办也，农工商诸务之宜逐渐扩充也。是数者为育才，为禁暴，为兴利，无论智愚贤不肖，固皆知为当务之急，而不容稍延。"②

无论是官府与地方，还是国家与社会，绅董及其运作机制都是不可或缺的有机组成部分。"城乡各绅董能任事者居多……董为官用则治，官为董用则否。"③ 非但如此，在晚清社会与制度变迁的历史进程中，绅董也是将传统体制与现代体制实现榫接并完成地方治理机制转型的主体力量。这一历史演进的印痕深深地烙刻在保甲到警察的制度转型中。

在晚清基层社会制度演变进程中，"重任绅董以严行保甲"，并在地方社会治理体系建构中形成上下统属层级，"州县有州县之绅董，一府有一府之绅董，省会有省会之绅董"，而"乡镇村落各设分董，支分派别，纲举目张"④，已经构成了保甲制度的一次重大变动。"光绪年间，京师有步军统领与兵马指挥，统辖保甲职权之划定，各省县有保甲总局分局之设置，是皆因保甲行政，有统一指挥监督之必要，而特设之机关。"⑤ 这一变动虽然也具有制度变革的意义，但它毕竟仍属于传统体制内的变迁。然而，"宣统年间，新式警察制度兴，各省保甲局，渐次裁撤，保甲之主管机关既废，保甲之制，遂不见著于政令"⑥ 的变革，却是超越传统的具有时代意义的制度性变迁，其结果是以现代性的警察制取代了传统的保甲制。尽管地方社会

---

① 《绅董之忙碌》，《申报》1910 年 2 月 19 日，第 1 张后幅第 4 版。
② 《论筹款》，《申报》1904 年 8 月 5 日，第 1 页。
③ 阮本焱：《求牧刍言（附：谁园诗稿）》卷 1，第 127 页。
④ 《论近日江浙等处诘奸禁暴宜以重任绅董以严行保甲》，《申报》1897 年 6 月 6 日，第 1 页。
⑤ 闻钧天：《中国保甲制度》，第 224 页。
⑥ 闻钧天：《中国保甲制度》，第 224 页。

推行的警察制度"颇有混乱而不划一"，然其主导和助推之力量却同为绅董。"各府州县之警察，大抵均归绅董办理。"① 甚至一些地方（如汉口）试行的官办警察后来也明确改由绅董管理："拟详请鄂督将汉口警察改归绅办，闻其章程须各商公举一公正绅董素有名望者为总理，另选举各帮商董若干人为协理，招募巡兵，二千五百人成为十队，四十步地位派一个站岗兵。其收捐用人等事则责之绅，行政司法各事则操之官。"②

此外，在晚清学制（特别是地方学务体制）转型进程中，绅董也是推动新旧体制转换对接的主体力量。"开办学堂，为作育人才之举，关系非轻，而初等小学及高等小学尤为学级始基。凡管理教授课程学级，以及酌筹经费，均应由地方公正绅董会同地方官酌筹办理，以臻妥善"，甚至一些地方绅董"并不禀明该管地方官"③，而自行开办学堂。晚清新政改革虽头绪纷繁，却以警察与学堂为要务，"自政界维新，纷纷竞言学堂、警察矣。朝廷以此责于疆吏，疆吏以此责于州县，有能设学堂、办警察者，列优等，膺上赏。其不能者黜之、罢之而。于是为州县者，朝奉檄文，暮谈学堂；卯受朱符，午议警察，无州不尔，无县不然"。④

晚清新政实务方面，如学堂、警察、农工商务乃至一切新兴事业，均由各地绅董操持经办。学堂和警察制度转型只是具体新兴实务和制度之变。这些历史变动的内容最终通过清末地方自治法规的颁行，逐渐制度化和法规化，并由此引动了整体制度的变迁。晚清地方自治制度在各地推行的具体步骤和推进梯度不一，但就其制度的实质内容来看，呈现出现代化制度朝向的共趋性。

其一，通过《城镇乡地方自治章程》的法令，将一向实际操持地方事务的主体力量——绅董制度化、规范化。"夫亦当就今所谓绅董者，改良其任事之法，公溥其行政之权。"⑤ 所谓地方自治以专办地方公益事宜，辅佐

---

① 《论我国警察之弊及其整顿之方》，《申报》1909 年 9 月 22 日，第 3 版。
② 《警察改归绅办之先》，《申报》1907 年 6 月 22 日，第 10 版。不仅如此，上海南市等处警察也"向归总工程局绅董管理"。参见《升抚瑞前护抚陆苏抚宝会奏办理宪政情形胪陈第二年第三届筹备成绩折》，江苏苏属地方自治筹办处编《江苏自治公报类编》，文海出版社，1989，第 294 页。
③ 《示遵学务范围》，《申报》1905 年 8 月 24 日，第 3 版。
④ 《论乡隅学堂与警察之流弊》，《大公报》1906 年 4 月 22 日，第 2 版。
⑤ 《改良地方董事议》，《东方杂志》第 1 卷第 6 号，1904 年 6 月，第 61 页。

官治为主，"按照定章，由地方公选合格绅民，受地方官监督办理。"统一区划，按规定人口数额分划城乡，统一设立镇董事会或乡董①，将绅董治理的既成事实统一在正式的制度框架之内，变成显性制度。

其二，将传统绅董治理的地方事务纳入"地方自治范围"，予以制度性确认。"地方自治范围"明确规定为：①地方学务（中小学堂、蒙养院、教育会、劝学所、宣讲所、图书馆、阅报社以及其他关于学务之事）；②公共卫生事务（清洁道路、蠲除污秽、施医药局、医院医学堂、公园、戒烟会诸务）；③道路工程（修桥筑路、疏通沟渠、建造公用房舍、建设路灯等事项）；④兴办农工商务等地方实业；⑤地方慈善事业（救济、赈灾、保节、育婴、义仓积谷、消防、救生等）；⑥地方公营事业（电车、电灯、自来水等）；⑦地方经济（筹款等）；等等。此外还特别规定一条："其他因本地方习惯，向归绅董办理，素无弊端之各事。"②

其三，分设议事会、董事会，将议决事权与执行事权分立。"各地举办自治，约分会议执行两机关。"③"议事会议决事件，由议长、副议长呈报该管地方官查核后，移交城镇董事会或乡董，按章执行。"④ 从制度设计上打破传统绅董治理机制中议行不分的惯制，同时明确规定了议事会、董事会成员任职资格与年限等。

其四，颁布了《城镇乡地方自治章程》（光绪三十四年十二月二十七日），以公民投票方式规定了城镇乡议事会、董事会议董、总董、董事产生的方式和程序，将地方社会治理权力的产生和运作纳入规范化的现代性制度。⑤

晚清以来，基层社会治理体制发生了两次重大历史性变动：其一是绅董制相对普遍的出现，进而弱化了"官役制"的效用，并在传统制度框架

---

① 《城镇乡地方自治章程》（光绪三十四年十二月二十七日），徐秀丽编《中国近代乡村自治法规选编》，中华书局，2004，第3页。

② 《城镇乡地方自治章程》（光绪三十四年十二月二十七日），徐秀丽编《中国近代乡村自治法规选编》，第4页。

③ 《论办理地方自治亟宜改变方针》，《申报》1911年3月14日，第3版。

④ 《城镇乡地方自治章程》（光绪三十四年十二月二十七日），徐秀丽编《中国近代乡村自治法规选编》，第9页。

⑤ 《城镇乡地方自治章程》（光绪三十四年十二月二十七日），徐秀丽编《中国近代乡村自治法规选编》，第19页。

中体现了地方治理机制演变的趋向。其二是由传统绅董制向现代性地方自治制度的转型，在时代性制度更替的变动中，绅董的主体性作用隐然其间。前者之变属于传统制度内的变迁，其结果是绅董制取代官役制。后者则属于传统制度之外的变迁，其时代特征昭然可见，但这一制度转型并未弱化绅董在地方治理中的主体地位与作用。"是绅董者，介乎官与民之间，所以沟通地方之群情，巩固地方之团体，不失为地方政治上之一机关者也。"① 虽然由绅董掌控的旧体制相继裁撤，"县自治公所成立后，乡董公所断无不即裁撤之理"，但是，绅董们却在新的制度设置中获得重新定位。"况县自治公所城乡并选，乡董公所从前办事之人自必多半选入一同办事；不过向无城绅，今则兼有城绅"② 而已。然而在新旧制度转型的背后，却是绅董力量的撕裂："近观各地办理自治，大抵均与旧日地方政事，划而为二：即办理自治之绅董，亦与旧日之绅董分为两派。"③ 与此同时，"今举办自治，而忽由本地绅董管理人民，故群萌反抗之志"。④ 在新旧绅董的利益冲突之上，叠加着民众与绅董的矛盾，遂演成基层社会民变风潮蜂涌不绝之势。"近日自治风潮，层见叠出……无一地不冲突，无一役不因自治而起。"川沙县新政推行中形成新旧绅董势力的分裂也很典型，"一部分乡董摇身一变，成了自治会或自治公所的官员，这自然令那些落选者心中颇为不快，旧董与新贵之间的矛盾由此产生"。⑤ 这一征象，已然昭示了整个历史的结局——"铜山东崩，洛钟西应，大有不期然而然者"。⑥

　　晚清剧烈的社会变动所引动的制度变迁，复杂而又深刻。在大约半个世纪的历史进程中，地方社会治理的内容和体制迭经更易，具体的规制和运行机制也变化繁多。在时代性制度更易之中，绅董的力量隐然贯穿其中，扮演了新旧制度转型的承接和助推力量。原本基于约定俗成的惯制规范化为新政之制度："今宜著为定则。一城有总董，各地有分董，各业有业董。

<hr />

① 《改良地方董事议》，《东方杂志》第 1 卷第 6 号，1904 年 6 月，第 61 页。
② 《呈督宪遵饬录报　据阳湖县乡董赵衡等呈为会议公所被撤经费另拨请彻查抚批文》，江苏苏属地方自治筹办处编《江苏自治公报类编》，第 447 页。
③ 《论办理地方自治亟宜改变方针》，《申报》1911 年 3 月 10 日，第 3 版。
④ 《论办理地方自治亟宜改变方针》，《申报》1911 年 3 月 14 日，第 3 版。
⑤ 〔美〕蒲乐安：《骆驼王的故事——清末民变研究》，刘平等译，商务印书馆，2014，第 229 页。
⑥ 《敬告今日筹办自治者》，《申报》1911 年 4 月 3 日，第 1 张后幅第 4 版。

而总董之下，又设会计、书记二人，以治其繁剧。官长有关系地方事宜，或改良，或创设，则下之于总董，总董下之于分董、业董，开公议所，凭多数决议，以定可否而复之。"① 剧烈变动的是制度形式——新旧制度的时代区分判然分明，不变的却是制度中的主体——绅董。它承转其间，脉系相连地完成了地方治理体制的近代转型。从这一视角观察晚清地方社会治理体制的演进轨迹，我们或可获得更为真确的历史实相和新的学术认知。

（原刊《中国社会科学》2019 年第 6 期）

---

① 《改良地方董事议》，《东方杂志》第 1 卷第 6 号，1904 年 6 月，第 63 页。

论近代以来社会建设的民间范式

宣朝庆[*]

清末以来的历史，能让我们窥见中华民族生存发展的"秘密"。那就是在国家危亡之际，民间力量的发展壮大成为国家、社会、文化生存的重要基础。百年来，中国的革命、建设与改革都源自民间自发的探索。革命力量和政党起自民间，把一盘散沙、危机四伏的古老帝国整合为一个凝聚力强而组织良好的民族国家；建设力量和流派发自民间，着力改善地方社会的公共物品供给不足问题；改革力量和机会出自民间，成为国家体制改革的重要契机和样本。这种民间的影响也可以从梁启超、严复的群学思想，孙中山的"三民主义"，共产党人的"为人民服务""执政为民"等原则中发现。可以说，从民间发展而来的民间范式，影响到中国社会的方方面面，成为一种重要特质，值得被学界认真探讨。本文在此仅谈社会建设的一面。

一 何谓民间范式

百年来社会建设，从主导力量的角度划分，大致可以分为民间范式和政府范式两种。简单地说，民间范式就是以民间团体或个人为主导、民众参与的建设模式，政府范式就是以政府为主导、民众参与的建设模式。民间范式的存在得益于社会的自组织传统或状态较为发达，社会团体具有较大的自治空间，能够围绕社区、地方社会的需要，提出社会建设的设想，并依靠本地民众的力量，创造性地解决社会问题。

---

[*] 宣朝庆（1971—），山东海阳人，社会学博士，南开大学周恩来政府管理学院教授、博士生导师，主要从事中国社会思想与社会建设研究。

民国时期，民间范式的社会建设影响巨大。以米迪刚、梁漱溟、晏阳初、卢作孚、俞庆棠等人为代表的各类社团，学习西方（美国、荷兰、丹麦）乡建经验，走民间的道路，依靠知识群体自身的力量，为农村提供文化教育、农村合作、公共卫生、农业技术推广等公共产品。民国时期的城市社会建设也以民间范式为主导。在乡村建设的同时，民间社团在城市中为劳工群体提供教育、卫生、住宅建设等服务，形成城市社会建设的浪潮。如上海第一个工人新村——浦东劳工新村，就是上海基督教青年会的朱懋澄发起建设的。民间范式最开始的主导力量仍然是士绅或绅商这样一些从传统社会结构中产生的精英所构成的团体。到1920年代，新型城市知识群体构成的团体逐步发挥重要作用。

民间范式的关键，是民间团体和政府各自承担不同的角色。民间团体在社会建设中起主导作用，承担策划、组织、实施的角色，而政府则承担协助、配合的角色。民间范式在民国时期存在很长时间，且民间团体和政府角色泾渭分明。陈序经在考察定县实验时曾说："定县的乡村建设工作，三十年来得了不少的地方绅士与私人团体的提倡实验，以及县政府与省政府的帮忙。"① 这种范式在当今的韩国、日本等民间组织发达的国家都比较常见，政府协助社会组织进行自治，而不是社会组织协助政府进行治理。民间范式在民国时期占主导地位，与当时的国家和社会关系有着紧密的联系。中国自北宋以来逐渐形成"士绅社会"，乡绅在地方社会中发挥着重要作用，构成地域性的乡绅权力网络和血缘性的家族权力网络。吴晗、费孝通等人关于绅权与皇权的讨论，何炳棣、萧公权、张仲礼等人关于绅士阶层的研究，寺田隆信、森正夫等人关于乡绅与乡村建设的研究，都涉及明清地方社会生成的问题，论及地方知识阶层与乡村建设的关系。民国时期承接清末的立宪运动和地方自治运动，受到孙中山民权思想的影响，绅权有了极大的提升，包括乡绅和新型知识群体等社会精英参与地方公务的深度和广度日渐加强，特别是随着清末、民国政治碎片化和政府控制力度的减弱，地方社会精英对地方事务的掌控程度大幅提高。②

---

① 陈序经：《关于乡村建设运动的将来》，《独立评论》第231号，1937年4月25日，第18页。
② 王先明：《变动时代的乡绅：乡绅与乡村社会的结构变迁（1901—1945）》，人民出版社，2009，第187—199页。

政府在民间范式中的协助角色并非可有可无，而是重要的辅导力量。1930 年代上半期的乡村建设，需要大批知识精英的参与，但是种种条件造成了"知识分子下乡难"问题。社会学家吴景超提出，政府应该在各县设立农政局，吸纳大学毕业生承担调查现状、推广知识、建立乡村组织的职能，再通过乡村组织培育乡村领袖，通过乡村领袖的自组织活动推行各项乡村社会建设。① 这套办法与韩国新村运动以政府力量来培养新村指导者，作为新村建设骨干力量的方法，有着异曲同工之妙。农村社会建设缺少的是具有公共意识、能够将大家组织起来、带动大家做事情的人，政府应该承担起培养这种人才的义务，将这种人才的培养工作作为公共品供给的一部分。

二　民间范式的文化基础

社会建设必须基在一定的文化传统。孔子时代就提出"礼失求诸野"，主张当礼坏乐崩，社会建设遇到瓶颈时，应该向民间社会去寻求组织之道和文化传统，发现民间社会中欢腾、奔放的自治精神。中华民族两千年来屡经兴亡继绝、斯文不辍，关键是形成了以儒家为主干的文化体系，构成社会组织的规范传统，由此衍生出各种思想流派，能够为承担社会建设使命的民间团体，提供精神和知识上的支持。近代以来的社会建设，在目标、方法、手段等方面受到西方文化的影响很大，但在建设的主体性方面则受到本土文化传统的熏陶和规制。民间范式的确立和发展，得益于民间社会舆论空间的发展②，也得益于社会精英对文化传统的发掘和继承。

民间范式不断追寻、重构自治传统。清代的地方自治是比较薄弱的，官办自治仿自日本，不足以支持社会建设。为了推动民间范式的地方社会建设，学者们不断回溯历史，提出中国的地方自治传统。有学者指出，中国社会建设必须重视社会的传统思想，尤其应该重视儒家思想中的自治理念。中国社会在自治方面，一贯强调注重个人自治，然后由个人的自治而

---

① 吴景超：《农政局——一条知识分子下乡之路》，《独立评论》第 64 号，1933 年 8 月，第 7 页。

② 宣朝庆：《突破农村公共品供给的困境——民国知识分子参与乡村建设运动的时代意义》，《山东社会科学》2013 年第 2 期，第 68—69 页。

推及治人，再由个人的自治推及团体的自治。① 为了恢复传统，历史学家探索乡治历史，认为乡治的精神底蕴是儒家的德治与教化。② 梁启超则指出，乡治在他的家乡广东新会茶坑存在已久，"此盖宗法社会蜕余之遗影，以极自然的互助精神，作简单合理之组织，其于中国全社会之生存及发展，盖有极重大之关系"。③ 这种简单的乡治形式，以农工商合作、义务教育、公共安全为内容，以宗族（家族）、乡约自治为根基。在近代的历史条件下，应该结合西方经验，应时代需要进行创新发展。

民间范式的实践代表梁漱溟非常重视乡治传统和文化价值的发掘工作。1930 年代，他让杨开道去研究乡约，要从乡约中发现向上的精神。杨开道的研究发现，中国农村作为一种特殊的"地方共同体"，到明代形成乡治传统，包括保甲、乡约、里社、社学、社仓五大部分，与民国时期的地方自治制度极为接近，只不过在名称上稍为现代化而已。④ 梁漱溟则强调，现代社会组织流行以西方的个人权利为组织原则，强调组织成员间权利平等，并以此行使投票抉择等权利，仅是一种追求个人利益平等的机械平等，离自治要求的合作、协同、互惠目标还有相当距离，搞得不好就离散了熟人社会，与乡村建设相背离。乡约精神强调"德业相劝，过失相规，礼俗相交，患难相恤"，将"守望相助，出入相友，疾病相扶持"的儒家理想制度化，展现了中国人追求合作、协同、互惠的自治理想，能够引导人的生活向上，有助于农村社会的善治和发展。因此，他主张创造性地发挥乡约的积极精神，将原乡约中消极的彼此顾恤变成积极的有所作为，如发展合作生产、合作运销；发挥理性，提振志气；扩展乡约的适用范围，不限于一乡一村，要往外发展；不再像明清后期官方化的乡约那样借政治的力量来推行，而是恢复到蓝田吕氏乡约的本意，依靠社会团体的提倡，由社区成员自发自愿、自我组织、自我管理、自我服务。⑤

民间范式不断从文化传统中汲取营养，也创造性地实践和发展了文化

① 孙本文：《社会建设的基本知识》，《社会建设》复刊第 1 卷第 1 期，1948 年，第 11 页。

② 柳诒徵：《中国乡治之尚德主义》，《学衡》第 17 期，1923 年，第 1—5 页。

③ 《中国文化史——社会组织篇》，张品兴主编《梁启超全集》第 17 卷，北京出版社，1999，第 5109 页。

④ 杨开道：《乡约制度的研究》，《社会学界》第 5 卷，1931，第 11 页。

⑤ 梁漱溟：《乡村建设理论》，上海人民出版社，2006，第 156—161 页。

传统。定县的米鉴三、米迪刚父子服膺"颜李之学"，立志民间经世，开启近代翟城村的自治进程。晏阳初的团队在定县实验期间，据说每天晚上都要研读王阳明的《传习录》，揣摩其中的理想信念和实践思想。后来他总结乡村工作守则，主张深入民间，认识村民，了解他们的问题；发展相互信任，与平民打成一片；向平民学习，在成为农民的老师之前，必须先做农民的好学生；与农民共同商讨乡村工作，跟农民像伙计一样讨论农民的需要与问题，共同做出一项可行计划；从农民知道的地方开始，在平民已有的基础上建设；不迁就社会，应改造社会；农民不缺乏智慧，而是缺乏发扬智慧的机会，所以他们最重要的需要不是救济（灾荒之时除外），而是让他们有发扬的机会，发扬他们的智慧力量、身体力量、生产力量、组织力量。① 这些思想都与阳明心学的思想有联系，表现为尊重人性、承认民众主体性、探索平易的建设之道，反映出传统思想资源与地方社会建设创新的密切关系。阳明心学代表儒学的民间化、简易化、实学化，颜元称赞它"临事尚为有用"。② 这种传统由王阳明的门人王艮发扬开来，他创立的泰州学派倡导参与平民家族、乡约、平民讲会等建设，就是对心学思想的一次有效实践。泰州学派平民化、大众化的建设风格对梁漱溟影响也很大。有研究者指出，晏阳初、梁漱溟要求知识分子到乡村去，和民众结合起来，对以农业为经济基础的中国来说，是一条促进中国社会发展的正确道路，对今天农村现代化建设是有一定借鉴意义的。③

三　民间范式的时代意义

近代以来，民间范式与政府范式始终存在竞争的关系。现代国家与古代国家相比，官僚机构发达，制度化程度提高，治理能力有了质的飞跃，具有国家社会化的强烈意志，可以实施政府主导的社会建设模式。在民国乡村建设运动发展的同时，官办自治活动也在实行过程中，在范围上要比民间范式广。除此之外，蒋介石的南京国民政府还搞过新生活运动。即便

---

① 吴相湘：《晏阳初传》，岳麓书社，2001，第587—589页。
② 戴望：《颜氏学记》，商务印书馆，1934，第32页。
③ 朱义禄：《梁漱溟乡村建设思想述评》，《史林》1997年第4期，第53页。

是乡村建设实验方面，除了民间范式，也有青岛市政府创办的李村实验区。梁启超所言的"乡治之善者，往往与官府不相闻问，肃然自行其政教"①，这种情况在现代社会几乎不存在。

民间范式在近代以来长期存在和发展，从经济学的角度来看，要诀在于它能为地方社会、社区提供及时有效的公共物品供给。公共物品的供应方一般包括政府、市场、社会组织和个人，当政府和市场的供给失灵时，需要社会组织或个人承担起提供公共物品的责任。一个社区的公共物品需求有其独特性和时效性，民间范式可以起到补阙拾遗，或者包揽供给的作用。北宋以来的族田义庄、平民家族、乡约，明清时期的会馆、善会、善堂，民国时期的平民教育组织、乡建组织、红十字会等慈善组织等，都是民间范式发展的重要组织形式。它们的存在，在一定程度上弥补了政府社会保障能力不足、市场供给不足的问题，缓解了社会矛盾，缩减了贫富差距。当前，在中国社会转型过程中，城乡差距、阶层差距、中西部差距不断扩大，公共资源配置失衡，社会公平原则执行不力，社会保障制度不健全，也是民间范式继续存在的社会原因。

同时，政府范式在社会建设实施方面存在的问题，也为民间范式的生存创造了条件。在工业化时代，政府凭借强大的财力和宏观调控能力，在社会建设的实施方面展现出强大的实力。最典型的案例是韩国的新村运动，在政治强人、韩国总统朴正熙的倡议下，政府作为启动者、组织者和主要出资者，从中央到地方建立起一整套组织领导体系，自上而下进行动员，以工补农、以工建农，经过十年建设，取得巨大成功。但是，新村运动也暴露出政府动员式社会建设的问题，包括缺乏群众基础，乡村民众反应不积极；运动式的社会建设煽动起来的非理性和反理性，以及随运动而来的各种机会主义、急于求成、劳民伤财和弄虚作假，等等。② 这些问题的存在，为各种非政府组织、民间团体和志愿者开展多种多样的小范围社会建设提供了空间。

近年来，随着中国村民自治、社区自治的探索，在农村地区出现了多

---

① 《中国文化史——社会组织篇》，《梁启超全集》第17卷，第5107页。
② 石磊：《寻求"另类"发展的范式——韩国新村运动与中国乡村建设》，《社会学研究》2004年第4期，第39—49页。

种新的民间范式。如山东潍坊、内蒙古赤峰市阿鲁科尔沁旗在村民自治的过程中，探索村务契约化管理，对村级事务管理采用民主签约、依法履约的手段，将民主和法治整合在一起，统一于契约形成与落实的全过程中。村里的大小事情，都装进契约化的框子里，一份契约针对一事，各方的权利、义务、责任等规定得明白详细，做起事来目标明确、有章可循、约束有力，有效扩大了村民的决策权，保证了村民民主自治的实现。①再比如，广东云浮农村的乡贤理事会，由外出乡贤、经济能人、宗族长老和村干部等具有一定声望的人组成，以亲情和乡情为纽带，促进群众参与公益事业建设和社会管理，也拓展了村民自治的形式。②乡贤理事会的作用类似于梁启超笔下以宗族文化为核心的乡治，是乡约文化在新时代的创新性发展。各地区这种能人、富人积极参与村庄公共事务的现象，引发社会的广泛关注，在媒体和舆论中酝酿出关于乡贤、乡绅的讨论风潮，甚至有专家学者公开呼吁新乡贤，认为当代中国需要发挥乡贤（乡绅）的作用以实现农村治理的现代化。③这一现象的发展，是民间范式社会建设的新动向，但应该把它纳入民主、法治化的轨道，才能健康发展。④

把新乡贤现象连同各种非政府组织和志愿团体的发展放在一起来看，可以清楚地看到，民间范式的社会建设正在蓬勃发展。究其原因，除了与较为清明宽松的政治环境有关，主要得益于改革开放以来社会结构产生了新的变化，形成了一个数量较大的中产阶层。他们既有很强的乡土情结、志愿精神，也有逐渐成长的现代公民意识，希望能够以自己的力量来改变社会下层或者落后农村地区的面貌。

（原刊《史学月刊》2017 年第 6 期）

---

① 陈明：《村务契约化管理》，内蒙古科学技术出版社，2015，第 1—8 页。
② 彭灵灵：《基于文化基因的广东云浮乡贤理事会的价值研究》，《南方农村》2015 年第 3 期，第 67—68 页。
③ 张传文：《新型城镇化建设中现代乡绅的政府培育》，《华南农业大学学报》2015 年第 3 期，第 155 页。
④ 何倩倩：《"乡贤治村"调查》，《决策》2015 年第 4 期，第 49—51 页。

基层参议员与陕甘宁边区的乡村建设

杨　东[*]

如果说 20 世纪二三十年代，以梁漱溟等人为代表的知识分子是本着"乡村工作搞好了，宪政的基础就有了，全国就会有一个坚强稳固的基础，就可以建立一个进步的新中国"[①] 的理想，在地势相对平坦、信息相对畅通的东部和中部地区发起一场声势较大的社会改革运动，那么陕甘宁边区的乡村建设，则是在经济和文化都相当落后的西北地区展开的一场全方位的乡村改造与乡村建设并举的社会革命运动。由于陕甘宁边区极富成效的乡村建设实践，不仅使其成为 20 世纪上半叶乡村中国的一幅"漫画"，[②] 同时也是学界在述及近代中国乡村建设运动时始终津津乐道的学术话题。[③] 不过，如果我们对相关的研究成果进行学术梳理，似乎也不难找到一些相对固化的研究思路，即不少著述大多从政策视角和政府层面来解读陕甘宁边区乡村建设路径，而对于具体的乡村建设过程却缺乏必要的叙事性解构。[④]

---

[*] 杨东（1978—），陕西府谷人，历史学博士，天津商业大学马克思主义学院副教授，主要从事中国近现代基层社会史、中共革命史、抗日战争史研究。

① 梁漱溟：《忆往谈旧录》，金城出版社，2006，第 168 页。

② 〔美〕马克·赛尔登：《革命中的中国：延安道路》，魏晓明、冯崇义译，社会科学文献出版社，2002，第 122 页。

③ 关于陕甘宁边区的乡村改造与乡村建设，黄正林相继发表过系列论文，如《1937—1945 年陕甘宁边区的乡村社会的改造》（《抗日战争研究》2006 年第 2 期）、《抗战时期陕甘宁边区对乡村社会问题的治理》（《河北大学学报》2005 年第 3 期）等。另外，王先明教授在近年来也对革命根据地乡村权力结构的变动进行过阐释。

④ 以历史叙事的方法开展研究，在学界已取得了相当的成效，如王笛的《街头文化：成都公共空间、下层民众与地方政治，1870—1930》、柯文的《历史三调：作为事件、经历和神话的义和团》等就是其中的代表。在柯文看来，历史研究的单向集聚观点是不可取的，而是应该根据不同的社会与文化来设计不同的理论框架，追求历史描绘的精细化，主张采用生动的叙事文本描绘历史，以及利用描绘历史共性的理论框架等方法来研究。参见〔美〕柯文《在中国发现历史——中国中心观在美国的兴起》，林同奇译，中华书局，2002，第 33 页。

与此同时，尽管也有些著述曾从陕甘宁边区乡村社会权力结构的视角进行考察，但是最终的落脚点似乎也并没有将基层参议员作为研究对象进行翔实而细致的梳理。实际上，在陕甘宁边区的基层社会中，通过选举产生的参议员都在数万名以上。如此庞大的参议员群体，他们在乡村建设的过程中承担什么样的角色，显然应该成为我们关注的重要议题。从实际历史事实观之，也的确有相当一部分基层参议员在乡村建设过程中做出了富有成效的业绩。有鉴于此，笔者拟就基层参议员与陕甘宁边区的乡村建设做一些粗浅的探讨，以就教于学界方家。

一　基层参议员的群体概观

陕甘宁边区的基层参议员，是按照边区所属各县、乡的自然村数或居民小组以及人口规模来选举的。就县级参议员的人数，根据陕甘宁边区在1941年制定的各级参议会选举条例的相关规定，县参议会每400—800人选举1名参议员，即人口在15000以下的县，选举参议员的居民不得少于400人，15000人以上的县，选举参议员的居民不得多于800人。根据这一规定，每届参议会所选举的县级参议员都在1000人以上，如在1941—1942年所选举的县级参议员就有1465人。① 关于乡（市）参议员，按照陕甘宁边区政府的规定，乡（市）参议会每20—60人选举1名参议员，每年改选一次，县参议会每400—800人选举1名参议员，每两年改选一次（之后又改为以居民小组为选举单位），一般而言大县的分布应当在2000—3000人，小县或处在统一战线区内的参议员也有300—400人。就整个陕甘宁边区而言，从1938年到1946年的三届参议会期间，每届所选出的县、乡两级参议员至少应在3万—4万名。尤其是在陕甘宁边区第二届参议会期间，仅乡市参议员就选出了4万多名，而且选民参加选举的百分比，平均达到了80%，绥德、清涧、延川则在95%左右。根据选举结果，各抗日阶层、党派、民族人士都参加了政权。②

---

① 中央档案馆、陕西省档案馆编《中共中央西北局文件汇集（一九四二年）》，内部资料，1994，第85页。

② 中国科学院历史研究所第三所编辑《陕甘宁边区参议会文献汇辑》，科学出版社，1958，第88页。

从基层参议员的社会阶层和出身来看，根据相关资料的统计表明，无论是县参议员还是乡参议员，贫农和中农无疑是基层参议员的主体构成。根据对1941年20个县的县级参议员统计，仅贫农和中农就占据了72%的比例。① 但是需要指出的是，县、乡参议员中农民占据较大的比例，一方面是由于边区农民本身基数较大，另一方面则按照李维汉的说法，是因为解放区主要在农村，乡参议会实质就是乡人民代表会，乡村的人民主要是农民和其他劳动人民，因此"农民由地主代表，于理不通，于情不合"。不宜吸收众多地主阶级的代表参加，而应由农民自己选择他们所信任的能不损害其根本利益的人参加，避免脱离农民群众、束缚他们的手足。从根本上来讲，"乡村的选举运动也包含着阶级斗争"，特别是在新市乡中，具体表现为店员、学徒和老板的斗争，小商人和大商人的斗争，农村中则是农民和地主的斗争。因此，即便是在大力开展"三三制"的情况下，也主要反映在边区、县两级政权机构上，而对于乡级则不必机械地实行"三三制"，只照顾党和非党联盟就可以了。因为"三三制"不是一般意义上的党和非党联盟，"而是在我党占优势的情况下各革命阶级包括中间派在内的抗日联盟"。②

开明绅士是基层参议员中的另一重要群体。不过"开明绅士"作为抗战时期形成的一个特定概念，既具有时代的内涵，也有着明确的指向性，专指地主和富农阶级中带有民主色彩的人士和一些曾参加科举且具有功名的绅士以及从事商业的著名人士。此外，一些曾在国民党内任职且同意中共关于抗战主张的人士也被称作开明绅士。如绥德县党外人士刘绍庭，原本是国民党二十二军军长高双成和另一名国民党将领邓宝珊的高级参议，由于受共产党抗日民族统一战线的影响，在"三三制"政权建立后，被绥德民众选举为参议员；清涧县在1945年的参议员选举中，李兴参、师子民、惠仁斋等国民党员，同样是以"威望人士"的名义被选为清涧县参议员的。③ 可见在陕甘宁边区的基层参议员中，具有国民党身份的参议员的人数也占据了一定比例，在有些地方其数量甚至超过了共产党员。如在绥德县

---

① 宋金寿、李忠全主编《陕甘宁边区政权建设史》，陕西人民出版社，1990，第272页。

② 李维汉：《回忆与研究》（下），中共党史资料出版社，1986，第517—518页。

③ 《清涧县参议员候选人履历表》，档案号：Q002—018，清涧县档案馆藏。

的第一届参议会时期，薛家坪区和沙滩坪区所选举的参议员中，共产党员只占 10 名，而国民党员却有 14 名；① 1941 年新正县的乡选结果统计中，全县共有乡参议员 405 人，其中共产党员占 161 人，而国民党员则达到 242 人。②

在陕甘宁边区的基层参议员中，女议员无疑是值得关注的另一议员群体。从 1939 年 7 月的第一次普选到 1945 年的第三次普选中，众多妇女被选为参议员。尤其是在 1941 年县、乡选举中，共有 167 名妇女当选为县参议员，2005 名妇女当选为乡参议员，17 名妇女当选为边区参议员。③ 关于女议员的社会构成，以延安县为例，统计情况如表 1 所示。

表 1　延安县女参议员社会构成统计表

年龄	阶级成分	个人职业	文化程度	党派	所占比例
18—23 岁 8 人	工人 1 人	小学教师 3 人	文盲 9 人	无党派 9 人	22%
	贫农 12 人	妇运干部 9 人	略识字 5 人		
24—44 岁 10 人	中农 3 人	公务员 2 人	师范 3 人	共产党员 9 人	
	小资产阶级 2 人	农妇 4 人	大学 1 人		

资料来源：陕西省地方志编纂委员会编《陕西省志·妇女志》，陕西人民出版社，2001，第247 页。

从表 1 可以看出，在陕甘宁边区的基层女议员中，中青年妇女占据绝大多数，由此也可以看出中青年妇女的政治觉悟明显高于其他年龄阶段的妇女，同时表现也是最为积极的。就社会地位来讲，在基层女议员中，农村妇女和妇运干部所占比例最高，这也是符合陕甘宁边区民主政治的实际特点的。另外，在女议员中的党派关系中，并非都是共产党员，其中无党派人士所占的比例也很高。

在陕甘宁边区的基层参议员中，还有不少工人参议员。工人参议员一般是通过自下而上的民主选举产生的。其中工厂职工的选举由工会主持，

① 中共绥德县委组织部编《中国共产党陕西省绥德县组织史资料》第 1 卷，陕西人民出版社，1998，第 129 页。
② 中共庆阳地委党史资料征集办公室编《陕甘宁边区时期陇东民主政权建设》，甘肃人民出版社，1990，第 638 页。
③ 《延安市妇女运动志》，陕西人民出版社，2001，第 144 页。

农村的工人则和农民一起选举。根据对陕甘宁边区基层工人参议员的统计，延属分区有县参议员 25 名，乡参议员 586 名；绥德分区有乡参议员 580 名；陇东分区有县参议员 13 名，乡参议员 176 名；关中分区有县参议员 7 名，乡参议员 114 名；三边分区有县参议员 4 名，乡参议员 15 名；公营工厂有县参议员 49 名。[①]

除工人参议员之外，在陕甘宁边区的基层参议员中还包括不少少数民族议员。如镇原县三岔区二十九户回民在 1941 年 6 月成立了三岔回民自治乡之后，便由回民选举产生了 5 人组成的乡参议会，参议会推选 3 人（乡长、文书和自卫军排长）组成乡政府；1942 年又改选乡参议会，由马有生、李庭荣、何晏平、李景财、马绪德、李民坚、金如禄 7 人组成，乡改府委员5 人，何晏平任乡长；下属三个行政村，每村由村民大会选出村长 1 人，负责全村行政工作。[②] 宁夏盐池县回六庄，同样被确定为民族自治乡，于 1941 年实行独立选举，共选出乡参议员 5 人，候补议员 2 人。[③] 当然还有一些少数民族与汉民族杂居在一起的地区，也有不少少数民族被选为当地的参议员。

另外值得一提的是，在陕甘宁边区的基层参议员中还有一些哥老会成员。如 1941 年新宁县的县参议员统计显示，哥老会成员有 2 人。乡参议员中哥老会成员则占据了较大的比重，共有 25 人。宜耀县 1942 年的选举结果显示，在乡议员中哥老会成员有 9 名。[④] 可见在基层社会中，哥老会的影响还是较大的。

从陕甘宁边区基层参议员的社会结构和阶层要素中不难看出，参议会制度可谓中共在历史发展的逻辑演绎和现实情境的客观形势之下所做的制度安排。正所谓"共产党人的理论原理，决不是以这个或那个世界改革家所发明或发现的思想、原则为根据的。这些原理不过是现存的阶级斗争、我们眼前的历史运动的真实关系的一般表述"。[⑤] 实际上，这一制度安排既

① 钟明主编《中国工运大典》上卷，中国物资出版社，1998，第 567 页。
② 《镇原县志》，内部资料，1987，第 169 页。
③ 中共吴忠市委党史研究室编《中国共产党吴忠革命史》，宁夏人民出版社，2008，第110 页。
④ 参见朴尚洙《20 世纪三四十年代中共在陕甘宁边区与哥老会关系论析》，《近代史研究》2005 年第 6 期。
⑤ 《马克思恩格斯选集》第 1 卷，人民出版社，1995，第 285 页。

是中共从政权建设上走出苏维埃模式的重大步骤，同时也是顺应现代革命运动的民主诉求而做出的价值选择。"民主的第一着，就是由老百姓来选择代表他们出来议事管事的人。"① 当中共以基层参议会作为制度整合的基础，通过广泛地组织社会动员，不仅实现了对基层社会权力结构的彻底改造，而且也为开展大规模全方位的民主自治与乡村建设奠定了基础。因为在中共看来，乡村建设首先就是要"发展以自然村为基础的代表制，通过代表的选举为乡村自治造成有利的条件"。② 事实上，陕甘宁边区的乡村建设，在很大程度上正是在这些基层参议员的积极参与下才能如火如荼地展开的。

二 乡村建设中的政治参与

陕甘宁边区的乡村建设，从根本上看也体现为一种民主建设运动。甚至可以说，没有民主自治就没有真正的乡村建设。有关这一点，"中国农村派"的成员就曾明确地对此予以阐述。在他们看来，由于中国农村中"随时随地可以看到，少数人的利益，妨碍多数人的利益，这样求建设，如果不是替少数人建设，必然是句空话。民主政治是以多数人的意志为力量，有利于多数人的建设，在半封建政治之下，绝对不能实现，可是在民主政治之下就很容易实现"。③ 因此，只有积极开展民主自治，才能充分调动乡村民众积极参与，乡村建设才能顺利开展起来。基于此，谢觉哉鲜明地指出："边区是边区人民的，边区政府要边区人民来议、来管，只有边区人民真正来议、来管，才能发挥出无限力量。"④ 可见，对于陕甘宁边区的基层参议员而言，他们的乡村建设，首先就体现在这种议事管事的政治参与实践中。

所谓政治参与，简而言之，是指民众"试图影响政府决策的活动"。⑤

---

① 陕西省档案馆、陕西省社会科学院编《陕甘宁边区政府文件选编》第 3 辑，档案出版社，1987，第 48 页。

② 《林伯渠文集》，华艺出版社，1996，第 492—493 页。

③ 陈翰笙、薛暮桥、冯和法主编《解放前的中国农村》第 2 辑，中国展望出版社，1987，第248 页。

④ 《谢觉哉在县长联席会议闭幕会上的讲话》，《新中华报》1941 年 3 月 9 日。

⑤ 〔美〕塞缪尔·P. 亨廷顿、琼·纳尔逊：《难以抉择——发展中国家的政治参与》，汪晓寿等译，华夏出版社，1989，第 3 页。

就陕甘宁边区的参议员而言，其主要职责就是积极提案议案，为乡村建设建言献策。基层参议员的提案所包含的内容比较广泛，既涉及政治、经济、军事、文化、教育等领域，也涉及婚姻、赌博、吸毒、偷盗、灾荒等方面。就提案数量而言，每次参议会少则十几件，多则几百件。如1946年1月在佳县召开的第二届县参议会上，出席议员为62名，但收到提案竟达到888件。① 就提案的种类来分，根据分组讨论的情况一般是将所有的提案进行归类，统分为特种提案、财经提案、政法提案、军事提案、文教提案（包括医药卫生）等类型。如绥德县第二届第一次参议会所提的提案数量如下：特种提案共2案，整理为2案；财经类共44案，整理为24案；文教类共22案，整理为11案；政法类28案，整理为16案；治安类共1案。② 从绥德县的提案可以看出，政法类和财经类提案占据的比例较大。然而从总体上看，根据陕甘宁边区各地参议会的提案统计，政府公务人员的工作作风、社会生产建设、灾荒救济、妇女地位与婚姻等方面的提案最多，形成了一批颇具战时特色的典型提案。

（一）关于乡村互助合作的提案

互助合作是中国乡村社会自古就有的一种传统。因此在陕甘宁边区时期，关于劳动互助的提案自然也就成为参议员关注的重要议题。如在1937年9月召开的延安县参议会上，经一些参议员提案，最后确定的"延安议员大会决定今后县政方针"和"延安党在民主普选运动中所提出的民主政府纲领"中都明确提出"救济延安境内灾民""责成互济会切实救济难民"的方针。③ 靖边县参议员田宝霖，曾在参议会上建议设立运输合作社，在促进运输业发展的同时，改变乡民的日常生活。这个提案不仅在靖边得到了响应，在定边县也产生了积极影响。经过宣传动员，定边县不到两个月，组织了262头牲畜，集股482.5万元，通过运盐实现了发家致富。④

---

① 佳县地方志编纂委员会编《佳县志》，陕西旅游出版社，2008，第610页。
② 《绥德县第二届第一次参议会会议记录》，绥德县档案馆藏，档案号：15—2。
③ 延安市志编纂委员会编辑《延安市志》，陕西人民出版社，1994，第493页。
④ 马骥主编《陕甘宁边区三边分区史料选编》（上），2007，第259页。

（二）关于防灾备荒的提案

众所周知，由于陕甘宁边区地形复杂、沟壑纵横，大陆性、高原性的干燥寒冷气候导致的春季多风、夏季多雹、秋季霜降成为灾害频发的主要原因。针对这种情况，一些参议员纷纷建议建立"互救会"组织。如庆阳县副议长任绍亭、合水县副议长杨正甲以及定边县白文焕、高崇珊等人分别提出创办义仓可"防患未然，以备荒年救灾之用"。陕甘宁边区政府据此发布命令，要求"积极劝导人民普遍创立义仓，加紧备荒"。① 与此同时，一些参议员还专门指出要实行灾荒报告制度。如镇原县的陈致中、杜云程、刘平海等参议员，针对镇原灾情严重的情况，要求政府对灾情存案备查。边区政府主席林伯渠专门为此批答镇原县政府并嘉许镇原县参议员陈致中的提案，他指出："你县参议员陈致中、杜云程等关心人民疾苦，殊堪嘉许，本府已令民厅特别注意，希转你县各参议员知照。"②

另外，针对灾荒肆虐的实际情况，一些参议员还提出了兴修水利、植树造林的提案。如定边县在1941年召开的第二届参议会上，全体参议员决议通过"大力发动修水路、城门、公房、树林、改善气候案"。③ 在绥德县，一些参议员指出："植树造林是边府之重要号召，近年来木材之支用日甚一日，而保护树木成绩异常不够。植树既能发展农村经济，又能减少水旱灾荒风沙侵袭。种柠条可解决部分缺乏炭烧及铺瓦屋顶。"针对参议员的提案，绥德县政府提出具体解决办法。④ 子洲县则是积极兴修水地、拔野菜、种秋菜以进一步展开备荒运动。与此同时，人们还提出反对浪费的具体条款。⑤

（三）关于妇女与婚姻的提案

在基层参议员的众多提案中，关于妇女地位和婚姻问题同样是他们关注的重点领域，特别是一些基层女议员，更是在维护妇女地位和权益方面

---

① 《抗日战争时期陕甘宁边区财政经济史料摘编》第7编，陕西人民出版社，1981，第356页。
② 《陕甘宁边区政府文件选编》第6辑，档案出版社，1988，第226—227页。
③ 马骥主编《陕甘宁边区三边分区史料选编》（上），第173页。
④ 《绥德县第二届第一次参议会会议记录》，档案号：15—2，绥德县档案馆藏。
⑤ 《抗日战争时期陕甘宁边区财政经济史料摘编》第7编，第356页。

不遗余力地提出提案。诸如提高妇女地位、保护妇女切身利益、改善妇女生活、严禁缠足和买卖婚姻的提案，在各级参议会上都被频繁提及。米脂县女议员在参议会上提议：（1）政府应在保障人权的原则下，限定结婚年龄，女子不过十六岁，不得出嫁；（2）政府应多设法教育一些人，叫他不要专为利，而妨碍子孙后代；（3）如果由父母包办订婚于两家者，应由女子选择，父母依法处办，如有聘礼，根据双方情况酌量办理；（4）寡妇改嫁时，娘夫两家不得干涉及从中收钱，他人更不能收受贿赂，违者依法处办。①

（四）关于乡村治理的提案

对于基层参议员而言，除了关注如何促进边区经济社会发展，对于民众所深恶痛绝的一些社会陋习和不良现象，如赌博、抽大烟和农村"二流子"，在他们的提案中也不乏关注。如在绥德县第二届参议会上，就有不少参议员提出"继续改造二流子"的提案。这些提案指出："政府提出改造二流子后，收效不小，但是还有些二流子没有完全改造过来，有碍生产建设，所以继续改造旧有二流子，以防止新二流子的产生和发展。"针对这一情况，绥德政府提出了具体办法：（1）由政府负责找职业；（2）由大家注意抓紧督促，并帮助建立家务；（3）各级政府应严格禁赌，抓紧教育"二流子"，自卫军应经常检查。② 在延安县，首先通过乡参议会当场规定若干公约，如生产、禁赌、禁嫖、禁窃、保禾、治安等，共同遵守，违者除罚出羊畜或猪之外，还要接受公约的处罚——这是一种耻辱的处罚。按此约精神，"乃政府当局利用民间惯例，督促二流子参加生产的一个办法"。③ 通过这种办法，"二流子"成为"坏人"和可耻的一个代名词。如果谁被称作"二流子"，就成了"一项十分肮脏的帽子，谁也不愿戴它"。当听说政府要登记他，给他挂"二流子"牌的时候，"就马上具结找报，上山劳动了"。④

实际上，基层参议员的政治参与，不仅体现为对政府决策的影响，而

① 《陕甘宁边区政府文件选编》第10辑，档案出版社，1991，第40页。
② 《绥德县第二届第一次参议会会议记录》，档案号：15—2，绥德县档案馆藏。
③ 《晚霞》编辑部主编《延水东流——王丕年同志革命回忆录》，黑龙江省直离休干部写作协会《晚霞》编辑部，1997，第80页。
④ 《延水东流——王丕年同志革命回忆录》，第74页。

且还体现为对政府的管理。因为按照陕甘宁边区各级参议会的组织条例，参议会不仅是民意机关，更是权力机关。因此，陕甘宁边区基层参议员的政治参与，就是代表社会各阶层通过各级参议会、乡民大会和各种类型的座谈会等形式，实现对基层政府的有效监督和管理，从而影响或改变政府的决策。参议员在参政议政的同时，还根据群众所提的意见和本地区的实际情况，制定关于本地区的一些制度法规，诸如确立兵役制度、劳资关系、加强卫生保健、保护森林、禁止贩卖吸食鸦片等等。有的地方为确保粮食，制定禁止酿酒的法令。如在绥德第二届第一次参议会上，一些参议员就指出："严禁蒸酒令近几年来年成薄收，粮价甚贵，政府告令保存粮食，而政府早已颁布严禁蒸酒令，但迄今个别地方仍有偷蒸现象，致引起群众之不满，政府即应注意。"① 当然作为参议员，广泛征求民众意见，开展实地调查，同样是其参政议政的重要内容。因此，不少参议员特别是一些有一定知识背景的参议员都通过不同形式开展调查，在获得大量资料的基础上有针对性地提出提案。如延川县参议会副议长高敦泉及县议员梁涵川，不辞辛苦深入民间，搜集民意，然后列为八项，提供给政府采择施行。由于这项调查提案资料非常翔实，延川县政府亦立即加以讨论，并付诸实行，从而极大地提高了参议员政治参与的效率和热情。②

同时，对基层政府人员的监督与批评，始终都是参议员政治参与的重要内容，特别是在召开参议会期间，这种监督与批评就更为集中。如在绥德县第二届第一次参议会上展开讨论时，议员们"讨论情绪很高"，针对县长的工作报告，议员们更是发言踊跃，有 10 人登台讲话。③ 延川县在召开参议会期间，议员们共向政府及军队提出了 1475 条意见，内有民事方面的问题 482 件，刑事问题 111 件，另在负担方面有 179 件，对各级政府的有 661 条意见，对军队的有 40 条意见。④ 实际上，参议员讨论和批评的过程，也是检查政府工作的过程。通过对基层政府的监督与批评，参议员所提出的一些问题和建议绝大多数都得到了解决。根据 1945 年选举中的相关统计，曾经在延安、鄜县、延川、志丹、曲子、合水、镇原、新正、

①《绥德县第二届第一次参议会会议记录》，档案号：15—2，绥德县档案馆藏。
② 延川县志编纂委员会编《延川县志》，陕西人民出版社，1999，第 813—814 页。
③《绥德县第二届第一次参议会会议记录》，档案号：15—2，绥德县档案馆藏。
④《延川县志》，第 808 页。

新宁、赤水、吴旗等县提出的 21385 件问题，除一些较为复杂、需要仔细研究的问题之外，已经被解决了的问题就达 17507 件，占总数的81.86%，未解决的有 3875 件，占 18.12%。① 特别是一些较难处理的问题，如土地租佃、债务关系或家庭纠纷等问题，有的甚至是存在多年的问题，都得到认真研究，予以解决。

三 乡村建设的具体实践

如果说参议员的政治参与是为了有效地影响政府，是一种"议"的活动，那么依据"议"的结果来具体执行相应的任务，即所谓的"行"，这成为基层参议员的日常工作。特别是当"议行合一"成为基层参议会运行的基本轨迹之时，他们的日常工作也就显得更为纷繁庞杂。因为他们是被群众认可的"好人"，所以他们的工作并不是简单的分配任务和摊派公粮，而是带领民众积极抓建设、促生产，要走在群众的前面，也就是要在各个方面都要做"学习、生产、武装工作的模范"。② 具体而言他们的乡村建设实践主要体现在以下几个方面。

（一）乡村经济建设

在乡村经济建设方面，参议员积极行动起来，通过组织变工、兴修水利、创办工厂，全力促进乡村经济建设的发展。只要爬梳相关资料，有关参议员着力乡村经济建设的事例俯拾即是。如延安县裴庄乡参议员田二鸿，为促进本乡的农业发展，通过组织变工和开荒除草运动，极大地促进了当地的农业生产。与此同时，为了将裴庄乡建成模范乡，田二鸿参议员还与村民制定了裴庄乡村规民约，要求"家家户户都要劳动生产，真正做到早起晚归，家家变成勤劳家庭"，同时要"真正实行储蓄，节约，保证不浪费一粒一粟粮食，做到家家'耕二余一'"，并且能够"改良牲畜饲养，做到经常垫圈，按时喂饮，确实减少牲畜死亡率"。③ 田二鸿的积极努力，不仅

---

① 《一九四五年乡选工作总结》，档案号：2-1-808，陕西省档案馆藏。
② 谢觉哉：《县参议会怎样开会》，《解放日报》1942 年 3 月 6 日。
③ 《陕甘宁边区的劳动英雄》，大众书店，1936，第 59 页。

实现了大生产运动的既定目标，使裴庄乡成为边区的模范村，而且极大地促进了农村各项事业的发展。

在兴修水利、植树造林方面，参议员同样不遗余力。定边县参议员马海旺曾从一位四川人那里学到修水利的技术，随即开始修水地。随着自己修水地的经验越趋成熟，便开始注意帮助别人兴修水地。在他的指导和帮助下，本村及定边渠两个村子16户人家修水地来试种稻谷，五年共修水地60亩，其中他一家就修18亩，产稻谷1600余斤。不仅有效地抵御了干旱灾害，而且极大地提高了农业生产。① 靖边县参议员田宝霖，在县委书记惠中权的支持下，积极开展水利建设，试办水漫地，不仅实现了粮食的增产，而且也极大地避免了水土的流失，受到了毛泽东的高度赞赏。在植树造林方面，安塞县马家沟陈德发，积极组织村民发展农业生产，大力开展植树造林，发展农村副业。在陈德发的带领下，全村原计划植树500株，实际植树1500株，"全村出产的梨果，就够有水果树的9家人买布交公盐代金而有余"。② 定边县张成仁不仅自己努力植树，同样也在积极推动全村人植树。他有一套植树必活法，三年来自己栽活130株，收到实利。村人看他的样子，也开始学他的办法植树。③

在创办民营工业方面，米脂参议员姬伯雄、姬旭昌、李旺荣创办的米脂万合毛纺工厂就是其中的代表。万合工厂"除了让工人入股，实行分红工资，目前为计件制，明年即实行全面工资制外，从今年起还对工人进行了文化教育工作。全厂现有四十余个工人，每天至少有一小时的学习，由厂方指定文化高的人担任教员，并由厂方供给课本、笔墨、纸张"。在他们看来，"我们不应该和旧的商人一样，光为自己打算，我们应该站在发展边区经济的立场上来办工厂，要公私兼顾，照顾老百姓的利益，特别要照顾工人的利益，不断改善工人的待遇和生活"。④ 盐池县议长靳体元所创办的元华工厂，仅1943年"就完成了衣胎一万二千套，被胎四千床，毡帽一万顶，保证了供给，同时工厂尚制成了群众的需用品若干。去年又大大地吸

① 志丹县志编纂委员会编《志丹县志》，陕西人民出版社，1996，第796页。
② 《陕甘宁边区的劳动英雄》，第15页。
③ 《陕甘宁边区的劳动英雄》，第4页。
④ 《抗日战争时期陕甘宁边区财政经济史料摘编》第3编，陕西人民出版社，1981，第651页。

收了群众的股金，年底获得了二千六百万元的红利。今年，整个业务更走向群众的合作，股金又大增加。现在，工厂计有十架织毛布机，一部织毯机及其他赶毡织毛口袋等工具，总资金约二千万元"。①

（二）乡村文化建设

在陕甘宁边区的众多基层参议员当中有不少民间艺人，他们对乡村文化建设同样起着重要的作用。对于乡村中国而言，一如费孝通先生所说："中国传统乡土社会基本上是一个有语言而无'文字'，甚至几乎不需要'文字'的社会。"② 民间艺人所塑造的艺术形象，有利于传播历史知识、文化传统及灌输道德主题，对乡村民众的价值观的形成起到了单纯的说教和文字表述所无法比拟的作用。因此在某种意义上可以说，真正对乡村民众世界观起架构作用的就是这些民间艺人所传承的乡间戏曲、故事、传说、说唱等民间艺术。于是随着延安文艺运动的逐渐展开，大批适应新形势的民间艺人重新出现在乡村社会的文化舞台上，如曲子县参议员、农民诗人孙万福和新宁县参议员、南仓社火艺人刘志仁就是其中的代表。

孙万福作为一名县参议员，尽管一字不识却聪慧过人，好歌善吟，出口成章。由于其吟唱诙谐幽默，语言质朴，比喻形象，深为群众所喜闻，方圆数十里皆知其名。尤其是他所创作的《高楼万丈平地起》，经音乐工作者谱曲后，在边区广泛传唱。与此同时，孙万福还用诗歌的形式自编了《二流子要转变》教育"二流子"："二流子，馋又懒，东游西逛吃洋烟，把好人吃成瘦人，瘦人吃成病人，病人吃成坏人。吃得腿长脖子细，家里没有二亩地。公家听着要反对，邻家骂你没志气，婆娘骂你没脸皮。又没面又没米，娃娃扯住你的衣，因此一心要转变，葫芦、烟灯一齐拌，受奖励、勤生产，多开荒地多种田。"③ 在他的帮助和教育下，许多懒汉、"二流子"都变成了自食其力的劳动者。不久，这首"诗歌"也传遍了边区。

新宁县参议员刘志仁，在当地几乎人人都知道他是有名的南仓社火好手。刘志仁对旧有的社火秧歌进行吸收改造，反映的几乎都是当地群众亲

---

① 刘漠冰：《靳参议员兴办实业与地方公益》，《解放日报》1944 年 12 月 6 日。
② 费孝通：《乡土中国》，上海人民出版社，2006，第 16 页。
③ 《陇东革命歌谣》，甘肃人民出版社，1982，第 132 页。

身经历的事实。群众在新秧歌中听到了他们熟悉的和想知道的事迹，看到了他们自己的形象，听到了自己心里要说的话，他们说："把现在的实情用新曲子唱出来，真比听讲还美着哩！"又说："刘志仁的新社火咋日鬼的，把咱们做庄稼的那一行也编了故事。"由于他每年都有新创作和新的演出，使他的社火越闹越红、越闹越美，当地群众说："宁听刘志仁的新秧歌，不看×××的大戏。"① 不仅如此，刘志仁同样针对乡村社会的不良习气，从文艺方面给予改造。当他看到村里有个青年小伙子整天游游逛逛，不劳动生产，刘志仁就编了个《二流子》秧歌剧教育他。关于妇女解放问题，刘志仁同样通过编秧歌来教育："妇女们快放脚，缠脚真糟糕，走起路来摇摇摆，你看多不好。"② 为了把社火办得更好，刘志仁以参议员和村长的身份，带上大伙开荒40亩，用生产的粮食解决了社火的经费问题。之后他把社火队由19人扩大到60人，并组织队员学政治、学文化，把纯娱乐的班子变成了奋发向上的文艺团体。在他们的带动下，南仓村执行政策、开展生产、交售爱国公粮、讲究卫生、拥军优属，样样工作走在前列。

更重要的是，南仓民众大半参加了耍社火，几年来消灭了抽烟、酗酒、赌博、打捶等不良现象。正如周扬所说，如果"老刘仅仅作为一个群众艺术家，也许还不会得到群众像今天这样对他的爱戴，老刘除了作为一个优秀的群众艺术家以外，同时更重要的他也是一个很好的边区公民，他心中充满了对于边区的热爱、对于党和政府的拥戴，时时刻刻记着为群众服务，为大家谋利益。不仅通过耍社火的艺术活动方式，也通过他能力所及的一切方式。他积极推动南仓村的生产运动，他教过妇女半日校，是最受欢迎的一个教员，他为群众编对联写对联，也进行卫生放足破除迷信等教育活动。同时发动了南仓群众办起民办小学和黑板报。在艺术活动上他也不是狭隘的只看重本位利益的。比如他们开了十五亩义田作为耍社火的经费"。③ 正因如此，刘志仁成为群众衷心拥护的连选连任的参议员。

基层参议员的文化活动，作为在传统民间文化改造的基础上形成的新型文化，既符合乡村民众的基本习惯，又增添了新的时代内容。可以说在

---

① 乔楠主编《甘肃革命文化史料选萃》，甘肃文化出版社，2000，第291页。
② 《南梁曙光》，甘肃人民出版社，1983，第351页。
③ 周扬等：《民间艺人和艺术》，东北书店，1946，第9页。

参议员的积极组织参与之下，乡村社会的文化活力开始被充分激发出来。特别是一些符合乡村民众大众化的美妙的韵律节拍，成为"大众情绪的食粮，它甚至含着习惯上的道德规范，在我们民族大众中形成了一种支配的势力"。①

（三）乡村教育建设

基层参议员在乡村教育建设方面，同样是不遗余力，积极参与。他们一方面在参议会上呼吁建立乡村学校，一方面主动参与到乡村教育当中。

合水县参议员杨正甲，为了发展地方教育事业，他分文不收政府发给他的薪银，全部捐献给政府和学校，还经常捐款捐物，解决学校困难。1944年，杨正甲先生带头捐款5千元，并说服公、私商户集资47万元，为学校添置桌凳，维修房屋，解决了当时学生上学难的问题。② 同时，他还动员民众响应边区政府开展文化建设运动的号召，很快在西华池一带办起了7所农民夜校，当年冬天又转为冬学，组织群众掀起了识字学文化热潮，使不少"睁眼瞎"粗识了文字，有的人还脱了盲。靖边参议员高吉祥在1938年被选为县参议员之后，在靖边县第一届参议会上提出了"大力兴办学校，动员学生入学"的提案，受到了县参议会的重视和采纳；同时于1941年11月，在参加完陕甘宁边区第二届参议会第一次会议，从延安回来后，受县参议会委托，他一村一庄不顾疲劳地传达，详细地介绍了延安的建设成就，特别是延安的学校多、学生入学多的情况，"对家长学生入学有很大的感召力，一时学生入学猛增"。③

除此之外，还有不少参议员执教，以促进乡村教育质量的提升。如吴堡县参议员高荣卿积极从事教育事业，先后在上高家庄、于家沟任教，博得群众的好评。1943年调太平寺完小任校长，除主持全校的工作外，他还代高年级班的语文、历史等课程；积极贯彻勤俭办学方针，组织师生大搞勤工俭学，努力减轻学生的经济负担，减少政府补助经费；提倡新文化、新思想，号召师生勤动脑、勤革新。由于该校教学质量甚佳，在当年考绥

---

① 《陕甘宁边区民众娱乐改进会征求各地歌谣》，《新华日报》1938年7月17日。
② 政协合水县委员会编《合水文史资料》第1辑，1997，第191页。
③ 姚勤镇：《三边情愫》，宁夏人民出版社，2006，第12页。

德师范、米脂中学时，录取名额领先，为这些学校输送了一批优秀学生，不少人后来成为党政领导部门的骨干，有的是中、高级领导干部。绥德县参议员张敬斋在担任绥德县立女子小学校长期间，积极整顿校风，废除体罚学生的旧制度，想方设法筹集资金，购置教学设备，努力提高教学质量；不辞劳苦跋山涉水，走遍全县各学校，摸清了全县的教育现状，为指导全盘工作提供了可靠的依据。

（四）乡村卫生事业建设

陕甘宁边区医药卫生事业的极端落后，也促使一些基层参议员积极从事乡村卫生事业的建设。他们积极推动乡村民众养成良好的生活卫生习惯，同时也在创办乡村卫生委员会和医药卫生合作社。如延安北区的刘老参议员及阎家塔卫生小组长王立功，不仅把文化乡的井掏了，并且还建立了北区卫生模范村——阎家塔。

在医药合作社方面，参议员同样积极参与创建，如刘建章创办的南区卫生合作社、李常春创办的保健社、周岐山创办的医药合作社等等。这些合作社都极大改善了乡村社会的医药卫生事业。志丹县三区医生周岐山及其创办的医药合作社，热心治病，有请必到，经常送诊下乡。[①] 清涧县参议员、著名中医霍静堂，于 1942 年毅然将其药铺过半数之多的中药材投入公私合营性质的清涧县人民保健药社。他一方面在家和他人经营药铺，另一方面在保健药社坐堂义务应诊。从 1944 年至 1947 年 1 月止，霍静堂在人民保健药社理应分股金五百多银元，但他想到保健药社底子薄、资金不足，分文未拿，将这笔款存在县人民政府一科的账上，作为保健药社的发展基金。[②]

除创办合作社开展坐诊之外，一些参议员还奔波于各地乡村主动送诊。如赤水参议员任和平，就经常为了医治群众的疾病整年累月地背着药包走遍无数村庄。"不论白天黑夜，或下雨刮风，甚至在大年初二，只要群众有病他便前往诊治。"任参议员有一原则："自己不能治的病，他从来不乱治，

---

① 陕甘宁边区政府办公厅编印《医药卫生的模范》，1944，第 74 页。
② 中国人民政治协商会议清涧县委员会文史资料委员会编《清涧文史资料》第 2 辑，1990，第 126 页。

但自己有把握治好的病，他却非医治痊愈不止。"与此同时，任和平还领导和号召东奉岭寺和南新庄共同集股成立了一个文化药社，通过这个文化药社，领导全村82户的文化和卫生工作，并发动群众进行采药，自己炮制，同时带徒弟培养小先生传授其学。任和平尽管家庭贫寒，但他却从来没想到靠行医赚钱。相反地，在他初次行医时，还把自己的麦子卖了三石。他看病、用药都是自己配制的药末子、药捻子，很少用不值钱、不生效的草药，无论公家和群众，他一概不要钱。据不完全统计，仅1944年前半年，他就治好了三百多个病人，每天至少要看七八个病人，有时一天看到十二三个病人，在他家门口常常有牵着牲口请他治病的人。[①]

然而，一些参议员在推行乡村卫生工作的过程中，总会遇到形形色色的巫神（神官）。基于这种情况，一些参议员在积极为乡村民众治病的同时，也在努力与巫神做斗争，其中定边参议员崔岳瑞堪称其中的代表。

崔岳瑞是一个反迷信斗争的实际工作者，也是一个实际的宣传家。他经过自己的宣传和实际治疗效果，使陕甘宁边区这一落后地区出现了一个什么神都不敬的村子——卜掌村。由于崔岳瑞反迷信的大胜利，全村没有人再去请巫神、阴阳，而是掀起了烧神像、开会讨论反迷信的运动。与此同时，周边的一些地区，如靖边、吴旗、盐池等地都传开了崔岳瑞反迷信的故事，纷纷展开了"崔岳瑞运动"。1944年冬，在三边分区和定边县广泛开展了"崔岳瑞运动"，群众纷纷开始烧"神"，梁圈村不到10天就有32户把"神"烧掉。[②] 这个运动更激励了他的热情，崔岳瑞亲自倡导当时二区红柳沟组建了医药研究会，成立药社，他号召群众入股二百余万元，并计划以后自己采制药材。由于崔岳瑞的模范事迹和他的实际行动，卜掌村成为陕甘宁边区的"一个特殊的村子"。据1943年调查，"在卜掌村里，只有一家有宗牌。各家梁上，都没有神符，都没有神位，都不信神，过年不烧香，有事不请阴阳，不念经"。[③] 为此，著名作家李季还专门创作了《卜掌村演义》这一文学作品，以彰显崔岳瑞参议员的模范事迹。可以说，陕甘宁边区乡村社会医药卫生事业的发展，与这些参议员的辛勤努力是分不

---

① 《张铁夫诗文集》上册，北京出版社，2003，第194—196页。
② 《崔岳瑞和崔岳瑞运动》，《解放日报》1944年10月21日。
③ 《医药卫生的模范》，1944，第37页。

开的。正是在他们的努力之下，在陕甘宁边区的卫生运动中，涌现出一大批卫生模范村和卫生模范家庭，从而有力地促进了陕甘宁边区乡村社会医药卫生和社会生活习惯的变迁。

从上述内容不难看出，基层参议员在乡村建设各项事业方面，无疑起了积极重要的作用。正如刘景范在边区模范工作者代表大会上的报告中指出的那样："边区生产的发展及其他各项工作的进步，是同劳动英雄和模范工作者运动不能分开的。劳动英雄和模范工作者运动是边区发展生产和各项建设工作的一种新的组织形式和工作方法。"[1] 因此从一定意义上可以说，基层参议员也在很大程度上促进了陕甘宁边区乡村民众社会心理结构的变迁，由此也使中国最荒僻的内陆乡村终于打破了千年沉寂，边区农民开始了"人的现代化"的艰难历程。

四　参议员建设乡村的特点

如果说 20 世纪二三十年代兴起的乡村建设运动，大都集中在地势平坦、信息相对畅通的东部和中部地区，是由一些有相当文化素养和水准的知识分子群体发起的声势较大的社会改革运动，那么陕甘宁边区的乡村建设，则是在经济文化都相当落后的西北地区展开的。如果将二者进行比较分析，我们也不难看出参议员乡村建设的一些历史特点。

首先，基层参议员的乡村建设，体现的是一种全方位的建设。"乡村建设"一如梁漱溟所说，以前从来没有见人用过，也没有听人说过。自从乡村建设研究院标出之后，国内乡村建设的风气亦日渐兴起，"乡村建设"一词才不断为大家所引用。[2] 但是这些团体和机构非常复杂，"各有各的来历，各有各的背景。有的是社会团体，有的是政府机关，有的是教育机关，其思想有的左倾，有的右倾，其主张有的如此，有的如彼"。[3] 可见民国时期的乡村建设，由于各自所实行的方式不同，实际上当时的乡村建设并非完全是一种全方位的乡村建设。正如有人曾对民国时期各实

---

① 《抗日战争时期陕甘宁边区财政经济史料摘编》第 8 编，陕西人民出版社，1981，第 738 页。
② 《梁漱溟全集》第 1 卷，山东人民出版社，2005，第 602 页。
③ 《梁漱溟全集》第 2 卷，山东人民出版社，2005，第 582 页。

（试）验区的乡村建设实验的特征进行这样的描述：就"事业中心"而言，定县实验区偏重教育，乌江实验区偏重生产，江宁实验区偏重自治，无锡实验区农业与教育并重，邹平实验区偏重文化。① 陈序经也曾对中华平民教育促进会的定县实验、山东乡村建设研究院的邹平实验和青岛市政府在其郊区进行的乡村建设的不同特征做过一番比较研究，最后指出"邹平模式"为"孔家店式"，"定县模式"为"青年会式"，"青岛模式"为"都市化式"。②

上述分析一方面说明，民国时期乡村建设的模式的确呈现出多样化的特征，但是另一方面也说明，由于乡村建设运动领导人的教育背景以及他们对中国乡村社会认识的差异，其开展的乡村建设运动只是注重教育和技术方面的一些局部的改良，而并非一种全方位的乡村建设运动。正是乡村建设运动的这种局部的改良性质，导致乡村建设运动彻底失败。

然而陕甘宁边区基层参议员的乡村建设，所呈现的却是一种全方位的乡村建设，也就是一切从人民的生活和实际利益出发，只要不符合民众的生活和实际利益的都要进行改造和建设。特别是要对乡村社会旧有的政治和经济体制进行改造和建设，以实行新民主主义的政治和经济政策。而在这一点上，"乡建派"却并没有清晰的认识。事实上梁漱溟在1935年1月的一次讲演中也承认，乡村建设"从根本上说是要完成社会大改造，而非枝枝节节的做好事"。③ 对于中共而言，在这一点上应该是有着清晰的认识的。正如任弼时所说："建设工作是一种细致科学的事业，在某种意义上说，它比破坏旧的更为复杂困难。"④ 基于这样的认识，在开展陕甘宁边区全方位的乡村建设运动时，这一点自然就成为基层参议员必须要坚持的重要原则。

其次，基层参议员的乡村建设是以乡村自治为基础的。地方自治作为晚清以来就出现的一种社会思潮，随着被越来越多的人所认可和推崇，"在今日几于人人会说，人人爱说。当局者尤其亟亟从事，国民政府督促

---

① 苗俊长：《中国乡村建设运动鸟瞰》，《乡村改造》第6卷第1期，1937年。
② 陈序经：《乡村建设运动》，大东书局，1946，第26—27页。
③ 《梁漱溟全集》第2卷，第573页。
④ 《任弼时选集》，人民出版社，1987，第391页。

于上，各省政府赶办于下，即要'克期完成"。① 因此，地方自治自然也就和民国时期的乡村建设运动联系起来。实际上就在民国初年直隶定县的翟城村，就通过创办模范村建立了正式的自治组织，以实现村民村务参与的制度化转变。该村一度被誉为乡村自治的模范，公认为中国近代乡村自治的发源地。② 之后阎锡山在山西推行的"村治"，主张"全民政治"，宣称村治是全体村民的自治。除此之外，还有不少乡建团体和实（试）验区（县）根据国民党有关自治事务的规定，开展过乡村自治实践。然而，民国时期的乡村自治始终未能摆脱基层权力网络的羁绊而最终归于失败。

陕甘宁边区成立之后就将民主自治作为乡村建设的重要基础。一如毛泽东所说："新民主主义的政治，实质上就是授权给农民。"③ 这也就是说，陕甘宁边区的乡村建设要充分发挥村民的自主参与力量，通过充满活力的村民自治机制，"采用直接、普遍、平等、不记名的选举制，健全民主集中制的政治机构，以增强人民的自治能力"。④ 特别是边区政府通过重新塑造乡村社会的权力主体而产生的基层参议员群体，又在很大程度上成为边区民主制度的重要载体。正所谓"民主的第一着，就是由老百姓来选择代表他们出来议事管事的人"。⑤ 因此，要通过他们开展乡村建设，民主自治自然是主要前提和基础，而这一点也正是陕甘宁边区乡村建设的特点和优点。

最后，基层参议员的乡村建设，充分注重了乡村社会的互助合作。在漫长的中国历史长河中，互助合作思想一直都是乡村社会存续的一种价值理念，特别是以伦理本位和血缘宗法为特征的中国乡村社会，互助合作在很大程度上成为维系中国传统农业文明发展延续的纽带。因此，民国时期的乡村建设运动，也自然会关注乡村社会的合作传统，但是从另一方面来看，乡建派的互助合作也存在严重的缺陷。

对于民国时期的乡村社会而言，首先要解决的是农业生产问题，但是乡建派所倡导的互助合作却把更多的精力放在了信用合作社上。如前所述，

---

① 《梁漱溟全集》第5卷，山东人民出版社，2005，第240页。
② 冷隽编著《地方自治述要》，正中书局，1935，第79页。
③ 《毛泽东选集》第2卷，人民出版社，1991，第692页。
④ 《陕甘宁边区政府文件选编》第1辑，档案出版社，1986，第210页。
⑤ 《陕甘宁革命根据地史料选辑》第1辑，甘肃人民出版社，1981，第72页。

信用合作社所占比例一般都达到 70%～80%，最多在 90% 以上，而生产合作社所占比例却很小，多数实验区不到合作社总数的 10%。① 更重要的是，乡建派的互助合作成员中，只有很少一部分是农民，绝大多数农民则被关在了合作社大门之外。乡建派在组织农民成立合作社时，原本是希望那些能识字读书、家庭富裕、在本地有一定威望（或势力）的"乡村领袖"担任合作社的理事、监事，但是实际上却事与愿违。"我们所希望的，本来是好人出来做合作社的中坚分子，但……出头的，反而是以剥削好人为职业的土豪劣绅。"② 可见，在乡村建设运动中，尽管乡建派业已认识到互助合作的重要性，但是由于并没有将乡村农民完全纳入互助合作的框架体系之内，其结果是可想而知的。

然而，由参议员将众多的农民组织起来开展的互助合作，大大突破了旧有的只在本族范围内开展互助合作的习惯，互助合作已不仅体现在开荒、锄草、耕种、运粪、收获等农业生产中，而且在生产度灾、开渠、修滩、筑坝、纺织、运输、家务劳动、副业生产等方面也广泛实行了互助合作。有的劳动互助组又发展成了劳动合作社。可以说，陕甘宁边区的合作社在乡村建设过程中"在发展生产上又来了一个革命"。此时的互助合作运动实际上业已成为边区乡村社会生活的枢纽，具有重要的社会服务功能，尤其是一些较大的综合性合作社，由于承担起包括教育、医疗在内的各种公益事业，更是成为"当地农村的核心"。③ 可以说，此时的合作社突破了原本作为经济组织的局限，通过其公共服务职能的发挥，成为和谐乡村建设的积极推动力量。

实际上，陕甘宁边区基层参议员在很大程度上已然成为凸显中共民主政治的重要载体。正如谢觉哉所说："边区的民主，不是干部议管就够，也不是政府做的事情好就够，而是人民选举自己的代表亲自议管，人民通过直接管理国家事务，会深切感到自己的责任，不是以旁观的身份拥护政府，而是积极地把管理政府的重担放在自己肩上。"④ 正是通过参议会这一制度框架，参议员不仅成为"议事管事"的人，而且成为"把自己的命运和共

① 郑大华：《民国乡村建设运动》，社会科学文献出版社，2000，第 509 页。
② 章元善：《中国合作实际问题》，《乡村建设》第 1 期，1936 年。
③ 《抗日战争时期陕甘宁边区财政经济史料摘编》第 7 编，第 369 页。
④ 《谢觉哉文集》，人民出版社，1989，第 477 页。

产党、八路军、边区政府联系在一起"的新型农民。"这是一种新型的人民，是中国历史上从来没有过的。"① 正是这些新型农民，成为乡村建设的主力，成为中国革命最终取得胜利的依靠力量。

（原刊《中南大学学报》2014 年第 5 期）

---

① 《边区劳动英雄代表大会给我们指出了什么？》，《解放日报》1943 年 12 月 26 日。

南京国民政府时期基层调解委员会述论

谢　健[*]

在传统社会中，解决日常纠纷的方式有很多，其中最为重要的机制之一就是调解。南京国民政府成立之后，虽然法律治理的力量明显加强，但是传统的调解机制在广大乡村得以延续。[①] 在延续传统社会"息讼""讼则终凶"等治理思路的基础上，结合地方自治的需要，南京国民政府从制度层面对调解进行规定并形成了一套完整的体系，其中基层调解委员会是这个体系中行政调解部分的核心。[②] 这种延续民间自治习惯的纠纷处理体制，在以往的研究中并未被学界所重视，已有的相关研究中也还没有学者对调解委员会的组织、人员、成效等进行系统的论述。[③] 从整个近代基层治理方

---

[*] 谢健（1988—），重庆璧山人，历史学博士，西南大学马克思主义学院讲师，主要从事近代中国乡村史研究。

[①] 虽然南京国民政府时期调解已经开始被纳入立法，但温丙存等人仍认为整个民国时期的调解仍为本原性的调解，即"乡土礼俗调解"。温丙存、邢鸿飞：《调解的百年嬗变：本原、异化、新生与重构——基于民事纠纷调处实践的历史考察（1912—2012 年）》，《中国农业大学学报》2014 年第 2 期，第 68—70 页。

[②] 整个民国时期官方调解制度可以分为两个部分：司法系统的调解和行政系统的调解。司法系统的调解经历了从无明文规定到《民事调解法》强制调解，再到诉讼与调解合一的过程，而行政系统的调解则趋于多样化，其中南京国民政府时期最为突出和完备的就是基层调解委员会。对《民事调解法》及司法系统调解的探讨，可参见赵建蕊的《民国时期的民事调解制度——以〈民事调解法〉为中心》（硕士学位论文，中国政法大学，2007）、曾方的《民国时期民事调解制度探析》（硕士学位论文，江西财经大学，2010）等成果。

[③] 南京国民政府时期的调解制度主要有两个方面：司法审判程序中的调解和乡镇调解委员会的调解。因而在以往的研究中可以分为两个方面：一方面集中到司法审判程序上的调解，对《民事调解法》进行探讨，如赵建蕊的《民国时期的民事调解制度——以〈民事调解法〉为中心》（硕士学位论文，中国政法大学，2007）、曾方的《民国时期民事调解制度探析》（硕士学位论文，江西财经大学，2010）、段星宇的《国民政府时期民事调解制度转型研究》（硕士学位论文，河南大学，2011）、刘昕杰的《以和为贵的民国时期基层民事纠纷

式的历史演进来看，对调解委员会的系统探讨是目前基层法治建设中的重要经验来源之一，因此，笔者拟就所搜集的资料，在梳理法律文本的基础之上，以重庆、巴县、璧山三地为范围，对基层调解委员会的组织与运作等问题做系统的探讨，以期对国民政府时期基层的纠纷处理、地方自治、法治等问题有进一步的认识。

一 地方自治框架下的调解委员会

基层调解委员会中的"基层"指的是地方行政中的区、乡、镇等层级的政权。为何要在这些基层政权中设置调解委员会？其中最为核心的目标就是加强地方自治。调解委员会孕育于地方自治之中，并在随后的演进中形成独立的体系，而这个体系在某种意义上又是整个地方自治不可或缺的一部分。①

（一） 调解委员会制度的形成

在传统的"中华法系"中对调解是没有进行过成文规定的，日常纠纷的处理依据仅是传统习俗。②自清末修宪后，西方法系开始被引入中国，调解制度也为新法所吸收。民国建立以后，为加强地方解决纠纷的能力，曾经训令各地普遍建立息讼会，但是这一地方组织大多为非官方所主导，也

中的调解》（《山东大学学报》2011 年第 4 期）；另一方面对民间调解进行分析，如温丙存、邢鸿飞的《调解的百年嬗变：本原、异化、新生与重构——基于民事纠纷调处实践的历史考察（1912—2012 年）》（《中国农业大学学报》2014 年第 2 期）、谢冬慧的《民国时期乡村区域治理的特殊力量——以民间调解为例的解读》（《东南学术》2015 年第 2 期）。此外，罗金寿、余洋的《民国时期的调解体系及运作》（《江西师范大学学报》2016 年第 2 期）一文对司法调解和乡镇调解委员会都进行了分析，虽然在一定程度上反映全面，但该文对资料的引用和分析都存在分散和错乱的情形。

① 成立基层调解委员会，被大多数地方政府认为是地方自治事业，如重庆市在颁布《重庆市各区区调解委员会组织规程》时就认为组织调解委员会可以"减轻市民争端，配合地方自治业务推进"。《为检送重庆市各区区调解委员会组织规程函请查办并予以协导由》（1944 年 11 月 30 日），档案号：0110 - 0004 - 00520，重庆市档案馆藏。

② 传统乡村社会中处理日常纠纷的主体是士绅，其作用主要体现在三个方面：一是对国家法令的维护和执行，二是参与民间规则的制定和运作，三是民间规定的执行和裁判。宁凯：《传统士绅阶层在乡土社会中的解纷作用》，里赞主编《近代法评论》（2010 年卷），法律出版社，2011，第 79—80 页。

未曾普遍建立。①

南京国民政府成立之后，按孙中山"军政—训政—宪政"的建国思路，开始积极引导地方进行自治，并先后颁布了区、乡、镇等基层自治施行法，在这些地方自治法规中开始有了对调解委员会的规范。② 1931 年 3 月，司法院会同行政院公布《区乡镇坊调解委员会权限规程》，明确对调解委员会进行单独立法。经过十余年的运作，《区乡镇坊调解委员会权限规程》很难再符合剧烈变动之后的实际社会，因此 1943 年 10 月，内政部会同司法行政部颁布了《乡镇调解委员会组织规程》。③ 新的组织规程从组织、权限、调解程序以及调解委员任免等方面对调解委员会的建构做出规定，使调解委员会的法律规定更加系统化。

民国时期是西方法系在中国内化的重要时期，正是在这种背景之下，结合地方自治的实际需要，基层调解委员会制度得以建立和完善，并最终形成了调解委员会的特殊地位——既是"地方自治法令规定之设置"，"为地方正绅借此主张公道，热心桑梓"的重要地方自治组织④，也是受地方法院指导，需向法院备案和呈报业务情形的准司法机构。

（二）调解委员身份的文本规范

建立调解委员会是为了加强基层政权和民众的自治能力，那么在调解委员的选择上就应当有所侧重。虽然在中央和各省市制定的法律规范对调解委员任职条件的规定并不明确，却有着基层调解由地方精英掌控的倾向性。

---

① 关于息讼会的研究，可参见熊文婷的《民国时期"息讼会"与民间调解机制》（硕士学位论文，江西财经大学，2013）一文，该文利用相关档案资料对南昌县息讼会进行了系统梳理。

② 1929 年 9 月公布的《乡镇自治施行法》第 32 条规定："乡公所或镇公所应附设调解委员，办理左列事项：一、民事调解事项；二、依法得撤回告诉之刑事调解事项。"同年 10 月公布的《区自治施行法》又规定区公所设立区调解委员会，"凡乡镇调解委员会未曾调解或不能调解之事项，均得由区调解委员会办理"。《区自治施行法》《乡镇自治施行法》，刘振东主编《县政资料汇编》（上），1939，第 218—246 页。

③ 《奉令为公布抄发乡镇调解委员会组织规程并废止区乡镇坊调解委员会权限规程令仰知照由》（1943 年 12 月），档案号：0110 - 0004 - 00516，重庆市档案馆藏。

④ 《为本年度行将终了该区调解会所有未报调解笔录暨本年度调解案件统计数字限文到一月内填报来局以凭转报考复由》（1948 年 1 月 19 日），档案号：0057 - 0003 - 00273，重庆市档案馆藏。

在调解委员会成立的根本性法规中，《乡镇自治施行法》规定调解委员"由乡民大会或镇民大会"选举，正副乡镇长均不得被选；① 《区自治施行法》中的条文与之类似，但未规定正副区长或区署职员不能出任调解委员；② 《区乡镇坊调解委员会权限规程》则无相关规定；《乡镇调解委员会组织规程》也未对调解委员的条件进行具体的限定，仅要求"调解委员会设调解委员五人至九人，由乡镇民代表会选举乡镇内具有法律知识之公正人员充之"和"乡镇长及副乡镇长不得被选为调解委员"。③ 不过从中还是可以看出，国民政府对调解委员的基本要求是具有法律知识，并且公正。

与中央的立法规定稍有差异，各省市县制定的单行法规中对调解委员的要求更多。以四川为例，省市县各级政府在不同时期对调解委员的来源、任职条件等有不同的规定。如1936年永川县制定的组织规程规定，"联保调解委员会委员五人，由联保主任于联保内热心地方、公正人士中，选择加倍人数呈报区长，转呈县府选择委任④"，而大竹县制定的组织规程则仅规定"就区属正绅中聘任⑤"。1940年12月，四川省政府制定了四川省内的统一性规则，其中规定"区署职员不得兼任区调解委员，乡镇公所职员不得兼任乡镇调解委员，但名誉乡镇长不在此限"，调解委员的条件为"年满二十五岁以上、品行端正、乡望素孚、略具法律知识、无不良嗜好、未丧失财产信用及未受刑事处分"。⑥ 不过这种规定也是相当模糊的，不是能够量化的具体标准。

当然，也并非所有的单行法规都对调解委员身份有所规定，如陪都重庆制定的《重庆市各镇调解委员会通则》中就未明确规定任职条件。⑦《乡镇调解委员会组织规程》颁布之后，重庆市政府认为该通则"多不适合现时地方自治组织，且与内政部会同司法行政部颁布《乡镇调解委员会组织

---

① 《乡镇自治施行法》，刘振东主编《县政资料汇编》（上），第238页。

② 《区自治施行法》，刘振东主编《县政资料汇编》（上），第224页。

③ 《乡镇调解委员会组织规程》，《中华法学杂志》第3卷第2期，1944年，第102页。

④ 《永川县各区联保调解委员会组织规程》（1936年），档案号：0081-0009-00031，重庆市档案馆藏。

⑤ 《大竹县第X区调解委员会组织规程》，《四川第十区政务年刊》，1936，第15页。

⑥ 《四川省各县区乡镇调解委员会组织规则》，四川省政府秘书处法制室编《四川省现行法规汇编》第2册，1940，第789页。

⑦ 《重庆市各镇调解委员会通则》，档案号：0053-0002-01237，重庆市档案馆藏。

规程》不合"，明令废止。① 1944 年颁布的《重庆市各区区调解委员会组织规程》中对调解委员聘任条件仅要求为"具有法律知识之公正人士"。② 实际上，该规程"全文均系参照《乡镇调解委员会组织规程》之规定"，仅"原第十三条漏抄原第二项关于开会调解之规定"制定而成，因此不可能有所规定。③ 由此可见，对调解委员的任职条件，从中央到地方都没有一个能够量化的标准，却有选择"正绅"等地方精英的倾向性。

（三）调解委员会的职权范围

既然以地方自治为核心目的，那么调解委员会的功能就是要把纠纷"就地解决"，从调解委员会的职权范围也可以看出这种功能设定的取向。具体而言，调解委员会的调解范围可以分为案件范围、地理范围以及权限范围。

一是案件范围。关于民事调解，其凡属"民事调解事项"和"依法得撤回告诉之刑事调解事项"均可经调解委员会调解。④ 在后续的立法中又加以完善，民事纠纷"依民事诉讼法正在法院调解之事项，不得同时另行调解"，刑事案件则限于危害较轻者，具体有妨害风化罪、妨害婚姻及家庭罪、伤害罪、妨害自由罪、妨害名誉及信用罪、妨害秘密罪、盗窃罪、侵占罪、诈欺背信罪、毁弃损坏罪等，以上各罪经调解委员会"调解成立后，告诉人应向法院撤回其告诉"。⑤

二是地理范围。调解委员会受理案件的地理范围原则上以要求双方在

---

① 《审查各区调解委员会组织规程案》（1944 年 11 月 11 日），档案号：0053 - 0002 - 00225，重庆市档案馆藏。

② 《重庆市各区区调解委员会组织规程》（1944 年），档案号：0110 - 0004 - 00520，重庆市档案馆藏。该规程仅规定了重庆市各区区调解委员会的调解范围、组织规模、调解手续等，并未涉及调解委员的任职条件。罗金寿、余洋的《民国时期的调解体系及运作》（《江西师范大学学报》2016 年第 2 期）一文将前文中提及的《重庆市各区区调解委员会组织规程》和《四川省各县区乡镇调解委员会组织规则》混淆，导致引用错误。同时，该文在行文中将《永川县各区联保调解委员会组织规程》认为是 1944 年制定，根据重庆市档案馆所藏原件，本文不赞同此种说法。

③ 《审查各区调解委员会组织规程案》（1944 年 11 月 11 日），档案号：0053 - 0002 - 00225，重庆市档案馆藏。

④ 《永川县各区联保调解委员会组织规程》（1936 年），档案号：0081 - 0009 - 00031，重庆市档案馆藏。

⑤ 《乡镇调解委员会组织规程》，《中华法学杂志》第 3 卷第 2 期，1944 年，第 101 页。

同一调解委员会管辖内为限，双方不在同一区域时，由双方商议决定，双方商议未定时"民事得由被告所在地"、"刑事得由犯罪地"之调解委员会调解。①

三是权限范围。《区乡镇坊调解委员会权限规程》特别强调，"民事调解事项，须得当事人之同意，刑事调解事项，须得被告人之同意，始能调解，调解委员会不得有阻止告诉及强迫调解各行为②"。《乡镇调解委员会组织规程》也有类似规定。由此可见，其主旨就是在双方当事人的同意之下解决纠纷，从而达到基层事务自治的目的。此外，调解委员会调解以免费为原则，"不得征收任何费用或收取报酬"，在纠纷处理上"除对于民事当事人及刑事被害人得评定赔偿外，不得为财产上或身体上之处罚"。③ 当然，调解过程中涉及验伤或查勘情形时，应当由被害人或法定代理人、辅佐人报请所在乡公所勘验开单，如果被害人不愿接受勘验，调解委员会也不得强行勘验。

二　调解委员群体的量化分析

调解委员会的产生是地方自治的必然产物，既然调解委员会属于地方自治的一部分，那么出任调解委员的是基层社会中的哪些群体？由于各种组织规程中的表述并不能明确调解委员的身份，因此笔者选取 1940 年代四川地区的璧山、巴县、重庆三地的调解委员会为样本，试图对调解委员群体进行量化分析，以期对调解委员会制度有进一步认识。

目前笔者收集到的调解委员会委员履历表共有 104 份，包括璧山县 31 份、巴县 55 份、重庆市 18 份。这些表格形成时间集中于 1940 年代中后期，其中璧山的形成于 1943—1944 年，巴县和重庆两地的则以 1944—1946 年的最多。由于其中有同一乡镇而不同年份者，笔者在分析时仅以其中一份为

---

① 《重庆市各区区调解委员会组织规程》（1944 年），档案号：0110 - 0004 - 00520，重庆市档案馆藏。

② 该规程主要内容为乡镇调解委员会划定权限范围。一，规定调解委员会受同级区乡镇公所的监督；二，规定区乡镇坊调解委员会的调解范围以民事为主，附带轻微刑事调解；三，规定调解时限及手续。《区乡镇坊调解委员会权限规程》，刘振东主编《县政资料汇编》（上），第 365—368 页。

③ 《乡镇调解委员会组织规程》，《中华法学杂志》第 3 卷第 2 期，1944 年，第 102 页。

主，其余为参照。同时，由于每个表中所呈现的内容具有差异性，笔者在对学历和经历的分析中所使用的表格数量、年限也存在一定的差异。

（一）学历

关于调解委员的知识水平，《乡镇调解委员会组织规程》中并未规定，仅要求"具有法律知识"。① 在各省市的单行法规中也较为含糊，如四川省政府和重庆市政府制定的规程也是仅要求调解委员"略具法律知识"。② 那么，在实际的运作中调解委员的学历如何？笔者对所收集的 104 份调解委员会委员履历表进行筛选后，选取了 65 个调解委员会的 495 名调解委员的学历进行分析，制得表 1。

表 1　璧山、巴县、重庆三地调解委员学历比较

单位：人

区域	私塾或小学	中学	专修科	大学	留学	其他	总计	备注（法政类学历）
璧山	42	64	23	1	0	9	139	6
巴县	78	91	35	14	2	6	226	13
重庆	44	50	18	12	1	5	130	5
总计	164	205	76	27	3	20	495	24

注：本表中"中学"包括初中、旧制中学及地方公学；"专修科"包括农业、商业、师范、军事、法政等专修科；"大学"包括大学、学院等；"其他"包含各种讲习所、临时培训班及清朝功名。

对学历进行分析，是了解调解委员这一群体的重要信息，同时也是了解基层社会法治水平的有效途径。表 1 所采用的分类方式或许并不十分精确，但在总体上能够体现出层次上的差异。从数据上看，调解委员的学历存在明显的特征。

（1）学历的分布趋势。从表 1 的数据中可以看出，三地调解委员知识

---

① 《重庆市各区区调解委员组织规程》（1944 年），档案号：0110－0004－00520，重庆市档案馆藏。

② 《四川省各县区乡镇调解委员会组织规则》，《四川省现行法规汇编》第 2 册，第 789 页；《重庆市各区区调解委员会组织规程》（1944 年），档案号：0110－0004－00520，重庆市档案馆藏。

水平总体上集中在"私塾或小学"和"中学"两个层次。其中以"中学"为主，占总人数的41.41%以上，"私塾或小学"次之，占总人数的33.13%以上。如果将专修科层次的人数纳入中学层次，那么则占总人数的56.77%。分地区而言，拥有中学水平的调解委员比例最高的是璧山县，达到了46.04%，若将专修科纳入计算则达62.59%；巴县次之，比例为40.27%；重庆市最少，仅占38.46%。在总体水平之外，存在两极分化的情形：一方面是部分调解委员拥有大学、留学等高学历，另一方面则是"其他"栏内标注有临时培训班类的学习经历。不过前述两类人员的数额及其所占比例都较低，并不能影响对基层调解委员整体水平的判断。

当然，以上仅是从横的方面分析，那么调解委员的学历结构是否真如上述所反映的那样呢？实际上，从纵的方面看，连续两年或三年内某个调解委员会调解委员的学历结构，仍以"私塾或小学"和"中学"这两个层次为主。如璧山县三合乡1943年呈报的调解委员共7人，其中有"中学"5人、"专修科"2人；1944年呈报的调解委员共9人，其中"私塾或小学"3人、"中学"3人、"专修科"3人。① 丁家乡1943年呈报的调解委员共7人，有"私塾"2人、"中学"5人；1944年呈报的调解委员仍为7人，包括"私塾"2人、"中学"3人、"专修科"2人。② 同样，巴县鹿角乡1944年呈报的7人中"私塾"3人、"中学"4人，1946年和1947年的7名委员中虽然人有变化，但学历分布都是"私塾"2人、"中学"4人、"大学"1人。③

（2）学历与法律常识的关系。无论是国民政府中央还是各省市地方，都要求具备法律常识，那么在实际运作中调解委员是否真能具备法律常识？从表1中的备注栏可以看出，495名调解委员中仅有24人拥有法政类学历，仅占全部调解委员的4.85%。这里的统计数字是"法政类"，并非单纯的法

---

① 《璧山县三合乡调解人名单》（1943年11月）、《璧山县三合乡造具调解委员会名册》（1944年4月），档案号：12-01-383，璧山区档案馆藏。

② 《璧山县丁家乡调解委员会姓名资历表》（1943年10月）、《璧山县丁家乡公所造呈调解委员会委员姓名资历册》（1944年），档案号：12-01-383，璧山区档案馆藏。

③ 《巴县鹿角乡调解委员会委员姓名表》（1944年6月），档案号：0110-0004-00521，重庆市档案馆藏；《巴县鹿角乡调解委员会姓名表》（1946年6月10日），档案号：0110-0004-00518，重庆市档案馆藏；《巴县鹿角乡调解委员会委员姓名履历表》（1947年10月），档案号：0110-0004-00513，重庆市档案馆藏。

律专业，在这仅有的 24 人中明确标明为法学专业的仅有巴县惠民乡的调解委员陈静涵和巴县广阳乡的调解主席喻正谦。[①] 当然，有理由相信拥有专修科以上的学历者在修学过程中会接受一些法律常识的训练，在一定程度上具有一些法律常识。

虽然表 1 所反映出来的调解委员知识水平不一，但是可以肯定的是，调解委员绝大多数都受过私塾以上的学习教育，而且无论是从总体还是分地区来看，三地调解委员大多数都具有中学、相当于中学或中学以上水平的学历。由此也可以看出，调解委员的学识水平足以应付和处理简单行政事务。

（二）任职经历

在传统社会中，学历、财力和任职经历都是"乡望素孚"的基础性条件，因此从任职经历来解读调解委员的身份也有相当的必要。根据笔者收集的璧山等三地调解委员会委员履历表，除去重复和标记不明者外，选取了 66 份履历表进行分析，其中涉及 469 名调解委员，所得信息如表 2 所示。

表 2　璧山、巴县、重庆三地调解委员任职经历比较

单位：人

区域	乡镇职务	其他军政职务		社会职务		调解委员		无职	总计
		单任	兼任	单任	兼任	单任	兼任		
璧山	115	18	3	8	0	26	23	5	172
巴县	137	24	3	8	7	25	15	13	207
重庆	48	26	0	9	0	6	3	1	90
总计	300	68	6	25	7	57	41	19	469

注：本表以担任"乡镇职务"为基础考察对象，即无论曾兼任何职，只要曾任乡镇职务，则在"乡镇职务"栏内都计数。最右列中"总计"的计算范围为"乡镇职务"、"无职"及三项"单任"人数之和。

由于各调解委员任职的复杂性，笔者在表 2 中将所有调解委员职务大致

[①] 陈静涵毕业于金陵大学法律系，家庭小康，有不动产三十石，见《巴县惠民乡调解委员会委员及主席姓名表》（1945 年 11 月），档案号：0110 - 0004 - 00517，重庆市档案馆藏；喻正谦为北大法学院毕业，曾任联保主任、乡长，并担任学校教授，有不动产四十亩，见《巴县广阳乡公所造报当选调解委员姓名履历表》（1945 年 6 月 12 日），档案号：0110 - 0004 - 00521，重庆市档案管藏。

划为四种，其中"乡镇职务"是指在该调解委员会所在乡镇公所管辖区域内的各种职务，包括保甲长、乡长、乡民代表会职务、合作社职务等；"其他军政职务"是指在该乡镇公所范围以外所担任的政府公职；"社会职务"是指除公职以外的职业身份，如教师、律师、商人等。

从表2中可以看出，璧山等三地有63.97%的调解委员曾任或现任乡镇职务，如果再加上"其他军政职务"，那么调解委员出自公务人员的比例则高达78.46%。相比之下，出自社会职务的比例为5.33%，而无职人士出任调解委员的比例则更小，仅为4.05%。此外，在这469名调解委员中，有57人在被选为调解委员之前就"曾历任调解委员多年"，这一比例达到12.15%，当然如果算上曾兼任调解委员的人数，则这一比例就达到了20.90%。无论是调解委员中的公职人员比例，还是连续出任调解委员的比例，在一定程度上都可以从乡村社会权力分配的角度加以解读。简而言之，从上述比例可以看出，基层调解委员会的实际运作基本上操纵于地方实权人物手中，或者可以说是在一定程度上，民国时期基层社会的权力仍然掌握在一个稳定的社会阶层手中。

另外一个值得注意的问题是律师是否能够担任调解委员。[①] 在一些地方行政解释中曾规定律师不能出任调解委员，如民国学者陈德谦收录在其《现代分类公文程式大全》一书中的一则复函称："自治法令虽无律师不得被选为调解委员规定明文，惟参照《民事调解法》第四条第二项规定，任律师当然不得当选为调解委员。"[②] 但根据内容，该解释为《民事调解法》存续期间所形成，《民事调解法》在1935年被废除，在1944年颁布的《乡镇调解委员会组织规程》中不但没有"律师不得当选为调解委员"的规定，而且还要求调解委员"具有法律知识"，各省市的单行条例也有类似规定。[③] 因此，律师出任调解委员并不为法律所禁止。

实际上，在调解委员会的运作过程中，职业律师也确实参与其中。在

---

① 徐昕、罗金寿等人在有关文章中仅依据陈德谦《现代分类公文程式大全》一书中的一份复函就断定"律师也不得当选为调解委员"，这种判断是错误的。参见徐昕主编《调解：中国与世界》，中国政法大学出版社，2013，第138页；罗金寿、余阳《民国时期的调解体系及其运作》，《江西师范大学学报》2016年第2期，第151页。

② 陈德谦：《现代分类公文程式大全》，大华书局，1935，第93页。

③ 《乡镇调解委员会组织规程》，《中华法学杂志》第3卷第2期，1944年，第102页。

前面对学历的分析中就显示出有 24 名调解委员在法政类学校接受过教育，其中有部分人士还出任过律师和司法机构职员。就实例而言，在笔者所收录的履历表中，巴县就有数位调解委员明确被标为律师①，其中青木乡的曹缉五毕业于简易师范，担任过律师，与其同届的调解委员彭世才"曾任科员、文牍、书记官、律师等职"，显然还曾供职于地方法院或司法处。②

综上所述，虽然国民政府及各省市县政府并未对调解委员的身份有明确的条件限制，其所做出的规定也并不能够量化，但是通过对璧山、巴县、重庆三地基层调解委员会委员学历、任职经历的分析，可以发现基层调解委员的身份大多为地方社会中稍具知识并拥有一定话语权的地方政治精英。

三　调解委员会的运作及其实效

在对调解委员履历数据分析的基础之上，我们对基层调解委员群体有了一个大概的把握。那么，调解委员会的具体运作情形如何？日常纠纷经过调解委员会的调解能否得到妥善的解决？对这些问题的解答有助于了解调解委员会在基层法治中的作用。

（一）调解过程

根据组织规程，调解委员会对纠纷的调解分为"声请—调解—报备"三个阶段。第一步是声请，当事人以书面或口头方式向乡镇公所申请调解，并将姓名、性别、年龄、住址、事由概要等信息及与纠纷相关的文书呈报乡镇公所，乡镇公所受理之后移送调解委员会办理。③ 第二步是调解，调解委员会接受申请后决定开会日期，民刑事纠纷分别在 10 日和 5 日内进行，民事纠纷当事人可再申请延长 10 日。正式开会调解时，调解委员出席者必

---

① 例如屏都乡邵佐新，毕业于上海法政学院法学系，任律师一职；圆明乡涂宗华，修业于华西大学，曾任书记、律师等职；文峰乡周冕丞，毕业于四川法政专门学校，曾任律师多年。见《巴县屏都镇调解委员会委员姓名表》（1945 年 7 月）、《巴县圆明乡公所造具调解委员年贯资历表》（1945 年 7 月 24 日）、《巴县文峰乡调解委员会委员名册》（1945 年 4 月 27 日），档案号：0110 - 0004 - 00521，重庆市档案馆藏。
② 《巴县青木乡调解委员会委员名册》（1947 年 6 月），档案号：0110 - 0004 - 00513，重庆市档案馆藏。
③ 陈盛清：《我国调解制度》，《东方杂志》第 39 卷第 20 期，1943 年，第 32 页。

须过半且有利益关系者必须回避。第三步是向管辖法院报备，无论调解是否成立，在调解结束后都应当向管辖法院呈文备查。① 虽然规程的规定详细明了，但在实际运作中仍有细节的出入。

首先，当事人声请调解。纠纷产生后在不能自行解决的情况下，当事人即向调解委员会呈文声请调解，如陈广全与刘华廷纠纷案。在陈广全的呈文中包括两个主要信息：一是双方身份等基本信息，陈广全为"世居本乡，务农为业"的小地主，刘华廷为其佃农，但无性别、年龄、住址等信息；二是事情经过，纠纷产生的原因主要在于刘华廷用在屋檐下放置的长懒凳将陈广全之子打伤，经众人调解后刘华廷认赔医药费，但未实际支付，其后陈广全为筹集医药费将田地转给王席中，由此产生纠纷。在接到呈文后，调解主任鲁清平即批示"呈悉，准予示期调解"。②

其次，调解讯问过程。在确定调解日期后，双方即齐集乡镇公所，由调解委员会主席、委员讯问并当场提出调解意见。在陈广全与刘华廷纠纷案中，刘华廷"因到璋福家未回"，由其妻子刘曹氏代为出席，经调解主席讯问，陈广全的陈述和意见与呈文一致，刘曹氏认为事发主因在于陈广全"不照应小孩，故发生此事，伊之医药，我无法付给"，也不能换佃。讯问结束后，调解委员会即当场提出调解意见，"刑事部分由陈广全医好后再行调解"，民事部分则按原约投佃。③

最后，调解结果的呈报。在调解讯问过程中，调解委员会将时间、地点、出席人、记录人、原告、被告、理由等内容详细记录，并在随后的报备中呈递给负责管辖的法院，但也有根据调解记录单独填写调解呈报表的情形。如齐元廷与王用候租佃纠纷案，在调解完毕后，由调解委员会制作的调解呈报表包括以下内容。

一、调解地点：重庆市第二区乡公所

二、调解时间：1948 年 2 月 28 日

---

① 《重庆市各区区调解委员会组织规程》（1944 年），档案号：0110-0004-00520，重庆市档案馆藏。
② 《为故意伤害估耕欺主恳乞传案理究以儆刁顽而重主权由》（1945 年 7 月 13 日），档案号：14-01-220，璧山区档案馆藏。
③ 《调解记录》（1945 年 7 月 15 日），档案号：14-01-220，璧山区档案馆藏。

三、调解委员：贺洪兴、黄复元、陈升之等

四、调解内容：

1. 声请人声明：齐元廷称我租与王用候之铺房二间，现因需要房营业急待收回，并且我走后院进出不便，亦须收回，故请调解。他造当事人声明：王用候称我租齐姓之铺房经换成押佃由一千元换为五万元，并且房屋是我修建的，佃齐姓的地皮，现尚须继续租佃营业。

2. 调解意见：该被请人王用候要求续租，自认照原租金加七倍连原租共为八倍，每月合计一百廿八万元，四个月为一季，每季租金五百一十二万元，先交租金一季，并换新租约，但租金以两季调整一次，并照生活市面增减。

3. 调解结果：取得双方同意，续租有效，照新约纳租，调解应予成立。①

从上述运作过程看，调解委员会对纠纷的处理并未严格按照组织规程的规定办理。一方面在声请调解和调解过程中都较为随意，声请书并无固定格式，调解过程也并不一定必须本人出席，另一方面在调解时多为凭空说理，并不以法律的援用为根本依据。

（二）调解成效

由于资料的匮乏，基层调解委员会调解的具体案件数还不能做全面系统的梳理。从笔者收集的资料看，对某一具体调解委员会某段时间的调解情形还是可以从数量上加以分析。以重庆市为例，1946 年该市第十六区 8 月份调解纠纷为 6 件②，第四区 7 月至 12 月调解纠纷为 41 件；③ 1947 年上半年，该市第十四区调解成功各类纠纷 8 件④，1948 年该市第二区 1 月至 10

---

① 《重庆市第二区调解委员会齐元廷与王用候租佃纠纷事调解笔录》（1948 年 2 月 28 日），档案号：0110 - 0004 - 00519，重庆市档案馆藏。

② 重庆市地方志编纂委员会编《重庆市志》第 14 卷，西南师范大学出版社，2005，第 437 页。

③ 参见《重庆市第四区调解委员会调解记录表（民国三十五年七月起至十一月份止）》（1946 年 12 月），档案号：0057 - 0007 - 00057，重庆市档案馆藏；《重庆市第四区调解委员会调解记录表（民国三十五年十二月份）》（1946 年 12 月），档案号：0057 - 0007 - 00064，重庆市档案馆藏。

④ 四川省地方志编纂委员会编《四川省志：公安·司法志》，四川人民出版社，1997，第 372 页。该处记录的数字为"调解成立"的案件数，因此还有其他案件并未记录在内。

月份调解纠纷为 23 件。① 此外，据《重庆市志》的记载，1948 年第十二区调解纠纷为 10 件，1949 年 5 月第六区调解案件数为 5 件。② 笔者将上述案件数量，分内容、结果等方面制成表 3 用以分析调解委员会的具体成效。

表 3 重庆市各调解委员会调解成效

单位：件

区域	租佃纠纷		财产纠纷		其他纠纷		合计
	成立	不成立	成立	不成立	成立	不成立	
第二区	7	11	1	4	0	0	23
第四区	12	10	7	7	0	5	41
第十二区	10		0		0		10
第十四区	2		2		4		8
总计	52		21		9		82

资料来源：1.《重庆市志》第 14 卷，第 437 页；2.《四川省志公安·司法志》，第 372 页；3.《重庆市第四区调解委员会调解记录表（民国三十五年七月起至十一月份止）》（1946 年 12 月），档案号：0057 – 0007 – 00057，重庆市档案馆藏；4.《重庆市第四区调解委员会调解记录表（民国三十五年十二月份）》（1946 年 12 月），档案号：0057 – 0007 – 00064，重庆市档案馆藏；5.《重庆市第二区调解委员会调解记录表（民国三十七年一至十月份）》（1949 年 1 月），档案号：0110 – 0004 – 00519，重庆市档案馆藏。

注：本表中所统计各区调解案件数量的时间段分别为第二区 1948 年 1 至 10 月，第四区 1946 年 7 至 12 月，第十二区 1948 年，第十四区 1947 年，其中第十二区和第十四区未标明具体月份。

表 3 所统计的调解案件数量仅为某一调解委员会具体时间段的数字，但从中仍可解读出一些调解委员会运作的基本信息。

（1）与财产相关的案件为基层调解委员会调解的重点。表 3 所载的案件均涉及财产归属问题。一是租佃纠纷，由于地处市区，表中租佃纠纷以房屋租赁纠纷为主，其中包括店铺租赁、房屋地基租赁等；二是"财产纠纷"，此类以借贷、合伙买卖等纠纷为主。此外是"其他纠纷"，此类则为诈骗、拐逃、盗窃等案件，其中也涉及财产归属问题。由此可以看出，调解委员会参与解决的战后重庆市区的日常纠纷与财产都有密切的关系。当然，从具体的数字看，租佃纠纷在调解的案件数中占大多数，第二、四、

---

① 《重庆市第二区调解委员会调解记录表（民国三十七年一至十月份）》（1949 年 1 月），档案号：0110 – 0004 – 00519，重庆市档案馆藏。

② 《重庆市志》第 14 卷，第 437 页。该数字并未标明是 1948 年某段时间还是 1948 年整年所有的。

十二这三个区的租佃纠纷都占调解案件的一半以上。这也符合重庆市"抗战期间人口密集，关于土地之租用情形繁杂"，抗战胜利后租赁纠纷频繁的史实。①

（2）关于调解的效果。面对基层生活中的日常纠纷，虽然各级政府都主张"迅速解决，免除人民讼累②"，但是从调解委员会的实际运作情况来看，似乎并未达到"息讼"的目的。③ 就表3的统计而言，第二区统计的15件调解不成立案中有14件为"双方各说一词"或"双方争执不可调解"，另有1件为"静候法院处理，调解不成立"；④ 同样为第二区，1947年该区共调解案件28件，其中调解无效的达25件，仅3件成立。⑤ 第四区的22件调解不成立案中有6件为双方"不接受，本案不成立"，其余16件中有"在地方法院侦查处理中"、从"缺席未到"改由保甲长解决、自行和解等情况。由此可以看出，调解委员会的工作在某种意义上并未达到预期效果，正因如此，重庆市地政局才在租佃纠纷剧增而调解委员会工作又不力的情况下多次呈请设立专门解决房屋租赁纠纷的调解机构。⑥

四　对调解委员会制度的反思

调解作为传统中国基层社会处理纠纷的重要机制，在熟人社会中具有

① 《为设置重庆市复员期间土地房屋租赁纠纷调解委员会检同该项组织规程赍呈核示由》（1945年11月9日），档案号：0053-0001-00305，重庆市档案馆藏。
② 《据呈拟定重庆市复员期间土地房屋租赁纠纷调解委员会组织规程一案应毋庸议令知照由》（1945年12月11日），档案号：0053-0001-00305，重庆市档案馆藏。
③ 很多纠纷虽然经过调解委员会的调解，但并未真正得到解决，如璧山临江乡的赵淑伦与黎三合租佃纠纷案，虽然两次经过调解委员会的调解，第一次调解还达成了协议，但仍未能解决，最终调解委员会只能以"本会碍难解决，自行向法院起诉"而了结。《为恶佃估踞藐判不遵恳传案讯究并饬其领押以维主权而儆狡赖事》（1945年7月）、《调解记录》（1945年7月22日），档案号：14-01-220，璧山区档案馆藏。
④ 《重庆市第二区调解委员会调解记录表（民国三十七年一至十月份）》（1949年1月），档案号：0110-0004-00519，重庆市档案馆藏。
⑤ 《重庆市三十六年第二区调解委员会调解案件统计表》（1948年1月），档案号：0057-0003-00273，重庆市档案馆藏。
⑥ 《呈赍重庆市土地及房屋纠纷调解委员会组织规程毋再另订令仰知照》（1943年），档案号：0053-0001-00305，重庆市档案馆藏；《为设置重庆市复员期间土地房屋租赁纠纷调解委员会检同该项组织规程赍呈核示由》（1945年11月9日），档案号：0053-0001-00305，重庆市档案馆藏。

良好的效果，也正是在这种传统"息讼"思想的影响下，调解纠纷才成为南京国民政府地方自治的重要内容。① 那么，南京国民政府在基层自治系统中建立完善的调解机制，将民间调解纳入国家行政范围之内，这种行为是否符合人民解决纠纷的意愿和习惯，或是否能为人民所接受？这是基层调解委员会能否发挥作用的关键因素。实际上，本文第二、三部分所论证出的历史事实正好可以说明南京国民政府建立的调解委员会所面临的两方面难题。

一是传统礼俗调解对制度化调解的冲击。近代以来的法律修订中，刑事法律颁布之后可"依靠国家权力，强制推行"，而民法等私法，"即便创制颁布，推行起来，也会受到各种社会因素的制约"。② 在制定和实施西化的法律时，上海等不同于传统熟人社会的新兴移民城市，"可能使市民较快地接受了这套国家司法方式③"，但是作为传统熟人社会的乡村，对这套先进的官方法治形式却产生了排外的倾向，"反而选择固守厌讼与调解等传统解纷方式"，继续信奉"饿死不当贼，屈死不告状"的传统观念。④ 同时，在纠纷调解时，"一旦村干部在场，游戏规则就势必改变，法学家所主张的法律的严肃性势必减少，因为熟人之间一般无需法律，或只需要很少的法律"。⑤ 正是在通过传统礼俗解决纠纷的传统观念之下，民众对基层调解委员会的依赖程度十分有限。⑥

---

① 在地方自治中警察有"调解词讼评判曲直"、"遇有民事纠纷，经当事人之同意，得行调解"。（《警察服务须知》，1946，第46页）的职责；而保甲同样应调解纠纷，人民遇有纠纷时应当"乡保去调解，切勿就呈。实在断不公，然后进衙门"（甘肃省地方行政干部训练委员会编《保甲读本》，1943，第24页）。

② 张仁善：《寻求法律与社会的平衡——论民国时期亲属法、继承法对家族制度的变革》，《中国法学》2009年第3期，第128页。

③ 王志强：《民国时期的司法与民间习惯——不同司法管辖权下民事诉讼的比较研究》，《比较法研究》2000年第4期，第415页。

④ 温丙存、邢鸿飞：《调解的百年嬗变：本原、异化、新生与重构——基于民事纠纷调处实践的历史考察（1912—2012年）》，《中国农业大学学报》2014年第2期，第69页。

⑤ 谢冬慧：《民国时期乡村区域治理的特殊力量——以民间调解为例的解读》，《东南学术》2015年第2期，第39页。

⑥ 在日常纠纷的实际处理中，至少四川地区的民众首先选择的仍然是"当众理剖"，如前述陈广全与刘华廷纠纷事项，在纠纷发生之初，陈广全即"知明保甲，当众理解"，最后陈广全"遵保甲之解，准伊认医药费五万元以便医治"，在随后的索要中刘华廷拒认调解结果，因此陈广全才呈请临江乡调解委员会出面调解。《为故意伤害估耕欺主恳乞传案理究以儆刁顽而重主权由》（1945年7月13日），档案号：14-01-220，璧山区档案馆藏。

实际上，通过非制度性或非法律性的途径解决纠纷，不仅是中国传统社会所保留下来的本土经验，也是具有世界性的普遍现象。美国学者罗伯特·C. 埃里克森提出的"无需法律的秩序"正好可以从理论上对这一现象加以解释。埃里克森认为，人们"无需政府或其他科层化协调者来安排他们相互有利的互动"，"法律制定者如果对那些促进非正式合作的社会条件缺乏眼力"，反而只会制造出一个"法律更多但秩序更少的世界"。① 正是基于这种"无需法律的秩序"，在解决纠纷时，民众并不把南京国民政府所组织的基层调解委员会作为首选途径。

二是调解委员会自身的缺陷。通过对基层调解委员会立法的分析可以知道，调解委员会的立法在逐步完善，但这并不能说明调解委员会已经不存在缺陷。实际上，调解委员会自身的缺陷是与生俱来的。

在整个近代中国的历史演进中，晚清以来的各个政府所进行的政治建设与改革都在追寻同样一个目标——国家政权对基层的控制，而这个目标在"至 20 世纪四十年代后期，……已基本完成"。② 与此同时，在"千古未有之大变局"下，传统社会中的地方精英却出现了"劣化"的发展趋势，原本为"民望之首"的地方精英骤然蜕变成为"平民之公敌"。③ 国家政权下移与地方精英"劣化"共同造就了近代基层社会中的"权绅化"现象，而根据前文对调解委员身份的分析，我们可以看出无论是学历还是履历都指向一个现象——调解委员与地方政治精英同出一体，这说明调解委员会建立的基础就是已经"劣化"的基层政治精英。

地方自治，简单来说是一定区域内民众自发处理该区域的事务，只有在民众自身积极参与的情况下才能有所收获。在法律因素甚少、人情因素为主的行政调解中，这些已经"劣化"的地方精英是否能够真正做到公平公允，这是纠纷当事人在选择调解主持人时所面临的重要问题。或许正是出于这种顾忌，一般民众在有纠纷时仍然会选择传统的"吃讲茶""会社"

---

① 〔美〕罗伯特·C. 埃里克森：《无需法律的秩序——邻人如何解决纠纷》，苏力译，中国政法大学出版社，2003，第 1、354 页。

② 汤水清：《施压与抵制——从"窃线"案件看 1940 年代后期国家权力与乡村社会的关系》，《近代史研究》2013 年第 4 期，第 76 页。

③ 王先明：《变动时代的乡绅——乡绅与乡村社会结构变迁（1901—1945）》，人民出版社，2009，第 453 页。

"会族"等方式进行解决。① 实际上，正是由于基层调解委员会的自身缺陷无法根除，其调解结果才会不尽如人意。从一些个案中我们可以看到，虽然调解委员中不乏"断公道断得好"，双方都"心服口服"者，但更多的人是表面息事宁人，实则"恃强抑弱，武断乡曲，欺压乡愚"。② 在这种情况之下，调解委员会所能取得的成绩可以想见。

五　结语

调解是以乡村为主体的基层社会在解决纠纷时的重要措施，从近代以来中国基层法治建设的历史演进中我们可以看出，历届政府都力图将其纳入国家行政的范围之内。正是这种将民间调解制度化的意图，才使清末以来的立法对调解制度进行反复规范，从而使调解的主导权经历了由民间个体到政府部门的历史演变。当然，这种演变不仅体现了借助本土调解资源以化解纠纷的法治意识，更完整地展现了立法者"近采欧美良规，略予变通"，以达到"间阎无缠讼之苦，讼庭有清简之观"的立法主旨。③

从宏观历史角度看，近代基层社会中关于调解的这种历史演变，揭示了近代以来中国国家政权向基层社会蔓延的大趋势。在这种发展演变过程中，虽然调解委员与"劣化"的基层政治精英产生了合流，国家通过行政手段干预日常纠纷的处理也不一定能够得到民众的一致认可，从而造成了调解成效上未达到息事宁人、减少人民讼累的目标，但不可否认的是，调解委员会这种被誉为"东方智慧"的行政调解制度在民国时期所经历的内化嬗变，融合了传统社会的"和息了事"精神，开创了近代以来基层行政主导纠纷调解的先河。这种机制在诉讼不足以解决所有纠纷的今天，同样值得我们借鉴。

（原刊《人文杂志》2017 年第 12 期）

---

① 陈盛清：《我国调解制度》，《东方杂志》第 39 卷第 20 期，1943 年，第 31 页。
② 《四川省志：公安·司法志》，第 373 页。
③ 谢振民编著《中华民国立法史》，正中书局，1937，第 1273 页。

延安时期的县政建设及其经验意义

杨 东 吕 皓[*]

县政建设既是现实问题，也是历史问题。在近代中国的历史发展进程中，县政建设问题始终是历史变革进程中的重要内容。探究当下的县政建设，如果不从历史变革的视角入手，是很难真正获得具有时代价值的认知素材的。特别是延安时期陕甘宁边区的县域制度与县域社会，有着比乡村社会更为系统的组织构架，也更具昭示现实意义的研究价值。当现时的县政改革与建设已然成为时代的吁求，当年的经验启示堪称源头活水，由此体现的时代价值和现实意义无疑值得我们认真总结梳理。

一 建政要旨：县政要成为政权体系的枢纽

延安时期，中共根据战时特点和陕甘宁边区的实际情况，设置了边区、县、乡三级政权。其中边区政府是政权首脑，"县政府是边区各级政权的枢纽"。[①] 基于此，边区政府分别从县级区划设置、县政组织架构和县政运行机制等方面来凸显其枢纽地位。

陕甘宁边区的县级行政区域是依据抗战时期民主政治的客观要求和实际需要，并依据统一战线的基本原则来规划设置的。基于这些原则，陕甘宁边区政府将其所辖各县划分为直属县区、统一战线区、军事防御区及其他特殊区域。[②] 边区县域区划的特殊设置，一方面是因为边区所处的农村环

* 杨东（1978—），陕西府谷人，历史学博士，天津商业大学马克思主义学院副教授，主要从事中国近现代基层社会史、中共革命史、抗日战争史研究；吕皓（1993—），吉林长春人，天津商业大学硕士，主要从事中共党史研究。

① 陕甘宁边区政府秘书处编印《陕甘宁边区重要政策法令汇编》，1949，第5页。
② 参见杨东《陕甘宁边区县政区划的规制与县治治所的选建》，《中共贵州省委党校学报》2014年第6期。

境；另一方面是在战时条件下，针对一些复杂局面和专门问题设置特殊的县政区域以承担特殊职能，这些特殊县政区域的职能往往能起到与一般职能相互补充的作用，以便突出县级政权的枢纽地位，强化边区政权体系的中间环节和纽带作用。

县级政权首先要突出党的领导。中共要求陕甘宁边区县级所有机关、团体、企业、事业单位都需建立党组织和党的工作制度。其中县委书记"应选择能掌握党政军民各方面工作的同志担任之"，他"不仅须懂得党务，还必须懂得战争和政权工作"。① 县级党委的任务，分为总任务和基本任务。所谓总任务，即是"争取抗战的胜利"；所谓基本任务，就是使边区成为全国抗战动员的模范地区。党工作的中心要放在对政府工作的统一领导与掌握政策上，反对一意孤行，"不倾听别人意见，不与别人商量问题，一意孤行把持包办的现象"。②

为了强化县政府县级政权的枢纽地位，县级政权机构要通过县参议会选举产生，受县参议会监督。县长作为县级政权的首脑，同样由县参议会选举产生。县政府实行委员制的组织形式，由县长和六至十人组成的县政府委员会作为其权力机关来决定和处理县级政权的相关事宜。县政府委员会以县长为主席开展工作。与此同时，县政府还根据实际需要成立其他委员会等，这些组织是县政府开展工作的重要补充。县政府的职责权限，主要包括贯彻上级政府的政策法令、加强基层政权工作、组织民众的经济生活、建立地方财政制度、加强拥军优抗工作、维护地方治安秩序、管理基层各级政府干部、实施干部教育、处理法律诉讼等。③

为了强化边区政权体系的中间环节和纽带作用，根据陕甘宁边区各级参议会组织条例的相关规定，县参议会是县级政权的最高权力机关，负责规范县级政权的职责权限，主要体现为批准县级政权的预算、批准各项建设计划、审议各项税收和地方公债、议决县级政权的单行法律、推选县级行政长官等各项权利。④ 县级政府必须执行县参议会的决定，并定期向其报

---

① 《建党以来重要文献选编（1921—1949）》第 19 册，中央文献出版社，2011，第 424 页。
② 《陕甘宁边区抗日民主根据地·文献卷》（下），中共党史资料出版社，1990，第 533 页。
③ 韩延龙、常兆儒编《中国新民主主义革命时期根据地法制文献选编》第 2 卷，中国社会科学出版社，1981，第 226—227 页。
④ 《陕甘宁边区议会及行政组织纲要》，《新中华报》1937 年 5 月 23 日。

告工作。为更好地推动县域社会各项事业的顺利进行，县参议会还设置常驻委员会对县参议会负责。县参议会所形成的大会决议案以及具体的措施，就是通过常驻委员会来监督实行，以免发生决而不行的情况。

陕甘宁边区县政的运行是以民主集中制为基础的。在县级政府的决策运行中，任何党派、团体和个人，只要不卖国、不反共，都可按照自己的意志自由行使民主权利，自由推选县级政权机构的成员。在讨论决定具体问题时，实行少数服从多数的原则，这是县级政权机构运行的法定原则。县级政府也要成立委员会，集体决定相关事宜。为确保边区政府的政策和目标能够实现，还需依据一定的程序手段对县级政府进行监督，以约束县级政权机关及政策执行者的行为，以防在政策执行中出现偏差失误。其中县级参议会对县级政权实行全方位的监督，上级政府和行政督察专员公署对县级政府实行行政监督。另外，诸如审计处这些职能部门也起着重要的监督作用。当然，县域群众无疑是最重要的监督员。因而，"放手发动群众，检查政府工作和人员"以"发现问题，给以适当的解决，并求得经验，使工作能更好地向前推进"①，成为"十分廉洁、不用私人、多做工作、少取报酬的模范"。② 这是边区政府开展群众监督的基本要求。"只有发挥民权，实行民主，才能改变人心，扶植民气，提高民众抗日热情，发挥民众抗日的力量。"③ 群众对县级政府的监督，可以通过批评、建议乃至控诉的形式，直接监督政府工作和工作人员。

需要指出的是，陕甘宁边区的县级干部大多有艰苦奋斗的传统和较丰富的实践经验，但是"还存在有不少的缺点，比如一般工作人员还不习惯于正规的工作制度，工作进行还不够紧张，生活习惯还不尽适应于今天的环境等"。④ 如何通过奖惩机制来确保县级政府工作的顺利开展，这一问题成为一项重要任务。

对于县级干部而言，政治品行和业务能力是衡量其工作的基本标准。

①　甘肃省社会科学院历史研究室编《陕甘宁革命根据地史料选辑》第 1 辑，甘肃人民出版社，1981，第 296 页。

②　《毛泽东选集》第 2 卷，人民出版社，1991，第 522 页。

③　韩延龙、常兆儒编《中国新民主主义革命时期根据地法制文献选编》第 1 卷，中国社会科学出版社，1981，第 254 页。

④　延安市人民代表大会志编纂委员会编《延安市人民代表大会志》，陕西人民出版社，2002，第 287 页。

"奖励模范，不使先进分子沉没于一般群众之中"，此方式有利于发挥干部的模范作用，确保完成县级政府机关工作任务，是"提高全部工作和全体人员的最好办法"。① 为此，边区政府专门制定颁布陕甘宁边区各级干部奖惩条例，对有贡献的干部给予奖励。在对县级干部贯彻执行奖惩条例时，坚持教育为主、惩戒为辅，鼓励多于责备、奖励多于惩罚、自我批评多于批评的原则。要广泛听取各方面意见，真正做到"处罚一个人，可使全体警惕；奖励一个人，可使全体兴奋"。②

边区县政的运行，尤需强调县域自治这一方针，这也是突出县政枢纽地位的应有之义。延安时期，民主自治始终都是中共强调的主要内容。"新民主主义的政治，实质上就是授权给农民。"③ 这也就是说，陕甘宁边区的县政建设，要充分发挥县域民众的自主参与力量，通过充满活力的自治机制，"健全民主集中制的政治机构，以增强人民的自治能力"。④ 从根本上讲，县政建设本身即包含着民主建设，一定意义上可以说，没有民主自治就没有真正意义上的县政建设。因此，只有积极开展县域自治，充分调动县域民众的积极参与性，县政建设才能顺利开展。这也是中共开展县政建设的主要制度措施。

二 县政民主：制度和道德的双重规范

在陕甘宁边区，县政民主建设是县政建设的重要一环，但作为战时体制下的民主，它不可避免带有时代局限性。为此，边区政府又通过大力培育和弘扬县长的政治道德，实现政治目标和政治程序的基本要求。可以说这一做法在陕甘宁边区起着至为重要的作用。

民主化是现代革命运动与现代社会的基本价值取向。作为领导现代中国革命运动的共产党，其首先就表现为对县政的选举和县级自治的推行。

---

① 杨永华：《陕甘宁边区法制史稿（宪法、政权组织法篇）》，陕西人民出版社，1992，第439页。
② 《李鼎铭：文集·纪念·传略》，中共中央党校出版社，1991，第57页。
③ 《毛泽东选集》第2卷，第692页。
④ 《陕甘宁边区政府文件选编》第1辑，档案出版社，1986，第210页。

县政民主的首要表现，"就是由老百姓来选择代表他们出来议事管事的人"。① 除此之外，县政民主建设也要以地方自治为基本要求。周恩来说，我们要以自治来动员民众，在组织上"应该从县区上施行地方自治自给"。② 与此同时，县政民主还要健全监督制度。"任何好的政府，如果没有人民的监督，它是可能松懈的。"③ 为了确保各项政策和目标在县级政权中有效开展，边区政府还要求用法定的程序、手段对县政府的运行和决策进行监督。为此，中共借助县参议会监督、行政监督、职能部门监督和群众监督等形式，对县政权力实行制约与监督。陕甘宁边区政府明确规定，人民"有用无论何种方式，控告任何公务人员非法行为之权利。这就从法规角度上保证了人民对政府及工作人员的监督权力"。④ 同时，边区政府还以宪法原则要求"人民对各级政权有检查、告发及随时建议之权，每届选举时则为大检查"。⑤ 但是，陕甘宁边区的县政也带有时代局限性。

从县参议会来看，当时很多地方实际并没有形成程序化的制度建构。张闻天在陕甘宁边区所属神府县调查时就发现，县政府对群众的切身问题不够关心，群众不敢也不愿意说话，他们"对民主的兴趣不大"，因而参议会还不一定能完全代表。这就表明参议会"代表全体人民利益还只是理想，是奋斗目标，实际一下子还做不到"。⑥ 另外，参议会和参议员并没有开展日常的民主管理工作，致使不少地方很少按时召开参议会。结果县级参议会是"只闻其名，不见其会"，民众不知他们还有代表机关，县政府即便有事也几乎"忘记了有事要问问它的主人——民意机关"。⑦ 原本是"兼议会与直接民权之长"的参议会，由于"与农民目前还无关痛痒"，结果成为"成年不开一次会的空名机构"。⑧ 由此可见，陕甘宁边区县级参议会制度设置"缺点还相当大"。⑨ 县政民主在很大程度上缺乏坚实的制度原则。另外，

① 《陕甘宁边区政府文件选编》第3辑，档案出版社，1987，第48—50页。
② 崔奇主编《周恩来政论选》上册，人民日报出版社，1998，第169页。
③ 《庆祝边区参议会开幕》，《解放日报》1941年11月11日。
④ 《中共中央文件选集》第13册，中共中央党校出版社，1991，第91页。
⑤ 韩延龙、常兆儒编《中国新民主主义革命时期根据地法制文献选编》第1卷，第59页。
⑥ 张培森主编《张闻天年谱》下卷，中共党史出版社，2000，第671、687页。
⑦ 《谢觉哉文集》，人民出版社，1989，第358页。
⑧ 《健全乡级政权结构》，《解放日报》1942年4月29日。
⑨ 《陕甘宁边区政府文件选编》第3辑，第176页。

县域民众的文化水平本身较低，也缺乏理念的熏染，结果往往会逾越既定的制度规范体系。究竟如何弥补制度的不足？陕甘宁边区政府的一个着力点，就是大力发扬县长与县政人员的政治道德，通过弘扬他们的道德张力来实现县域秩序的规范化。

政治道德就总体而言，是有关政治权力、政治活动及政治主体的道德体系等方面的总和，是关于政治权力、政治行为、政治制度本身的道德约束。从一般意义而言，在政治制度设置合理、政治目标符合实际和民众的利益诉求的情况下，公务人员的政治价值和道德操守也有较大的影响作用。如果公务人员能体现应有的政治道德和行为规范，那么其体现的价值张力往往会成为民众认可特定政权的助推力量。从中共对陕甘宁边区县级干部政治道德的强有力的推动上，我们不难发现其中的情由。

延安时期中共对政治道德的倡导，达到了前所未有的高度。值得一提的是，中共所弘扬的政治道德也体现了鲜明的服务现实功能。简而言之，就"是把道德和人民大众相结合，奉行于革命的实践之中，来为中华民族、中国人民与中国工人阶级的解放事业，作英勇的奋斗"。[①] 这是因为共产党员担负着空前未有的重任，必须"把自己锻炼成为一个忠诚纯洁的进步的模范的党员和干部"，要"在思想、言论、行动上严格地约束自己"，特别是在与革命任务与革命斗争有关的政治思想言论和行动方面，"要用严格的立场和正确的原则来约束自己"，即便是"'许多小节'（个人生活和态度等）也注意到"。[②]

延安时期中共对干部的政治道德的弘扬，既砥砺干部的思想道德和服务意识，也激发干部对工作的历史担当。这是中共彰显县政人员政治道德和价值张力的一个重要出发点。正如毛泽东所说，干部的出发点必须和"最广大的人民群众取得最密切的联系。全心全意地为人民服务，一刻也不脱离群众；一切从人民的利益出发，而不是从个人或小集团的利益出发；向人民负责和向党的领导机关负责的一致性"。[③] 只要我们具有这样的政治道德品质，在县政实践中"不断地工作，我们也会感动上帝的。这个上帝

---

① 黎平：《中国共产党与道德》，《解放》第 71 期，1939 年。
② 《建党以来重要文献选编（1921—1949）》第 16 册，中央文献出版社，2011，第 527—528 页。
③ 《毛泽东选集》第 3 卷，人民出版社，1991，第 1094—1095 页。

不是别人，就是全中国的人民大众"。① 只要中共以政治道德作为县政干部工作的要求和出发点，并以此作为中共任用干部的基本标准，县政干部在工作作风和工作方式上就必然会体现其独特的政治价值和道德张力。实际上这也正是延安时期县政建设的重要特点。一如林伯渠所说，我们的政权工作者队伍中没有特殊的阶级，只有服从和服务于人民利益的公务人员。他们由民众选举，只知克己奉公，"从不计较个人的享受与地位"，无论什么时候"都和人民在一起去完成身负的任务"。② 由这种政治道德彰显的价值张力，是"政府在人民中获得精神上的和政治上的信任之必然结果。如果没有这一信任，那么我们就不能动员所有人民来执行每一号召"。③

这样一来，边区县政制度尽管有着特定条件下的历史局限性，但是通过大力弘扬县政干部的政治道德来凸显的价值张力即可在很大程度上弥补其不足。这样的县政设计，即便是国统区的人士也不得不承认"延安的行政干部，是没有什么特殊的威风可以向民众摆架子的，延安人的群众主义，不容许行政人员有激起群众反感的态度与行为，一个干部，要想升官，也必得在群众工作中建筑地位，这颇有一点公仆的精神，也是我们应当公平承认的"。④ 赵超构通过他者的眼光，道出了政治道德建设在延安干部中所起的积极作用。如果从更宽泛的视野考察，政治与道德原本就是一个相辅相成的逻辑概念。政治目的就是让人们变得更理智、更道德。从这个意义上讲，政治问题"首先是一个道德问题"，倘若政治与道德脱离，就"会使政治堕落为一种冒险事业"。⑤ 政治与道德的关系，无疑是中共在陕甘宁边区县政建设中始终都在强调的重要原则。

三　边区县长：县政建设的指挥员和战斗员

延安时期是中共历史上的一个大时代，大时代需要能担负起伟大任务的干部，其中县长就是承担县政建设这一伟大任务的重要干部。这是因为

---

① 《建党以来重要文献选编（1921—1949）》第 22 册，中央文献出版社，2011，第 554 页。
② 《林伯渠文集》，华艺出版社，1996，第 226—227 页。
③ 孙晓忠、高明编《延安乡村建设资料》（一），上海大学出版社，2012，第 1 页。
④ 赵超构：《延安一月》，上海书店，1992，第 227 页。
⑤ 〔法〕路易斯·博洛尔：《政治的罪恶》，蒋庆等译，改革出版社，1999，第 2—3 页。

县长是真正意义上的亲民治事之"官"，也是"真能做事的官"。①

作为县级行政首脑的县长，开展具体县级行政事务是其基本职责。这主要包括健全县政工作制度、制定施政方针与计划以及汇报工作等事项。首先，建立工作制度，目的是"使这一行政机构成为有机的合理化的组织，有能力而能适应客观需要的政权组织"。② 因此，举凡县政工作的一切行政制度章程、办公制度，都是县长基本的行政工作。"我们要使得工作做得好，须有一定的办公地方，避免游击式的办公法。群众正有重要事情找我们办理，但找不到我们的负责人，这样一来，时间长久，使群众对我们会发生一种不好的印象，脱离群众，不能很好的深入群众，使工作今后的进行亦有很大的妨碍，故须有一定的办公地方。"③ 其次，县政会议制度自然"以县长为当然主持"④，制定县域施政方针与计划亦是县长的另一行政事务。"在领导方面，每一工作之执行，一定要有计划，而计划又要遵照上级所给的任务，根据当地的实际情形，分别的具体决定，然后才能有步骤的去完成任务。"⑤ 就总体而言，陕甘宁边区县级施政纲领的制定与颁布大体可分为两种类型：一种是以上级政府施政纲领为依据，以县长名义发布的施政方针；另一种是基于县级政务会议和县参议会提出并制定的县级政府施政纲领。前者一般都是政策性的阐释，后者则是较为详细的县域施政方针与计划。最后，汇报工作既是县长接受上级监督检查的重要一环，也是民众督促检查县级政府工作的重要手段。县长的工作报告，根据内容与对象的不同，可分为对县参议会所做的政府工作报告、对边区政府的县政总结报告和一些专题工作报告。其中县长对参议会的工作报告汇报完毕之后，要留给参议员充裕的时间进行讨论、批评和建议。

县长不仅肩负县政建设的行政事务，还要承担和处理纷繁复杂的统战工作。与此同时，由于边区干部特别是有一定文化水平的干部较为缺乏，边区县长还肩负县域社会的司法审判和保卫工作。吸纳县域社会的威望人

---

① 谢觉哉：《一得书》，人民出版社，1994，第90页。
② 《林伯渠文集》，第48页。
③ 中共庆阳地委党史资料征集办公室编《陕甘宁边区时期陇东民主政权建设》，甘肃人民出版社，1990，第108页。
④ 《陕甘宁边区时期陇东民主政权建设》，第108页。
⑤ 《陕甘宁边区政府文件选编》第1辑，第64页。

士参加县级政权的管理，是县长和县级政府开展统一战线工作的具体体现。县长兼管司法，是陕甘宁边区司法审判制度的重要特点。在陕甘宁边区，多数司法处处长是由县长兼任，县司法处在县长的领导下受理各项民刑事案件。在开展县域社会的司法审判的过程中，不少县长通过民事调解的方式来解决地方纠纷。此外，边区县长还承担治匪查奸这一重要工作。根据要求，县长要兼管县保安科直接处理地方治安、搜查情报和处置敌特等事宜。

动员工作在战时陕甘宁边区是"一个极重大工作"。① 边区县长的动员工作，说到底就是动员民众积极参与抗战和边区建设。在动员民众广泛参与的过程中，就制度层面而言，"就是老百姓能起来说话、活动想办法"。② 边区县长在开展动员工作的过程中正是通过民主制度这一载体，让县域民众充分发表自己的看法和主张，以此激发民众的政治参与热情，进而"创造一个有见识的、政治活跃的人民群体"。③ 此外，县长也要积极调动县域社会中间人士的力量，通过举行党外人士座谈会的办法，动员他们积极参加县域社会的建设。正如镇原县长冯治国所说："为要使他们发挥工作的积极性，使他们信任政府、关心政府、团结进步，就首先要求我们信任他们、尊重他们、关心他们、帮助他们，并向他们学习。这也就是在三三制政权中我们与同盟者共事的必要态度。"④

陕甘宁边区的动员工作，其主要目的是为抗战服务。然而，县长的动员工作不单纯是简单的军事抗战支援，而是将军事动员与基层社会建设密切结合。因此，如何开展基层建设工作，自然是边区县长的一项极其重要的工作。

基层建设首先是民主政权建设。"县（市）长和区长必须把选举工作当作中心工作，负责指导与检查，切不可把它交给选举委员会就不管。"⑤ 因而，加强区乡民意机关建设、组织基层民众变工生产、推动乡村社会的发

---

① 《陕甘宁革命根据地史料选辑》第 1 辑，第 102 页。
② 东北师范大学政治系中共党史研究室编《中共党史教学参考资料》（四），1981，第 132 页。
③ 〔美〕马克·赛尔登：《革命中的中国：延安道路》，魏晓明、冯崇义译，社会科学文献出版社，2002，第 135 页。
④ 中共延安地委统战部等编《抗日战争时期陕甘宁边区的统一战线和三三制》，陕西人民出版社，1989，第 408 页。
⑤ 延安地区民政局编《陕甘宁边区民政工作资料选编》，陕西人民出版社，1992，第 52 页。

展是中心工作。与此同时，积极推进基层水利和植树造林建设、创办各种形式的合作社、活跃基层金融、提升群众生活、实现基层社会良好的经济与社会效益等等，都是县长开展基层建设工作的重要内容。加强基层文化教育建设更是边区县长始终都要关注的重要工作任务。除此之外，治理乡村社会问题，诸如改造"二流子"、开办医药卫生机构、破除封建迷信、实施赈济灾荒和安置移民难民、优待抗属等基层保障问题，都是县长推进县政建设的系统性工程。

综上不难发现，陕甘宁边区的县政建设无疑是一个系统工程，而县长在县政建设过程中既是"指挥员"又是"战斗员"。所谓"指挥员"，即是指县长在熟悉上级各项政策与命令的基础上，结合县域社会的具体实际予以执行。上级政策与命令能否顺利在基层执行，很大程度上取决于县长的领导和指挥，这就是县长扮演的"指挥员"角色的重要作用。所谓"战斗员"，就是指县长要躬亲实际深入基层社会，在基层社会开展具体工作。应该说，县长深入基层，将社会动员与社会改造紧密连接起来，担任领导实际的"指挥员"和躬亲实际的"战斗员"，既是他们开展县政建设的职责所在，也是县长应该扮演的重要角色。

四 县政方向：一切工作在于村

县政建设，其根本任务说到底还是乡村建设问题。换言之，县政建设唯有在乡村建设中才能得以实现。这是因为无论是革命根据地所处的实际环境还是中共的革命战略，实现其基本目标的历史与逻辑起点就在于乡村。因此，"一切工作在于村"是构成延安时期县政建设的根本指针。

首先，从陕甘宁边区的实际环境来看，长期以来形成的乡村衰落景象，严重影响和制约着边区社会的发展。如果不把主要精力放在乡村，其他一切都无从谈起。其次，陕甘宁边区民主政权建设中，乡村是最基本也是最重要、最直接的民主单位，边区民主政治的根本支柱就在于广泛的乡村社会。再次，陕甘宁边区的经济建设成败，最终也是决定于乡村。换言之，陕甘宁边区的经济建设，起着决定意义的就是乡村经济建设。最后，县政建设的根本力量也要依靠乡村民众。"有农民才有一切，没有农民就没有一切，没有农民革命就不能成功。农民的向背，是中国革命成败的关键。中国民主革命主要是农民革命，中国抗战主要是农民战争，谁不懂得这一点，谁就不懂得中国革命。"① 因此，陕甘宁边区的县政建设必须将乡村民众作为主体和依靠力量。

从实际事实观之，陕甘宁边区通过在劳模运动涌现出大量的劳动英雄，非常明显地体现出基层群众的真正智慧和创造能力。那种认为经济建设只是少数人员任务的看法是完全错误的，"我们发展生产，如果离开广大群众是不可想象的，因此，我们领导生产，必须是依靠群众，组织群众，发扬群众的积极性和创造力，把发展生产变成一个广大的群众运动。这个方向，现在也是比任何时候更加证明其正确了"。②

归根结底，陕甘宁边区的一切工作，最终都要在乡村实践检验，都要依靠乡村来完成。所谓"从群众中来，到群众中去"，就是要走到乡村，乡村就是末梢神经。进而言之，县长领导各项建设正确与否，也最终要在基层社会中"照镜子"，通过"照镜子"可以看他们是否真正地为基层民众兴利除弊，也可以发现他们是否还存续着官僚主义的工作态度和方式，是否依然在"耍态度，耍私情"。凡此种种，只有通过在基层"照镜子"才能发现。政府机关的人员只有到基层去找，才能发现究竟哪里还有灰尘，进而才能发现问题的关键所在。"下情了解了，领导的正确性了解了，工作检查了，问题就地解决了，并且由此取得了经验，作为领导和推动全局的根据。"③ 中共要求干部在农村中"照镜子"的做法，不仅是要求干部扎根基层的重要导向，也是延安时期县政建设的根本方向。

从上述内容不难看出，延安时期县政建设的根本指针，一言以蔽之，就是"一切工作在于村"。将县政建设方向定位于"村"，不仅成为中共革命发展壮大的奥妙所在，也是表征群众路线是"延安道路"的生动体现。"延安时期的一大创造，是发现了将广大民众参与的抗战活动与广泛的乡村改造运动紧密连结起来的具体方法。在人民战争中，社区的集体行动深入每个村庄，以至于家家户户的男女老少。"④ 马克·赛尔登的这一论述，无疑是切中肯綮的精辟之论。

① 《邓子恢文集》，人民出版社，1996，第132—133页。
② 孙晓忠、高明编《延安乡村建设资料》（二），上海大学出版社，2012，第442页。
③ 《李鼎铭：文集·纪念·传略》，第56—57页。
④ 〔美〕马克·赛尔登：《革命中的中国：延安道路》，第260页。

五　源头活水：延安之路的经验意义

历史清晰地表明，陕甘宁边区的县政建设时期，是中共与县域社会的结合达到最佳状态的历史时期，也是中共在革命时代县政建设最富成效的历史时期。当现时的县政改革与建设已然成为时代的呼求，当年的经验启示堪称源头活水，由此体现的时代价值和现实意义，无疑值得我们认真梳理和总结。

1. 在陕甘宁边区，本地干部担任县长发挥了重要作用

由本地干部担任县长，一方面是由于根据地干部人才缺乏，另一方面也是由于在中共的干部政策中，十分注重在斗争中培养本地干部。在中共看来，只有本地干部大批地成长并且提拔起来了，根据地才能巩固，党才能在根据地生根，进而开展革命斗争与经济建设。

2. 县长年轻化的态势适应了客观需要

分析陕甘宁边区的县长的年龄，我们发现绝大多数县长的年龄较小。县长年轻化的特点已然证明，他们为革命根据地的发展壮大以至中共革命的最后胜利做出了突出贡献。如果对比国民党县长，其年龄要比中共县长大。国民党县长年龄较大是否一定不合理，还不可一概而论，但是有一点是值得肯定的，即年龄较小的国民党县长，革命热情与奋斗精神往往会好一些。如担任国民党镇原县长的邹介民当时年仅 26 岁，"他到镇原县，经常微服简从，下乡了解民情，还大力提倡植树造林，发展教育事业，并采取措施遏制豪绅势力，主持公道"。[1] 曾担任中共镇原县委书记的任质彬也回忆称："国民党镇原县长邹介民当县长好几年，他年轻能干。他很有一套，也很有基础，对下面能够控制得起来。"[2] 通过对比，个中情形自然明了。

3. 民选县长顺应了革命与时代的双重诉求

中共领导下的革命，可谓是民主革命与时代革命的双重变奏。特别是

---

① 罗骁主编《难忘的岁月——镇原纪事》，2003，第 484 页。
② 罗骁主编《难忘的岁月——镇原纪事》，第 100 页。

通过直接选举产生的县长，无疑是成功的。这也是中共一直在舆论宣传中强调的重点内容。毛泽东说，边区之所以是民主的抗日根据地，"最重要的，就是边区各级政府都是由人民投票选举的"。① 当年陈嘉庚到访延安后，发现"县长概是民选，正式集大多数民众公举，非同有名乏实私弊"②。陈嘉庚正是从"县长民选"这一切入点，通过访问考察，得出了"共产党必胜"这一认知的。事实上，实行"县长民选"几乎在中共成立前后就是一个重要口号。1925年3月，蔡和森也提出，要想解决军阀的宰割与战祸，唯一的出路是"民选省长、县长以至市长"。③"县长民选"的理论主张和成功实践，当是时下县政改革的重要思路。

4. 县参议会在边区县政的运行中起了至为重要的作用

陕甘宁边区县参议员依靠参议会、"一揽子会"、"群英会"、"党外民主人士座谈会"等形式，积极参政议政，表达基层群众呼声，主动建言献策，开展县域社会各项建设，在县政建设中起了重要作用。县参议员完全是通过直接、平等、普遍和无记名的方式投票选举产生的，故而民众对选举参议员极为重视，只要召开参议会，民众都会敲锣打鼓慰问参议员。每有县参议员到边区政府参加会议时，民众更是贴标语喊口号，表明人们对参议员的期望。在参议员行程中，沿途居民都会送茶水、留吃饭，让出窑洞住宿，招扶马匹。由此足见通过普选的参议员在民众心目中的分量。回顾曾经的历史，反思当前的现实，在找寻县政改革的突破口方面，对比当年的县参议员与当前县级人大代表，从中总结可资借鉴的经验，当是我们考虑的重点。

5. 县长工作场域始终是在基层，要在基层"照镜子"

在陕甘宁边区的县政工作中，县长始终是战斗员和指挥员的角色。县长不仅要学会群众话语，懂得群众生活，还要从群众中吸收新的知识。谢觉哉说，县长只有和民众打成一片，"才能领导与提高民众，使政治能飞跃地上进"。④ 县长工作做事为的是群众，县长工作的成效如何，最终要在基

① 《毛泽东文集》第2卷，人民出版社，1993，第130页。
② 陈嘉庚：《南桥回忆录》，新加坡怡和轩，1946，第159页。
③ 《蔡和森文集》，人民出版社，1980，第715页。
④ 谢觉哉：《一得书》，第92—94页。

层检验"照镜子"。这种办法亦被称作医治"政府领导人员的毛病的良方"。① 边区县长以其平民化的形象、实地化的领导、民主化的作风，成为中共在革命根据地践行群众路线的符号与象征。如果说当年中共要求领导干部在基层"照镜子"，并将此当作医治政府工作人员毛病的"良方"，那么这一"良方"或许对于当前县政改革的思路也会有一定裨益。

6. 县长在变革基层社会过程中是一种重要助推力量

美国著名学者亨廷顿在讨论农民与革命的议题时指出，现时代的农民"作为卓有影响的演员而步入历史舞台"，特别是"在中国和俄国，农民发挥了决定性的作用"。② 农民之所以成为中国革命的决定性力量，是因为"他们建立了一个革命联盟，使农民起义有了内聚力、方向和领导"。③ 这里所谓的"内聚力"，在陕甘宁边区县长的众多事迹之中不难找寻到其中的根据。正如一些西方学者所说，如果没有地方精英的领导，即便农民再贫穷困苦，也不见得会起来革命。④ 在边区县长身上体现出来的"内聚力"，可谓激发民众实现认同的重要媒介。也即是说，在民众眼中，县长就是中共各项制度政策和革命理念的重要信息源。在这些闻所未闻却真实的信息源中，民众最终形成了自己的价值判断。

回观历史，放眼当下，"县"因其在国家与社会之间所扮演的重要角色，成为被人们极为重视的一个关键领域。所谓"郡县制，天下安"，时至今日依然是人们论述县政问题的关键话题。当前，有关县政改革的问题已成为政学各界都在讨论的重要话题。回顾当年中共在陕甘宁边区的县政实践，对于当前的县政改革依然有着深厚的历史价值和经验启示。

（原刊《中国延安干部学院学报》2019 年第 3 期）

---

① 《陕甘宁革命根据地史料选辑》第 3 辑，甘肃人民出版社，1981，第 106—107 页。

② 〔美〕巴林顿·摩尔：《民主与专制的社会起源》，拓夫等译，华夏出版社，1987，第 368 页。

③ 〔美〕巴林顿·摩尔：《民主与专制的社会起源》，第 277 页。

④ R. Keith Schoppa, "Contours of Revolutionary Change in a Chinese County, 1900－1950," *The Journal of Asian Studies*, 51, No. 4, 1992.

国家、社团与社会视野下的
合作社与乡村再造
——以平教会为中心的考察

谢　健[*]

　　中华平民教育促进会是民国时期以积极倡导平民教育和乡村建设而著称的社会团体，自 1923 年成立之后，其工作内容从城市平民教育发展到农民教育，进而演进到乡村建设。综观平教会的各项工作，其宗旨在于改造农民和改造社会，以达到晏阳初主张的"除文盲，作新民"和"再造民族"的目标，其乡村建设中的合作社亦不例外。合作运动在西方本为自觉、自治性的社会运动，传入中国后被演变成政府行为，从而产生了"国家—社会"关系的问题。原本自发自觉的合作社，在国民政府建立现代民族国家的过程中，被改造为一种整合乡村的经济措施。平教会作为一个私人学术团体，一开始是"站在学术及私人团体的立场去研究实验，期望从农村工作中找出教育的内容和方案"①，因而在定县时期早期的合作社实践中，平教会着重关注通过合作社来改造农村的经济活动和经济组织。但随着其乡村建设实验的深入开展，平教会发现，要将实验研究成果推广出去，就要与政治力量合作，其中平教会与河北省县政建设研究院的合作，就是政治与学术的合作，以"政治学术化、学术事业化"为目的。② 随着平教会与政治力量合作的深入，国家意识在其乡村建设中的影响就逐渐明显。在战后

　*　谢健（1988—），重庆璧山人，历史学博士，西南大学马克思主义学院讲师，主要从事近代中国乡村史研究。
　①　中华平民教育促进会编《廿五年度平教工作概览》，1936，第 8 页。
　②　《中华平民教育促进会定县实验工作报告》，宋恩荣主编《晏阳初全集》第 1 卷，天津教育出版社，2013，第 300—301 页。

其乡村建设实验过程中组织的各种合作社就带上了国家改造乡村社会的烙印，也因而形成"国家—社团—社会"三者之间的紧密关系。

目前学界对晏阳初、平教会的相关研究可谓汗牛充栋，然而因资料和其他因素，对平教会乡村建设中合作社的单独考察则鲜有相关研究。① 对平教会合作社的理解，一方面要建立在平教会对整个农村改造的基础之上，只有这样才能把握其合作社的特色；另一方面则要基于"国家—社团—社会"的视角进行考察，这样才能从中体察出平教会整个乡村建设活动的变迁。有鉴于此，本文拟对平教会各时期合作社的概况、目的等问题进行考察，以期对平教会及整个民国乡村建设运动都有更进一步的认识。

一 战前生计教育中的合作事业

相对于对民国时期其他合作社的研究，目前学界对平教会各个实验区合作社的研究偏少。这主要是因为相关研究都集中到农民扫盲教育问题，或将合作社作为乡村建设实验的一个方面，未能单独提出进行讨论。

要讨论平教会定县合作社的具体情形，首先要弄清楚到底什么是生计教育。在以往的研究中，一般将生计巡回训练学校或者其他具体训练、良种推广、农产展览会等默认为生计教育，这些只是生计教育的表现形式。生计教育是以"完成以合作为中心之农村经济建设"为目的的教育形式，

---

① 目前，学术界对平教会、乡村建设与合作社的相关研究成果主要有以下4篇。刘纪荣：《国家与社会视野下的近代农村合作运动——以二十世纪二三十年代华北农村为中心的历史考察》，《中国农村观察》2008年第2期；魏本权：《合作运动与乡村建设——以20世纪前期社会各界的乡村改造方案为中心》，《历史教学》（下半月刊）2013年第1期；高宁：《论平教会在定县的生计教育》，《河北北方学院学报》2014年第4期；郑清坡：《20世纪以来合作社发展的纵向比较——以冀中定县为例》，《河北大学学报》2014年第5期。这4篇论文从不同的角度论述了乡村建设、平教会定县实验与合作社的关系。此外，本文涉及华西实验区的论述，由于相关档案为新近开放，研究也较少。主要有以下几种。1. 著作有吴相湘的《晏阳初传》（岳麓书社，2001）、詹一之等编著的《科教兴农的先行者——晏阳初华西实验区》（内部资料，2001）、丁小珊主编的《中国城市与社会史专题研究》（中国海洋大学出版社，2013）；2. 论文有谭重威的《中华平民教育促进会华西实验区的乡村建设实验》（《四川师范大学学报》1994年第1期）、谢健的《抗战后乡村建设的复兴：中华平民教育促进会华西实验区研究》（硕士学位论文，西南大学，2015）、谢健的《国家政策与社团实践——平教会华西实验区农地减租问题考察》（《史学月刊》2016年第5期）。

其计划分为研究、表证、实施、试行推广等，均与教育有相当大的关系。①据平教会编订的生计教育报告书，其目标分为三个方面：（1）传授农民生计上的基本知识与技术，以增加生产；（2）创设农村合作经济组织；（3）养成国民经济意识与提高控制经济环境的能力。②至于实施的进程，则大约分成四个阶段：生计巡回训练学校、表证农家、实施推广训练、县单位生计训练制度。③据此可以看出，平教会兴办合作社，就其经济定位而言，仅为晏阳初四大教育主张中生计教育的一个部分，其"不仅在组织多数不相联络的合作社，或以信用合作社，办理农民借贷为临时救济之方法，而在研究县单位合作经济组织，并完成之，以期达到：1. 合理分配；2. 改进生产；3. 全县经济计划"。④

1932 年底平教会在定县首次实验办理合作社，首先选择高头、尧方头等十数村，组织信用合作社。次年，河北省县政研究院成立，该院积极倡导办理合作社，同时与银行商定金融活动办法，并在各大区镇设立仓库，办理抵押放款业务。因而，平教会决定"普设自助社，为推行合作社之预备"，1934 年实施"实验县单位经济合作制度"，又"设实验生产互助社于小陈村"。⑤这种预备性质的自助社，组织较为简单，入社条件为"只要品行端正，正式种地的农民，就可加入，并不要股金"。⑥在这个过程中，随着农民对合作社意义的逐步明了，村里也出现由自助社改办合作社的情形，且其数目逐渐增多。1933 年 12 月，合作社数量达到 48 个，合作社联合社应运而生。此时至 1934 年为合作社推广的猛进时期，各地"要求训练注重合作社者日多，因指导人才及经济所限，大有应付不暇之势"。⑦到 1935 年 6 月底，定县全县共组织有合作社 95 个，社员 3220 人，其中有 62 个以社为单位，组织了县联合社。⑧另外，据委员长行营湖北地方政务研究会调查

① 国民政府军事委员会委员长行营等编述《调查乡村建设纪要》，1935，第 13 页。
② 中华平民教育促进会编《生计教育》，1933，第 1 页。
③ 中华平民教育促进会编《定县的实验》，1935，第 60—63 页。
④ 中华平民教育促进会编《平民教育定县的实验》，1933，第 89 页。
⑤ 《中华平民教育促进会成立经过、组织情形、工作计划、经费收支概况、会员名单》（1940年），档案号：0089 - 0001 - 00007，重庆市档案馆藏。
⑥ 《生计教育》，1933，第 33 页。
⑦ 《定县的实验》，第 66 页。
⑧ 《定县合作社概况表》（1935 年 7 月），见《定县的实验》，第 66 页，附表二。

团的观察，小陈村的互助社，因其"社员十人，共租地一百亩，共同工作，并经营轧花、织布、制造豆腐粉丝等副业，俨成一个新家庭，实现家庭社会化"，是平教会所试行的各种合作社中最有价值者。[①]

定县实验时期是平教会办理合作社的开端，其所获得的经验主要是理论性的，实际效果并不明显。这主要原因有两方面：一方面由于定县实验以农民教育为开端，平教会在教育的实践过程中才逐步认识到经济、卫生、自卫三个方面建设的重要性；[②] 另一方面是实验时间较短。定县合作社始办于1932年12月，而平教会工作重心在1936年时已经转向训练和推广，并计划在湖南建立中心性质的社会实验室，以此来取代定县的实验室。[③] 随着局势的发展，平教会的工作重心发生了第二次转向，在1936年至1939年的三年时间中，平教会自认为其工作进入第三阶段，即"县政建设，它的意义是在把学术与政治融合交流"，"今后我们的研究，是寓研究于训练之中，我们的实验，是行实验于推广之际"。[④] 在这期间的新都县实验中，平教会即着重县政建设的实验，虽然也提倡生计教育，但并未进行合作社实验。1939年3月以后，平教会拟定工作方针，筹备"中国乡村建设学院"，4月学院筹备处成立，并选定巴县歇马场为院址。由此，平教会工作重心再次转向，转到乡村建设高级人才的培训上，也开启了平教会工作的新的一页。[⑤] 直至战后华西实验区成立，平教会在乡村建设实验中才继续合作社的实验。

二　成熟与定型：华西实验区合作社概况

抗日战争结束后，晏阳初原本打算将平教会和乡村建设学院迁回华北，重新建立以定县为中心的华北实验区，但由于种种原因而未能实现。[⑥] 同时，为感谢四川省在抗战中的贡献和弥补其遭受到的损失，国民政府曾表

---

① 《调查乡村建设纪要》，第166页。
② 吴相湘：《晏阳初传》，岳麓书社，2001，第163—165页。
③ 《致T. H. 孙》，《晏阳初全集》第4卷，天津教育出版社，2013，第488页。
④ 《廿五年度平教工作概览》，第11页。
⑤ 《中华平民教育促进会成立经过、组织情形、工作计划、经费收支概况、会员名单》（1940年），档案号：0089-0001-00007，重庆市档案馆藏。
⑥ 《致李宗仁》，《晏阳初全集》第4卷，第647页。

示要将四川省建立为模范省。① 有此机缘，平教会主持的华西实验区应运而生，1946 年 7 月建立实验区，以第三行政督察区专员孙则让兼任实验区主任。由于经费、人力等方面的原因，华西实验区的工作首先在璧山、巴县两地展开，该实验区也称为巴璧实验区。② 根据孙则让交给璧山县参议会讨论的工作计划大纲看，璧山县的建设原则为：以教育力量推进地方建设工作；发展合作社以建立民主经济体系；建立乡村卫生体系；完成户政建设，加强自卫组织。③ 在 1948 年制定整个实验区的乡建工作计划时，平教会也明确将经济、教育、卫生及地方自治四项工作并列，认为"同时进行，互相推动，始能见效"。④ 其中经济建设活动都是通过合作社进行的，"运用组织生产的方法和力量，以达到改造社会经济为目的"，这是华西实验区乡村经济建设的总方针。⑤ 由此可以看出，华西实验区的乡村建设既是平教会自身学术研究的延续，也是对国家意志的践行。

1948 年为管理美援款中"晏阳初条款"所含经费而设立的中国农村复兴联合委员会成立之后，巴璧实验区受其资助，工作得以大规模展开，实验区名称也改为"华西实验区"。⑥ 由于其建立过程充满浓厚的政治因素，平教会乡村建设工作，虽仍强调经济、教育、卫生、自卫四项建设一体进行，但其中主要以经济建设为重心。在这个实验区的建设工作中，其思路、意图都很明显，即以合作社为出发点，实现乡村经济的恢复和发展，同时改造社员、改善乡村中的各种关系，从而达到再造农村基层的目的。因而，与定县实验中合作社的定位不同，华西实验区的合作社兼具改造农民和再造农村的双重任务。

（一）基层社的组织概况

实验区的合作社名目众多，大致可以划分为两种。一是农业合作社。

---

① 《致朱季青》，《晏阳初全集》第 4 卷，第 673 页。

② 《巴璧实验区工作提要》（1947 年），档案号：0089 - 0001 - 00143，重庆市档案馆藏。

③ 《璧山地方建设中心工作计划大纲》（1946 年），档案号：09 - 01 - 75，璧山县档案馆藏。

④ 《四川省第三行政区平教会华西实验区农村建设计划》（1948 年），档案号：09 - 01 - 22，璧山县档案馆藏。

⑤ 《关于机织生产合作社实务人员问题》，《乡建工作通讯》第 1 卷第 18 期，第 1 页。

⑥ 《华西实验区介绍总论》，詹一之等编著《科教兴农的先行者：晏阳初华西实验区》，内部资料，2001，第 7—9 页。

据实验区的建设规划，全区共划分为 4000 个社学区，以社学区为单位组织相应的农业合作社。由于实验时间较短，实际工作并未在全部区域展开，因此组社数目未达四千。到 1949 年 11 月重庆解放时，全区共组织有基层农业生产合作社 699 个，包含社员 65137 人，主要分布在璧山、北碚、巴县和铜梁等县（局）。① 其中巴县在 9 月份有农业生产合作社 172 个，社员 15562 人②；璧山截至 10 月份有合作社 197 个，社员 20083 人。③ 二是根据特有条件组织的特种合作，这类合作社名目众多，如机织生产合作社、造纸生产合作社、美烟合作社、桐油生产合作社、猪鬃生产合作社、柞蚕丝业生产合作社等，其中仅机织生产合作社发展比较健全，因此本文仅以该类合作社为研究对象。1946 年 12 月，平教会完成璧山城南、河边、来凤、丁家等乡镇的经济调查，决定先在城南乡试办机织生产合作社；1947 年 1 月，城南乡先后成立玉皇庙、蓝家湾两个机织生产合作社；④ 到 1947 年年末，城南乡一共组织合作社 16 个，其中木机合作社 3 个、铁机合作社 13 个，涵盖社员 1835 人。⑤

农复会成立之后，华西实验区资金逐渐充裕，因此在扶持璧山地区的机织生产合作社方面力度更大，范围也扩展到了璧山以外的北碚地区，同时机织生产合作社的数量与日俱增。到 1949 年底，全区机织生产合作社共有 83 个，其中铁机合作社 39 个、木机合作社 44 个，涵盖农民 7508 户。⑥ 另外，据统计，在璧山、北碚两地共有铁机 11240 台、木机 30020 台，其中属于贫农需要组织合作社的有铁机 8694 台、木机 14810 台，经华西实验区扶持，到 1949 年 12 月时参加合作社的机台有铁机 5402 台、木机 10662 台，合计 16064 台，占须组织合作社的贫农的所有机台的 68.34%。⑦

---

① 谭重威：《中华平民教育促进会华西实验区的乡村建设实验》，《四川师范大学学报》1994 年第 1 期。
② 《农业合作部分 9 月份工作报告》（1949 年 10 月），档案号：09 - 01 - 141，璧山县档案馆藏。
③ 《农业合作部分 10 月份工作报告》（1949 年 10 月），档案号：09 - 01 - 141，璧山县档案馆藏。
④ 《中华平民教育促进会华西实验区工作报告》（1948 年 4 月），档案号：09 - 01 - 68，璧山县档案馆藏。
⑤ 《中华平民教育促进会华西实验区机织生产合作社进展概况》（1949 年），档案号：09 - 01 - 148，璧山县档案馆藏。
⑥ 《璧山机织生产合作社概况报告》（1950 年），档案号：09 - 01 - 196，璧山县档案馆藏。
⑦ 《中华平民教育促进会华西实验区机织生产合作社报告书》（1949 年 12 月），档案号：09 - 01 - 8，璧山县档案馆藏。

（二）基层的累积：合作社的乡、县级组织

为了方便业务的开展，平教会在基层社之上组织了联合社，联合社分为乡联合社和县联合社。由于业务开展的进度不一致，联合社主要在农业合作社和机织合作社中实施，其中农业合作社仅有乡级联合社，机织合作社则有乡级和县级两种。

1949 年 6 月，农业组工作会议通过了设立农业社的乡联合社办事处的决定，并首先选择巴县第一、第二辅导区和璧山各辅导区，在各区内选择一个适当的地点展开试办工作，待有成效后逐步推广。[①] 设置乡级联合社办事处的主要目的是为过渡到县联合社做准备，通过联合办事处来指导和处理基层合作社的各种问题，时间以三年为限。[②] 农业社的乡级联合社办事处组织速度较慢，1949 年 8 月全实验区组织有 1 个联合社办事处，9 月份组织有 3 个。[③]

机织合作社方面，其联合社的组织可以追溯到 1946 年开始办理机织合作社时成立的联合办事处。[④] 因各社分散经营而未能充分发挥合作组织的功能，1946 年 10 月，璧山的 11 个机织生产合作社组织成立机织生产合作社县联合社，地址设在城南乡，以机织、整染、供应、运销等为业务重点。[⑤] 此后，机织合作社就以县联合社为单位向中国农民银行贷款，还款由实验区总办事处及璧山县政府共同承保。[⑥] 1948 年实验区为进一步扶持织布业，拟以县联合社为基础设置联合整染厂，机器设备从重庆、上海等地购进，

---

① 《组织农业生产合作社联合办事处注意要点》（1949 年），档案号：09 - 01 - 91，璧山县档案馆藏。

② 《魏西河上华西实验区主任孙则让的签呈》（1949 年 8 月），档案号：09 - 01 - 185，璧山县档案馆藏。

③ 《农业合作部分 8 月份工作报告》（1949 年 9 月）、《农业合作部分 9 月份工作报告》（1949 年 10 月），档案号：09 - 01 - 141，璧山县档案馆藏。

④ 《中华平民教育促进会华西实验区工作报告》（1948 年 4 月），档案号：09 - 01 - 68，璧山县档案馆藏。

⑤ 《璧山县机织生产合作社联合社登记册》（1947 年 10 月）、《璧山县机织生产合作社联合社创立会记录》（1947 年 10 月），档案号：09 - 01 - 87，璧山县档案馆藏。

⑥ 《为本处辅导十一单位合作社共同成立一县级联合社以统办各社供销业务使能充分发展其合作组织但因资金不敷周转函请贵行慨允贷助并予示复由》（1947 年 11 月 22 日），档案号：09 - 01 - 63，璧山县档案馆藏。

但因随后解放而未能创立。①

机织合作社创立之后，璧山当地对棉纱的需求大增，而土布产品供应又大于市场需求，因此实验区为集中发放贷纱及收取、贩运布匹，于1949年4月成立了华西实验区合作社物品供销处，目的在于采用辅导机关代营的形式逐步引导各合作社过渡到联合经营。② 合作社物品供销处先后在璧山、重庆等地设置分处，负责采购棉纱，又在宜宾、璧山县的来凤乡和丁家乡等地设置办事处，负责收购和运销产品。③

（三）合作社的成效：恢复农村经济，发展农村手工业

平教会创办合作社的目的之一是恢复农村经济，发展农村手工业，改善农民生活。在这一方面，合作社取得了一定的成绩。

第一，农业合作社方面。为指导全区农业生产，华西实验区于1949年4月成立了农业组，专责农业生产事宜。工作内容主要集中在对各合作社贷款申请的审核，对推广繁殖站、家畜保育工作站及其他农业工作进行指导方面。农业合作社的各项工作也主要在农业组的指导下完成，其中以良种的繁殖与推广为重点。

繁殖站由表证农家组成，以农业示范为目的，站址设在合作社社田或者表证农家的耕种土地上。④ 从正式成立开始，农业组就在各辅导区选择适宜的合作社设置推广繁殖站。1949年7月，全区一共建立推广繁殖站9处，其中璧山7处、巴县2处。⑤ 通过农业合作社，实验区主要完成了两个方面的繁殖与推广。一是稻谷、南瑞苕、小米桐等农作物。主要方式有传习教育，加强农民对新种的印象；集市宣传演讲；编辑宣传歌曲和标语；等等。⑥ 二是种猪、仔猪、耕牛等家畜。以良种猪为例，首先由各辅导区办事

---

① 《平教会华西实验区37年度合作社推进计划》（1948年），档案号：09－01－105，璧山县档案馆藏。

② 《璧山机织生产合作社概况报告》（1950年），档案号：09－01－196，璧山县档案馆藏。

③ 谢健：《抗战后乡村建设的复兴：中华平民教育促进会华西实验区研究》，硕士学位论文，西南大学，2015。

④ 《推广繁殖站设置办法》，璧山县档案馆藏，档案号：09－01－135。

⑤ 《中华平民教育促进会华西实验区各辅导区推广繁殖站工作简报总表》（1949年4—7月），璧山县档案馆藏，档案号：09－01－217。

⑥ 唐载阳：《平教会华西实验区的历史回顾》，重庆市北碚区地方志委员会等合编《中国乡村建设学院在北碚》，西南师范大学出版社，1992，第72页。

处、合作社、繁殖站等调查需求和农民意愿；然后由自愿饲养者填写志愿书，向总办事处贷款购买；最后在推广繁殖站领取，并在饲养期间接受监督、管理。①

此外，平教会还通过实验区设置的农业组、家畜保育工作站，在璧山、铜梁、江津等地做了大量的工作，如1946年到1949年分三期进行扑灭的竹蝗防治工作、② 与乡建学院共同进行的江津甜橙病害的调查与防治工作③以及对水稻螟虫的防治工作等。

第二，机织合作社方面。机织生产合作社成立之后的主要业务就是发放贷款，以"以布易纱"的方式进行，收回的产品由合作社统一制定标准和销售。④ 按实验区与农行重庆分行的协定，发放贷纱时，对象仅为合作社社员，且每人仅贷放一台织布机的用纱量，利息以月息六厘计算，以一个月为限，每半年结算一次。⑤ 自1947年1月开始组织机织合作社以后，璧山地区的织布业逐步得到恢复。1947年3月至1948年3月底的一年时间内，接受贷纱的各机织生产合作社产原白布共51675匹，按1948年4月的市价每匹平均价为3109万元，总值达16065亿元。同时为了开拓市场，实验区还自行设计了"宝阁牌"商标，在市场上树立了良好的信誉，有力地推销了布匹。⑥ 合作社联合社和供销处成立之前，各合作社的布匹主要由各社自行推销，主要运往四川、贵州、陕西等地。1949年之后由供销处统一运销，主要运到重庆、宜宾等地销售。⑦

---

① 《中华平民教育促进会华西实验区纯种约克夏猪推广办法》，档案号：09 - 01 - 145，璧山县档案馆藏。

② 《璧山铜梁两县竹蝗防治报告》（1947年）、《璧山铜梁治蝗工作简报》（1949年），档案号：09 - 01 - 46，璧山县档案馆藏。

③ 《中华平民教育促进会华西实验区甜橙果实蝇防治队工作报告》（1949年7—9月），档案号：09 - 01 - 184，璧山县档案馆藏。

④ 《机织生产合作社贷款计划》，档案号：09 - 01 - 8，璧山县档案馆藏。

⑤ 《中华平民教育促进会华西实验区与中国农民银行重庆分行贷纱收布办法》，档案号：09 - 01 - 8，璧山县档案馆藏。

⑥ 《中华平民教育促进会华西实验区推进璧山县机织生产合作社概况书》（1947年4月），档案号：09 - 01 - 8，璧山县档案馆藏。

⑦ 《中华平民教育促进会华西实验区机织生产合作社报告书》（1949年12月），档案号：09 - 01 - 8，璧山县档案馆藏。

三 改善经济、改造农民与再造乡村：
平教会合作社的定位与目标

在整个民国的乡村建设运动中，各种力量在对农村经济改造时都倡导合作社的形式，平教会也不例外。但例外的是，平教会对合作社的运用不仅仅在于对农村经济的改造。以晏阳初为首的平教会对合作社的定位是一个变化的过程，这个变化是随着平教会的工作重心以及平教会的工作与政治的关系为转移的。与梁漱溟、孙则让等主持的邹平实验县不同，平教会对合作社的定位最初主要集中在改造农村经济方面。随着河北省县政建设研究院的成立，平教会与政治的联系日益密切，战后华西实验区的建立更是借助了政治力量，因此平教会及晏阳初本人对合作社的定位发生了某些变化，即兼具改善经济、改造农民乃至再造整个乡村的使命。同时，虽然平教会在战后仍提倡教育万能，但在实际的乡村建设过程中，建设与教育的地位发生了颠覆性的变化，因此合作社的经济建设的实践作用也被刻意突出。

（一）合作社的定位问题

在定县实验中，平教会认为在县单位实验，要谋求完成农民自足的经济政策，要有五个基本建设工作，即植物生产改进、动物生产改进、农村经济改进、农村工艺改进及农村工业改进，其中农村经济改进又分为经济经营技术的研究和经济组织。[①] 由此可以看出，合作社这种经济组织只是平教会达到农民自足的目的的政策之一。从实际情形看，由于农村资本的普遍缺乏，定县的合作社都是"以信用为中心，而运用发展购买运销生产等事业"[②]，且规定一村仅组织一种类型的合作社，以避免竞争。这与农业推广、生计巡回学校相比，更显现出合作社的边缘地位。

1927 年，晏阳初首次将国民教育必不可少的要素分为四大类：文艺教

---

① 《生计教育》，1933，第 25 页。
② 《生计教育》，1933，第 27 页。

育、生计教育、公民教育和卫生教育。① 1931 年，晏阳初将中国的情况总结为四大病症，并完整提出了四大病症与四大教育相对应的教育思想。② 在此过程中，晏阳初在生计教育方面未曾强调过合作社的作用。相反，他在公民教育中多次提及了培养农民团结力的问题。

晏阳初早就明确指出，"我们的目标是人，不是在物"，我们的工作在于"使他们自觉"，"自己改革，自己创造，自己建设"。③ 对合作社的定位，晏阳初也明确提出，合作社"决不是仅仅为借钱而已，而是养成农民合作的观念、习惯和技能"。④ 同时晏阳初认为，在开展合作运动的训练中，农民学到了现代公民教育的本质，即合作。⑤ 陈筑山也同意合作社有"促进村人之团结"和"集中人才资金，以谋事业发展"两种作用的观点。⑥ 由此可以看出，早期平教会在对合作社的预期目标中虽然也有提及经济问题，但更多的是强调合作社对农民合作意识、公民意识的培养，在定县实验中合作社的经济因素不多也是原因之一。

在定县实验的合作社活动，既包括生计教育的内容，也包括公民教育的内容。在经济层面，合作社通过信用、购买、运销、生产四个方面的活动，促进农村经济发展。⑦ 在公民意识层面，合作社不仅要使农民拥有生产的新知识、新方法、新技术，更要在受训之后，促使农民将自己所学的传授给其他农民。⑧ 平教会在定县办理合作社时，强调办理其原则是农民自愿，切忌越俎代庖，且大规模提倡和鼓励参加的农民努力自强和互助。⑨ 这就是要培养农民的合作观念、习惯和技能，达到公民教育作为"指导对于家庭、社会、国家、世界种种生活改良的组织与活动"的目的。⑩

抗战结束后，蒋介石曾提出要将四川省建成全国的模范省。为配合政

---

① 《平民教育的宗旨目的和最后使命》，《晏阳初全集》第 1 卷，第 103 页。
② 《在平教专科学校开学典礼上的讲话》，《晏阳初全集》第 1 卷，第 145 页。
③ 《平民教育运动简史》，《晏阳初全集》第 2 卷，天津教育出版社，2013，第 343 页。
④ 《农民运动和民族自救》，《晏阳初全集》第 1 卷，第 338 页。
⑤ 《平民教育与中国的抗战及国家建设》，《晏阳初全集》第 2 卷，第 268 页。
⑥ 《定县实验区工作概略》，《晏阳初全集》第 1 集，第 360 页。
⑦ 中华平民教育促进会编《生计教育》，1934，第 40 页。
⑧ 《农民生计训练的目的与范围》，《农民生计训练旬刊》第 4 期，第 1 页。
⑨ 吴相湘：《晏阳初传》，第 199—200 页。
⑩ 《定县平民教育农村运动考察记》，第 164 页。

治目的而设立的华西实验区，除了作为学生的实习场所，理所当然地将乡村建设、复兴农村作为首要任务。① 因此，华西实验区合作社的定位从强调教育作用转变为对农村经济建设的实践。虽然晏阳初仍强调"以个人或社会团体立场从事农村建设，主要的工作是农民教育"②，但在实际建设中起到支配作用的却是以教育为起点、以经济建设为核心的观念。实验区的工作计划以"组织和整理原有经济基础，建立民主的合作经济体系③"为目的，这体现了平教会早期通过合作社改造农村经济的定位。但是，战后平教会对合作社的实际组织过程中，不仅仅着眼于农村经济的改造，为贯彻国家意志、改造整个农村，实验区的实际主持者提出了利用合作社进行土地改革的尝试，④ 甚至在西南军政长官公署实行"农地减租"的过程中，华西实验区的合作社都深入地参与其中。这或许与抗战时期全国乡村建设力量在大后方整合，其余乡村建设人才进入平教会的历史有关，但这也是战后平教会对合作社定位转变的一种直观体现。

（二）关系的改造：入社与社会地位认同

社员是合作社的重要组成部分。参社的途径、条件如何，哪些人能加入合作社，这些都是关系到合作社性质和合作社宗旨的核心问题。战前，平教会虽然认为"合作社是个人的结合，人格担保团体。对于份子的选举与训练，非常重要⑤"，但是从合作社的要求看，条件非常简单，即"品行端正，正式种地的农民"。⑥ 战后，平教会试图通过入社条件的限制，对乡村社会中的社会认同结构进行调整，从而达到改造乡村社会的目的。

战后各合作社社员的入社途径大致分为三类：第一类是在组社时参加，由负责组社的合作社筹备委员会甄选，合格者参与召开合作社成立大会；

① 《为准中华平民教育促进会函请将第三区划为该会实习场所一案令抑遵照由》（1946 年 11 月），档案号：0055 - 0006 - 00061，重庆市档案馆藏。
② 《中国农村教育问题》，《晏阳初全集》第 2 卷，第 382 页。
③ 《现阶段地方建设工作计划大纲》（1947 年），档案号：0089 - 0001 - 00143，重庆市档案馆藏。
④ 《传习教育在北碚》：档案号：0089 - 0001 - 00143，重庆市档案馆藏。
⑤ 《生计教育》，1934，第 38 页。
⑥ 《生计教育》，1933，第 33 页。

第二类是在合作社成立之后参加，合作社成立之后，申请者须填写志愿书，经两个以上的社员介绍，并得到理事会或社员大会同意；① 第三类是继承社员，即在社员死亡或不能继续工作时可由入社时指定的继承人入社继承其权利与义务。②

从华西实验区的各种合作社章程看，参加合作社的基本条件是：（1）居住在合作社业务区域内；（2）年满二十岁以上的公民；（3）经济上属于自耕农或佃农。③ 满足这三个条件者只是满足了农业合作社社员的资格，对于机织生产合作社而言，社员还需"有正当职业，品行端正，并无吸食鸦片或宣告破产及褫夺公职之情形"，同时还需"对本社事业确有经营之技能与经验并不加入其他任何工业合作社"。④ 在铜梁地区组织的造纸生产合作社则要求入社申请者同时满足农业合作社和机织合作社条件的前提之下，还要满足下列其中一项条件：（1）自有竹山并且亲自参与造纸；（2）自有竹山并愿独力或合力造纸但缺乏资金；（3）租有竹山且亲自参与造纸；（4）有造纸设备、原料但缺乏资金。⑤

有入社就有出社，三种合作社对出社的规定都一致分为：（1）自然原因，如死亡、迁出业务区等；（2）除名，即因犯罪、违背社章或不名誉行为等，由董事会除名；（3）自动申请退社；（4）农业合作社还规定凡是丧失入社资格的也须自动退出合作社。⑥

从入社资格和出社规定来看，这些规定大致可以分为两类，即经济因素和社会因素。平教会对手工业合作社和农业合作社的定位是不同的。手工业合作社的目的单纯，仅在于通过贷款恢复当地手工业，提高和改善农

---

① 《保证责任璧山县太和乡白砂岗农业生产合作社章程》（1949年），档案号：09 - 01 - 223，璧山县档案馆藏。

② 《保证责任璧山县鹿鸣乡方家石坝机织生产合作社章程》（1949年），档案号：09 - 01 - 123，璧山县档案馆藏。

③ 《保证责任璧山县大路乡刘家祠农业生产合作社章程》（1949年），档案号：09 - 01 - 140，璧山县档案馆藏。

④ 《保证责任璧山县蒲元乡荣家冲机织生产合作社章程》（1949年），档案号：09 - 01 - 223，璧山县档案馆藏。

⑤ 《保证责任铜梁县西泉镇刘店造纸生产合作社章程》（1949年），档案号：09 - 01 - 119，璧山县档案馆藏。

⑥ 《保证责任璧山县大路乡张家沟农业生产合作社章程》（1949年），档案号：09 - 01 - 132，璧山县档案馆藏。

民生活水平，因此侧重于经济因素的规定，强调社员必须拥有进行手工业生产的必要条件。而农业合作社的目的不仅仅在于农业推广，因此更多强调入社的社会因素，通过对参社资格的限制，加强对自耕农和佃农的保护和扶持。平教会意图通过这两个因素的限制，促进农村中的经济关系和社会关系改造。同时，加入合作社可以获得实验区的贷款，解决经济问题，因此这种经济上的诱导也使成为社员是一种既有利益又光荣的事情，从而有助于乡村下层社会认同度的提高。

（三）解决土地问题：华西实验区合作社的核心任务

调整主佃关系和解决土地问题是农村中最为急迫的事项，因此在定县实验时期平教会饱受外界的争议。有论者认为平教会在这方面做得不够，"'耕者有其田'根本是正当的，势在必行的"，而"平教会还只在训诫地主和债主"，没有真正触及问题本身。[①] 有的人又认为，平教会的工作扰乱农村，毫无成绩且过于激进。[②] 实际上，在战前，晏阳初对农村土地问题的解决方式也是较为保守的，认为"似应由政府出力解决"，表明此时平教会的工作仍为通过平民教育改造农民，无意改变整个乡村结构。[③] 战后，平教会从着重平民教育转到以乡村建设为重点，从而也完成了由改造农村经济向再造整个农村的转变，华西实验区的土地改革设想就是这种转变的表象。

1. 稳定租佃关系

"土地为农村经济基础，土地问题不得适当之解决，于农村社会，自必产生不良影响，暴力的铲平主义，并非良好办法[④]"，因此平教会首先选择稳定租佃关系。这既是实验区改革农村土地关系过程中的第一步，也是平教会在华西实验区改革农村土地关系的一种手段。按农业合作社入社规定，社员若为佃农者，应将租约的副本交到合作社进行登记和保存。农业合作社正常运作后，由合作社统一向地主租赁土地，然后再分配给合作社内的农民耕种。这使主佃双方不发生直接关系，既保证地主的法定收入，又维

护佃农不被非法撤佃、换佃、加押。① 从理论上看，这对缓和农村矛盾有重要作用，也增强了佃农的入社意愿和减少了佃农对土地投入的顾虑。

实验区在随后的文件中对地主和佃农双方做了严格的规定。对地主，实验区强调合作社租赁到其土地后，使用方式、兴修水利、改良土壤等方面不受地主干涉，同时对地主出售的土地有优先购买权。② 对佃农，实验区则要求其在规定的租额外多缴百分之五作为合作社办理租佃的手续费和社田储备金，以备将来购置社田。此外还要求租种者配合合作社的物种改良和水利设施兴建的工作。③

2. 创置社田，实施土地改革

通过合作社统一承租的方法稳定租佃关系，只是华西实验区改革农村土地关系的第一步，而平教会的真正目的是对农村土地关系进行彻底的改革，其所采取的措施是合作社创置"社田"，即实行土地的集体所有制。④ 按实验区的租佃合约第 11 条规定，"甲方出售土地对乙方有优先承购权"，即合作社对地主所售土地有优先购买权。⑤ 平教会以此为契机，实现土地的集体所有化，这既有利于缓解土地集中现象，减少新地主的产生，又有利于土地的集体化和大规模经营。

在具体实施的办法上，平教会将其分为两种：第一种是集中利用佃农社员向地主退佃之后地主返还给佃农的押租来购买土地；第二种是以合作社为单位，申请美援贷款，购买土地后租给社员耕种，以租金偿还贷款。⑥ 第一种办法明显会激起农村矛盾僵化，因此平教会采取了第二种办法，计划 10 年内每个合作社购置社田 500 亩，这样实验区内的土地问题基本得到解决。

无论是稳定租佃关系，还是创置社田，都是通过农业合作社实现的。而平教会运行合作社的实践也一直贯穿着改变农村关系的设想，在社章上

---

① 《传习教育在北碚》，档案号：0089 - 0001 - 00143，重庆市档案馆藏。
② 《农业合作社办理农地统租分佃办法》，档案号：09 - 13 - 41，璧山县档案馆藏。
③ 《农业生产合作社佃地出租办法》（1949 年 5 月），档案号：09 - 01 - 121，璧山县档案馆藏。
④ 《四川省第三行政区平教会华西实验区农村建设计划》（1948 年），档案号：09 - 01 - 22，璧山县档案馆藏。
⑤ 《农业合作社租地合约格式》（1949 年 5 月），档案号：09 - 01 - 121，璧山县档案馆藏。
⑥ 《华西实验区介绍总论》，詹一之等编著《科教兴农的先行者：晏阳初华西实验区》，第 57 页。

即有明显体现，如合作社的宗旨为调整租佃关系以稳定耕地使用权，控制土地转移，实现"耕者有其田"。[①] 由此，我们可以得出这样的认识，即与定县实验时期不同，战后平教会的乡村建设更加重视合作化的道路，通过合作社不仅要改造农村经济，更要再造整个农村，从而达到改造整个中国的目的。然而，从 1949 年 9 月开始，华西实验区即配合西南军政长官公署和四川省政府实施"农地减租"，随即又迎来解放，因此平教会关于土地改革的设想也就未能真正付诸实践。[②]

总之，在农复会与中国农民银行资金的支持下，平教会在恢复农村农业、手工业方面取得了一定成效。但是，在土地改革及其他方面，则只停留在理论方法上，没有进行实践，这也是导致战后平教会对整个农村改造失败的内在因素之一。

四 结语

近代以来，新式社会团体通过各种形式对中国社会加以影响。在这些社团中，大部分仅仅是通过本身的行为影响整个社会或区域社会的发展和变迁，其中有少数社团在自身活动的过程中与政治力量联系紧密，加强了其影响力，作为乡村建设团体的平教会即是其中之一。恢复因战争而破败的农村生产、实施顺应时势的土地改革制度是国民政府在战后农村经济建设的核心任务，平教会作为一个社会团体本无机会作为主导力量参与其中，但其通过与政治力量的结合，将自身行为与国家意志结合起来，参与战后社会改革的实践。通过对平教会乡村建设实验过程中合作社这一侧面的考察，我们可以发现，在国家权力力图深入乡村的近代，平教会的活动为国家政权的这种努力创造了契机，从而形成了"国家—社团—社会"三者之间的复杂关系。

综观现有研究民国乡村建设的成果，对改造社会结构的尝试多指向梁漱溟的乡村建设思想及其在邹平的建设实践，而平教会在通过合作化的形

---

① 《保证责任璧山县大路乡张家沟农业生产合作社章程》（1949 年），档案号：09 - 01 - 132，璧山县档案馆藏。

② 《为农地减租工作应协助政府认真推行电达查照由》（1949 年 9 月），档案号：0089 - 0001 - 00026，重庆市档案馆藏。

式改造乡村社会的尝试并未为学者所注意，研究较多的也仅为其乡村建设的实践。通过对平教会合作社的分析，我们可以清楚地认识到，对主张教育万能的平教会而言，在定县实验时期，其主要工作集中在推行农民教育上，随着农民教育的深入开展，逐渐延伸至对农村问题的处理。合作社作为其生计教育的一个部分，处于边缘性地位。1936年之后平教会乡村建设的工作重心不再仅限于定县，而其乡村建设的实践也更多倾向于通过与地方政府的合作以改造县级政权，达到改造农村、农民的目的，如衡山、新都等地的实验即是如此。虽然这种倾向被抗战的全面爆发所中断，但是这种转向是不可逆转的。

在战后的乡村建设中，合作社虽然也以复兴农村经济、改善农民生活、改造农村经济为目标，但是其最终目的却扩展为改造整个农村，乃至整个中国。实验区的实际主持人士不仅要用合作化的方式来实现农村经济的复兴，还试图通过合作社入社条件、创办社田等方式对原有的农村经济、农村社会关系加以改革，从而达到彻底再造农村的目的。

正如以往学者指出的那样，乡村建设并非指一般意义上在乡村中从事的建设事项，而是指以乡村为本位的"国家—民族"层面的建设。这个标准从本质上指出了华西实验区乡村建设的目标所在，同时也与平教会自身的定位十分契合。从"国家—社团—社会"视野下对平教会乡村建设中的合作社，乃至其整个乡村建设活动进行观察，我们可以发现，平教会的活动不仅在于其本身价值的实现，还在于"国家—民族"的再造。事实上，平教会在华西实验区的乡村建设过程中改造乡村社会的方法不仅限于广泛兴办合作社，如对导生制的改革、地方领袖的选拔和训练等其他方法都有其独特的意义，但这些就不在本文所探讨的范围之内了。

（原刊《中国经济史评论》2017年第1期）

以都市振兴乡村社会

——吴景超城市社会学思想再思考

宣朝庆　陈旭华[*]

吴景超的社会学思想近年来受到不少学者的关注[①]，在乡村振兴视野下重新审视其都市社会学思想，其思想有着独特的意蕴。十九大以来，因应社会主要矛盾的变化，在现代化经济体系高质量发展的要求下，为解决乡村发展不充分、城乡发展不平衡问题，国家提出乡村振兴战略，将乡村发展摆在国家重点关注的战略地位。2018 年中央更是发布一号文件《中共中央国务院关于实施乡村振兴战略的意见》，进一步为乡村发展指明方向。不过，作为一项长远的战略安排，乡村振兴毕竟处于探索发展阶段，目前学界对乡村振兴的地域依托问题持有两种相互对立的思想和行动倾

---

[*]　宣朝庆（1971—），山东海阳人，社会学博士，南开大学周恩来政府管理学院教授、博士生导师，主要从事中国社会思想与社会建设研究；陈旭华（1992—），河北邢台人，社会学博士，哈尔滨工业大学人文社科与法学学院讲师，主要从事历史社会学研究。

[①]　1930 年代，经历"以农立国"与"以工立国"的中国经济发展道路论战之后，吴景超身上逐渐被贴上"西化"与"重工"的标签。现有研究多延续以往的研究传统，在"重工"与"西化"的标签下解读吴景超。这种研究在体现吴景超的学术特色的同时，在一定程度上遮蔽了吴景超作为都市社会学先驱的思想贡献。目前对其都市社会学的研究呈现碎片化状态，或具体阐释他的农村发展思想，或具体而微地梳理其农业现代化、工业化和都市化思想。从吴景超学术发展脉络来看，工业化理论建立在其都市社会学系统发展后的视野之下，是其城乡关系观点下发展中国的实践策略。跳过吴景超的都市社会学思想，无法将他对国家出路的探索全景式呈现出来。参见郑杭生、周国兵《吴景超的工业化与节制人口思想》，《中国人民大学学报》1989 年第 3 期；马陵合《经济与社会之间：吴景超学术思想的过渡性特征》，《民国研究》2012 年第 1 期；郑大华《20 世纪 30 年代思想界关于中国经济发展道路的争论》，《求索》2007 年第 3 期；刘集林《批判与建设：陈序经与吴景超文化社会思想之比较》，《广东社会科学》2009 年第 6 期；张树军《在中西比较中借鉴：20 世纪 30 年代吴景超农村发展思想》，《广东社会科学》2014 年第 1 期；杨棉月、周石峰《都市社会学先驱吴景超的现代化思想析论》，《贵州师范大学学报》2013 年第 6 期。

向①。一种倾向是就乡村论乡村，这种倾向下的研究多囿于乡村内部的产业振兴，重视乡村自身的"造血"功能，在一定程度上忽略了乡村发展的外部支撑问题；另一种倾向是片面强调城镇化，忽视了乡村和逆城镇化问题，存在目标浪漫化、理想化的嫌疑，这种倾向容易导致经济社会运行效率的下降，与以推进供给侧结构性改革为主线的要求相悖。② 吴景超的思想为我们避免这两种倾向打开了视野，让我们从城乡关系的整体性视角去思考乡村振兴战略。

乡村振兴战略被提出的背景，与吴景超所处时代乡村建设的现实状况有很大的相似性。尽管当前的乡村衰落与民国时期乡村危机产生的原因有所不同，但乡村在城乡二元格局中的弱势地位却是类似的。从制度层面来看，国家以往的规划设计都偏向城市，乡村发展在很长时期内都没有定位在国家发展的优先次序上。③ 民国时期，中国现代化的推进者们（从知识分子到中产阶级，乃至政治领袖）大多将现代化的希望放在几个先进的城市，放在沿海地带，独独忽略了广大腹地和乡村。④ 相比之下，改革的现代化冲击对中国农村的影响并不明显，农村的变化多是间接的和放任自流的。⑤ 尽管随着现代工业的兴起，中国从农村文明向以都市文明为特征的现代文明迈出了重要的一步⑥，但正如费孝通先生所言，中国都市的发达似乎并没有促进乡村的繁荣，相反都市兴起和乡村衰落在近百年来像是一件事情的两面，反映中国经济畸形发展的事实。⑦ 到了当代，我国的社会形态同样经历了一个城市崛起与农村消逝同步演化的过程。⑧ 从这个意义上来说，今天的乡村振兴与民国时期的乡村建设所面临的问题具有内在一致性，可以说

① 杨开忠：《乡村振兴以都市圈为主要依托》，《北京日报》2018年6月4日，第13版。
② 姜长云：《实施乡村振兴战略需努力规避几种倾向》，《农业经济问题》2018年第1期。
③ 折晓叶、艾云：《城乡关系演变的研究路径——一种社会学研究思路和分析框架》，《社会发展研究》2014年第2期。
④ 许纪霖、陈达凯主编《中国现代化史》，学林出版社，2006，第3—14页。
⑤ 〔美〕吉尔伯特·罗兹曼主编《中国的现代化》，国家社会科学基金"比较现代化"课题组译，江苏人民出版社，2003，第435页。
⑥ 罗荣渠：《现代化新论——世界与中国的现代化进程》，北京大学出版社，1993，第328页。
⑦ 费孝通：《乡土中国与乡土重建》，风云时代出版公司，1993，第121—127页。
⑧ 文军、沈东：《当代中国城乡关系的演变逻辑与城市中心主义的兴起——基于国家、社会与个体的三维透视》，《探索与争鸣》2015年第7期。

乡村振兴是百年来中国乡村建设运动在新历史阶段的延伸。[①]

在百年乡村建设连续性的角度下，重新探讨吴景超的城乡关系思想具有特殊的意义。与单纯的乡村建设和发展都市化经济、建设都市文明的城市化思路不同，吴景超为乡村建设提出的重要命题是"发展都市以救济乡村"，这种思想建立在城乡互动的基础上，蕴含一种去边缘化与泛中心化的城乡融合发展图式。借鉴这种思想，可从城乡关系的整体性视角去审视当前乡村振兴战略的理论意义与实践困境。基于此，本文以吴景超的城乡关系思想为研究对象，通过回顾其对乡土社会转型的思考，揭示吴景超在经济化都市的独特视角下探索国家出路的社会学取向，进而展现他基于中西社会反思构建的城乡融合发展图式。在反思中国城乡关系问题和发掘本土城乡关系发展理论的基础上，以期为当前乡村振兴战略下中国城乡社会发展提供理论借鉴。

一 经济化都市：探索国家出路的社会学取向

近代以来，对于国家的发展出路，学界存在两种主流倾向：第一种是发展都市化经济，进而实现现代化；第二种是发展乡村，进行乡村建设。基于我国被迫现代化的背景，发展都市化经济已成为当时现代化的主流取向。时人在化解传统与现代、城市与乡村以及中国与西方等一系列命题的过程中，往往将中国置于西方现代社会的分析框架下，西方文明的"典范效应"成为模仿的对象，城市成为现代化的代名词。从思想层面来看，清末以来走出国门的先进知识分子目睹了工业文明和农业文明的巨大差距，生发了学习西方城市文明的观念。[②] 从现实发展来看，外力强迫下通商口岸的开放将中国纳入世界资本主义体系，经济中心城市优先发展成为一条新的规律，[③] 这些城市无论规模、职能、性质，还是发展动力、发展模式都带

---

① 王先明在《中国乡村建设思想的百年演进（论纲）》一文中指出，新农村建设并不是今天才提出来的时代性命题，它既是过去百年来中国乡村建设运动在新的历史阶段的一个延伸，同时也是历史上"新农村建设"思想的一个历史性跨越。王先明：《中国乡村建设思想的百年演进（论纲）》，《南开学报》2016 年第 1 期。

② 赵可：《晚清知识分子城市观念的萌动与走向》，《中州学刊》1999 年第 1 期。

③ 何一民：《论近代中国大城市发展动力机制的转变与优先发展的条件》，《中华文化论坛》1998 年第 4 期。

有资本主义色彩①，都市化经济在现代化进程中的位置越发突出。这导致中国近代社会变革首先并主要发生在城市，特别是在沿海商埠和内陆大城市中扩展，但始终没有向传统的腹地——广阔的乡村社区——扩张传播，因而，城市与乡村、沿海与腹地对峙的社会经济文化二元结构，便成为中国近代化进程中的突出现象。② 受核心—边陲逻辑的影响，边陲国家（地区）原有的城乡结构被分裂，新兴城市是为国外资本主义经济体系服务的，负责把农业初级产品、工业原料和自然资源输出到远在海外的核心地区，把工业产品向乡村贩卖，从而失去了城市对乡村腹地的带动、反哺功能。③ 在这个过程中，传统时代的城乡一体化进程发生逆转，在工业化、城市化和现代化趋向中，"城乡背离化"趋势隐然发生。④ 随着乡村危机的爆发，第二种倾向应运而生，以梁漱溟、晏阳初为代表的乡村建设派主张从农村入手，针对农村存在的经济、教育等问题开展乡村建设、平民教育等运动，旨在将社会建设的重心从都市转移到乡村。

与上述都市化经济和乡村建设的发展思路不同，吴景超另辟蹊径，采用经济化都市的视角，将都市视作经济组织，为后发现代化国家的出路设计了全新的发展图式。具体来说，与都市化经济不同，经济化都市视角是把焦点从经济转移到都市自身，经济的地位固然重要，但仅作为都市的属性存在，如此便将后发国家的现代化出路问题拉到了都市社会学视野之下。随后，吴景超将这种社会学取向贯彻到发展图式的具体设计上，首先从经济发展的角度揭示都市的发生机制，进而将都市看作一种经济组织，把城乡发展纳入区域整体，强调都市对周围地区的辐射及服务能力，在此基础上，通过城乡融合发展步入现代化行列。

用经济属性对都市形成机制进行解释，是吴景超的都市社会学研究的重要组成部分，也是其探索国家出路的起点。留学期间，他从芝加哥的日常生活中切实体会到都市经济对周围地区的辐射作用，如芝加哥宰牲行业

---

① 葛剑雄等：《人口与中国的现代化（1850年以来）》，学林出版社，1999，第180页。
② 王先明：《近代绅士——一个封建阶层的历史命运》，天津人民出版社，1997，第340页。
③ 宣朝庆：《百年乡村建设的思想场域和制度选择》，《天津社会科学》2012年第3期。
④ 王先明：《试论城乡背离化进程中的乡村危机——关于20世纪30年代中国乡村危机问题的辨析》，《近代史研究》2013年第3期。

的牛羊来自周围乡村的养殖户，周围乡村的牛羊肉则来自芝加哥的屠宰场。[①] 芝加哥各行各业折射出的城市与乡村间的密切联系给了吴景超极大震撼，刺激他从经济属性角度解释都市形成机制。1927 年吴景超明确提出："都市是生产者与消费者的一种组织，以一都市为中心，在这中心点，生产者以其所有，易其所无，以满足他各种欲望。"[②] 这个定义从组织视角出发，把都市视作一种经济组织，并从交易的角度揭示都市的形成，指出满足人类欲望的方式在于交易。通过将都市组织看作一种近代文明的产物，他按组织规模（辐射范围）的大小区分了都市与市镇，指出市镇的商业势力只局限于周围数十里，而都市的商业（批发生意）规模可绵延周边数百里甚至数千里。当然，都市与市镇的区别不仅仅是表面的范围大小差异，二者在组织繁简、交通便利性、金融组织以及工业生产规模等方面都不可同日而语，[③] 二者的本质差异在于都市对周边地区的辐射能力更大。

这种都市与市镇的类型划分是吴景超的都市社会学研究的重要支撑，旨在从中西对比中为国家发展找寻出路。吴景超对都市与市镇的区分带有明显的经济进化论色彩，这在其《社会组织》一书中有具体阐释。在书中，他援引格拉斯《经济史入门》的观点来说明都市经济的动态生成过程。格拉斯将经济史划分为采集经济、游培经济、乡村经济、市镇经济以及都市经济五期，其中在采集经济和游培经济时期，人类常常迁徙；到了乡村经济时期，开始定居生活，贸易逐渐固定，出现庙会；到了市镇经济时期，商人及商店开始出现，贸易不再受时间的限制。自市镇经济出现后，市镇与附近数十里的乡村，便产生一种经济组织，这种组织包括该区域中的生产者及消费者。市镇经济再进步，便发展成都市经济。从采集经济到都市经济，是人类的一大进步，从组织发展的角度来看，经济组织原是要满足人类物质生活的需要，而都市经济最能满足这种需求。[④] 在与美国的比较中，吴景超指出，美国早已进入都市经济一级，而中国还在市镇经济一级，上海、汉口等地不过是都市的雏形，只有在都市经济之下，国家与人民才

---

① 吴景超：《都市之研究》，《留美学生季报》1927 年第 3 期。
② 吴景超：《都市之研究》，《留美学生季报》1927 年第 3 期。
③ 吴景超：《社会组织》，世界书局，1929，第 52—55 页。
④ 吴景超：《社会组织》，第 47—55 页。

可富庶，而市镇经济只能使人民小康而已。^① 这种定位为他之后对国家出路进行探索及设计指明了方向。

　　总体来说，吴景超以社会学的眼光，从都市的角度出发系统地审视中国社会，这种经济化都市的视角融合了社会学与经济学的学科内涵，不但确立了其探索国家出路的社会学取向，也对后来社会学与经济学领域的都市研究产生了深刻影响。于社会学而言，他对城乡发展的中间层面——市镇经济的重视与后来费孝通的小城镇理论具有内在关联性。费孝通于1980年代指出，小城镇是"比农村社区高一层次的社会实体的存在，这种社会实体是以一批并不从事农业生产劳动的人口为主体组成的社区。无论从地域、人口、经济、环境等因素看，它们都既具有与农村社区相异的特点，又都与周围的农村保持着不可缺少的联系"^②。他认为中国的城市化应该走小城镇模式以反哺区域经济，推动城乡一体化的发展。于经济学而言，吴景超从经济属性对都市形成机制的解释与后来经济学领域对都市生成命题的研究具有一致性，他强调都市中的组织复杂、交通便利等方面都是促进交易效率提高、推动都市形成的关键要素，这与后来运用"均衡分工""交易成本""报酬递增"等概念来解释城市的起源和发展的新经济地理学、新兴古典学及区域经济学观点相通。^③

二　去边缘化与泛中心化：一种城乡融合的发展图式

　　在经济化都市视角下，吴景超通过对中西社会的反思提出了城乡融合的发展图式。对西方社会研究颇深^④的吴景超在美国留学期间，看到西方都市可辐射周围数千里，都市与周围地区处于一种良好的交易状态。然而，

① 吴景超：《都市之研究》，《留美学生季报》1927年第3期。
② 《费孝通文集》第9卷，群言出版社，1999，第199页。
③ 新兴古典经济学的具体观点参见马亚华、杨凡《空间交易成本与城市的形成——作为一种经济组织的城市》，首届中国城市发展与产业经济学术年会论文集，2014年11月，第188—196页。区域经济学的具体观点，参见安虎森主编《区域经济学通论》，经济科学出版社，2004，第147—156页。
④ 费孝通先生曾说："要查各国情况、社会统计就找吴（景超）先生。"费孝通：《在纪念著名社会学家吴景超教授学术思想讨论会上的讲话》，《第四种国家的出路——吴景超文集》，商务印书馆，2008，代序一。

当时中国的城乡却处于一种二元分离的状态，这刺激他"借他人的镜子，看出自己社会的短处来"①。对于当时的农村问题，吴景超提出需要放在经济建设的大问题之下解决，他认为农村运动无法解决农民的生计问题，这种对乡村建设运动的认识总体上与陈序经一致，都认为农民的生计问题不是乡建运动所能解决的。② 这种思路与时人王枕心一致："在以都市支配农村的经济组织系统下，抛却都市与农村的关系，去谈农村建设是绝对不可能的一回事。"③ 吴景超指出中国农民数量巨大，占当时人口的80%，而农村运动的力量有限，所以必须把农村问题放在经济建设的大问题之下，与工业、矿业、运输业、商业等问题一同解决，如此才能彻底解决农民的生计问题。④由此，吴景超开始思考如何有效地将乡村纳入中国现代化潮流。

吴景超从都市的经济属性出发，将城乡作为一个整体，试图破除城乡由地理映射到发展优先级上的中心—边缘结构，对城乡发展策略进行设计。他关注都市经济的发展，认为只有在都市经济之下，国家与人民才可富庶。为此，他提出的都市发展策略包含组织市场、兴办工业、发展交通、整顿金融四个方面，这四个方面需要同时进行，互为因果。⑤ 需要指出的是，吴景超的都市发展策略，并不仅仅是发展都市，他以生物学的细胞类比，指出对都市进行研究不能只看到都市，还要看到都市以外的地区，即都市的附庸。⑥ 发展都市必须注重都市的附庸，附庸与都市的关系可以用蜘蛛网来比喻，蜘蛛如都市，蜘蛛网所及之地便是都市的附庸，蜘蛛网的线便是铁路与河流。⑦ 也就是说，吴景超视域内的都市发展旨在超越城乡发展的中心—边缘结构，将都市及都市周边的地区纳入一个整体，由都市与都市的附庸共同组成都市区域。⑧ 所谓"都市区域"是一种经济区域，"在这个区域

---

① 吴景超：《都市之研究》，《留美学生季报》第3期，1927年。
② 刘集林：《批判与建设：陈序经与吴景超文化社会思想之比较》，《广东社会科学》2009年第6期。
③ 王枕心：《对于农村建设的意见》，《乡村建设》第5期，1936年。
④ 《第四种国家的出路——吴景超文集》，第16—17页．
⑤ 吴景超：《都市社会学》，世界书局，1929，第22页。
⑥ 吴景超所谓的"附庸"更强调的是辅车相依的关系，而非一般意义上的主次、从属关系。
⑦ 吴景超：《都市之研究》，《留美学生季报》第3期，1927年。
⑧ 对于都市附庸的确立方法，吴景超指出不是单看距离的远近，而是看它与都市之间的交通。此处他再次以蜘蛛网做比喻，指出交通是都市与附庸沟通的重要媒介，因此，都市的附庸并不固定，而是随着交通的发展而产生变化。吴景超：《都市社会学》，第8—12页。

之内的人民，分工合作，以其所有，易其所无，他们交易的中心点便是都市"①。这种"都市区域"的定义与其在 1927 年提出的"都市"的定义如出一辙，其目的都在于将都市的工商业发展与都市周围地区的出产品紧密联系起来，强调都市与其附庸的经济关系。这种以都市为中心，将都市周围的附庸地区纳入"都市区域"的发展思想，与当前的都市经济圈和区域发展思想类似，不仅关注都市的发展，还要促进都市周边地区的共同发展，具有城乡体系协同发展的色彩。当然，除了都市与其附庸的关系，吴景超还关注都市与都市的关系，强调都市间的互助与竞争，② 这种互助与竞争的目的在于构建一种泛中心化的区域发展结构，扩大区域影响力。

随后，吴景超在"都市附庸"思想的基础上，又明确提出"发展城市以救济农村"的城乡关系思想。这种思想既受组织视角的影响，也是系统关系的体现，其内涵是在发展都市的基础上救济农村，实现城乡的协同发展。这一思想与其经济组织视角下都市及其附庸关系的观点具有内在的一致性，二者都从空间维度上将都市周围的区域纳入都市发展。他认为，近代社会与中古或上古社会的差异中最值得注意的便是人口的都市化，③ 强调农业革命、工业革命以及商业的发展三点因素对近代都市化的影响。在此基础上，他指出，一个国家在乡村与都市人口分配上的适当比例是提高人民生活水平的关键所在，中国想要达至更深的都市化，无其他新奇之路，只有步先进国的后尘，改良农业，提倡新式工业，发展机械运输，供给贸易便利。④ 接着吴景超提出城乡协同发展的三种事业：一是兴办工业，解决农村大量剩余人口的生计问题；二是发展交通，确立都市内地，加强都市与农村、都市与都市之间的联络；三是扩充金融机关，把总行设于都市，支行或代理处分布于内地各处，既可以吸收内地的现金来做生产的事业，又可放款于内地，使农民减轻利息上的负担。⑤ 他认为，工商业是都市繁荣

---

① 吴景超：《都市社会学》，第 1—2 页。
② 吴景超：《都市社会学》，第 12—21 页。
③ 人口都市化包括两种含义：一是从人口的地理分配上看，19 世纪以后住在都市的人逐渐增加；二是从人口的职业分配上看，19 世纪后从事农业的人逐渐减少，在别种实业中谋生的人逐渐增多。
④ 吴景超：《近代都市化的背景》，《清华学报》第 2 期，1933 年。
⑤ 吴景超：《发展都市以救济农村》，《市政评论》第 9 期，1934 年。

的根据，交通线是都市与其贸易领域打成一片的工具。① 可以看出，这种发展都市以救济乡村的思想的本质是通过交通、金融等网络将都市和乡村连成一片，在实现城市发展的同时促进农民、农村问题的解决。概而言之，不同于单纯发展都市或建设乡村，吴景超设计的是一种城乡融合发展的思路，这种思路体现了中国近代先进知识分子解决当时社会问题的积极探索的一面，更是吴景超方案的核心和前瞻性所在。

在"发展都市以救济农村"的思想中，吴景超尤其强调"人"的因素，主张都市中的"领袖"树立"都市意识"。他认为当时中国的"领袖"缺少一种"都市意识"，所谓"都市意识"是指都市"领袖"更新对都市范围的认识，明白都市与周边农村的相互关系，努力经营这些地方，使之与都市共存共荣。他指出，假如每个都市中的"领袖"都有都市意识，然后根据此种意识去努力，那么中国虽然当时经济萧条，农村破产，但将来总有繁荣的一日。② 确立"都市意识"需要明确"都市内地"。他指出，每个都市都有它的内地（hinterland），这个内地是它的主要市场，也是它的实物与原料的主要来源，每个有"都市意识"的人，都注意其内地的生产。都市内地的确立对于理解都市活动或预测都市将来的发展都是有用的。因此，他主张，都市中的"领袖"特别是商会中的负责人出来领导"都市内地"研究。③ 从吴景超的学术脉络可以看出，其提出的"都市意识""都市内地"与前期的"都市附庸"思想一脉相承，目的在于确定都市范围，在发展都市的基础上，救济周围的农村。这种城乡发展模式正是吴景超组织视角延伸出来的组织发展模式，本身蕴含一种共同体思维。

与上述对城乡融合发展图式的系统探索相比，目前学界多关注吴景超的"以工立国"工业化发展主张，该现象主要受到 20 世纪上半叶关于中国经济发展道路论战（"以农立国"和"以工立国"）的影响。从学术脉络来看，工业化是城市化发展的重要内容，吴景超的工业化理论与其城乡协同发展策略一脉相承、相互补充。在"以农立国"与"以工立国"的争论中，吴景超认为中国没有歧路，只有走工业化的道路才能图存。④ 他指出，欧美

① 吴景超：《近代都市的研究法（通信）》，《食货》第 5 期，1935 年。
② 吴景超：《发展都市以救济农村》，《市政评论》第 9 期，1934 年。
③ 吴景超：《怎样划定一个都市的内地》，《独立评论》第 151 号，1935 年 5 月 19 日。
④ 吴景超：《我们没有歧路》，《独立评论》第 125 号，1934 年 11 月。

国家通过工业革命提高了大众的生活水平，提倡中国的工业化也正是为了改善贫穷问题，提高生活水平。① 在对中国工业化问题的检讨中，他分析了资本、技术、管理、外货竞争以及政府与工业的关系，深入探讨了中国工业化应该改革的问题。② 他认为，中国由贫弱到富强，工业化是最重要的工作，只有实现工业化，提高中国人民的生活水平和增强国防力量这两个"富"和"强"的目标才能实现。③ 值得注意的是，吴景超的工业化理论既注重政府的责任，也注重商会、同业公会等社会组织的合作，④ 这种国家与社会共治的思想是其工业化理论的重要特征。

整体来看，吴景超在城乡关系问题上秉承系统、联系的眼光，这内在地决定了其发展策略在城乡关系构型上注重城乡差异而非差距，强调都市对乡村的服务功能。20世纪以来，随着城乡二元格局的形成，城乡之间的发展差距受到极大重视，逐渐形成了"城乡差距"的观念，生成了城市挤压农村的发展态势。对此，吴景超的城乡关系学说将都市看作一种经济组织，强调发展都市的重要性，发展出"都市附庸""都市意识""都市内地"等思想，通过将都市周围的乡村纳入都市这一整体系统，生成了发展都市以救济农村这一协同发展策略。这种由"城乡差异"生发出的城乡协同发展思路，旨在去除乡村在国家发展战略中的边缘地位，同时通过"都市＋附庸"的区域结构扩大都市影响力，最终都市之间通过合作与竞争连成一片，构建一种泛中心化的区域发展结构。吴景超这种去边缘化与泛中心化的城乡融合发展图式，是中国近代先进知识分子救济农村、解决当时国家出路问题的代表性方案之一。

三 以改良社会为终极归宿：一种自觉的社会建设意识

作为中国最早的都市社会学家，吴景超的学术思想是民族危机深重年

---

① 吴景超：《贫穷的征服》，《华年》第36期，1935年。
② 吴景超：《中国工业化问题的检讨（未完）》，《独立评论》第231号，1937年4月25日；吴景超：《中国工业化问题的检讨（续）》，《独立评论》第232号，1937年5月2日；吴景超：《中国工业化问题的检讨（续完）》，《独立评论》第233号，1937年5月9日。
③ 吴景超：《中国工业化的途径》，商务印书馆，1938，第1—4页。
④ 吴景超：《中国工业化的途径》，第46—55页。

代里中国知识分子忧患意识的真切表露，旨在改变中国的不幸境遇，提高人民的生活水平，进而为中国寻求一条切实可行的出路。① 吴景超对中国城乡发展图式的理论设计，彰显了当时先进知识分子自觉的社会建设意识以及探索国家出路的社会学取向。

民国时期，关于社会发展出路的问题作为迫切的时代需求，引起时人的极大关注。随着对各种社会问题的认识，知识分子形成了自觉的社会建设意识，并逐步展开社会建设工作。从社会建设的角度来看，吴景超发展都市以救济乡村的思想的直接目标是提高人民的生活水平，终极归宿是改良社会的理想，这本质上是一种自觉的社会建设意识。归结起来，吴景超对国家出路的探索是一种具有浓重工业化色彩，同时兼顾社会政策和制度重构的"社会建设论"。②

从吴景超的个人经历来看，其社会建设的自觉可追溯至留美之前。吴景超于 1915 年考入清华留美预备学校，在校期间担任《清华周刊》的编辑。基于对研究和工作的热情，1919 年不到 18 岁的吴景超便撰写了《皖歙岔口村风土志略》，从位置、沿革、物产、宗法、生活、教育、风俗和胜景八个方面，对徽州的一个传统村落做了多维度的细致描述，③ 这说明他早期便十分关注社会问题，重视实地调查。1921 年，在《暑假期内我们对于家乡的贡献》一文中，他指出中国人最大的缺点是无共同生活，无编制能力，要矫正这两个缺点必须要努力输入组织会社的精神。因此，他明确提出学生可以在家乡组织少年学会，少年学会的宗旨就在于研究学术、修养品行、改良社会。④ 可见，此时的吴景超已有调查社会、改良社会的理想，这种理想一直贯穿在他之后的研究与实践中。

国外留学的经历，不仅强化了吴景超重视实地调查以改良社会的观点，也培养了其中西对比的视野以及改良社会的科学理论。吴景超于 1923 年赴美留学，1925 年进入芝加哥大学社会学系学习，师从著名社会学家帕克。

---

① 陈树德：《如何改变中国的不幸境遇？——重读〈第四种国家的出路〉》，《社会》1996 年第 8 期。
② 宣朝庆、王铂辉：《一九四〇年代中国社会建设思想的形成》，《中国社会科学》2009 年第 6 期。
③ 吴景超：《皖歙岔口村风土志略》，《癸亥级刊》1919 年 6 月。
④ 吴景超：《暑假期内我们对于家乡的贡献》，《清华周刊》第 7 期，1921 年。

受芝加哥学派的影响，其都市社会学具有明显的经验主义取向。1926 年，他指出美国社会学大多进行实地调查，发现社会问题。[①] 在他的社会学研究中，他指出彻底的社会改良须根据社会事实[②]，他认为社会学的观点是一种综合的观点，在研究社会时用得着，在改良社会时也用得着，因此，一切改良社会的工作必须有科学的理论做基础，以证明其工作对改良社会确有贡献。[③] 在《贫穷的征服》《都市研究与市政》等多篇论文中，他重复强调外国社会调查的两个方面：一方面是英国的都市研究，包括蒲司（Charles Booth）对伦敦穷人生活的详细、连续研究[④]，以及针对大都市生活各方面的利物浦（Liverpool）调查[⑤]；另一方面是美国的都市调查，吴景超特别强调美国都市调查的特殊之处在于很多人认识到都市调查与改良社会的关系。[⑥] 将吴景超的论述与其后期的思想结合起来，不难发现，国外的理论与调查影响了他的都市社会学理论，强化了他调查社会以改良社会的理想。

从吴景超对提高人民生活水平的重视中，更是可以看出他进行社会建设的自觉。他多次将都市经济发达的英美国家与中国当时的情况进行对比，指出在都市经济发达的国家，其人民的生活水平远非那些处于乡村经济或市镇经济之下谋生活的国家可及。[⑦] 他认为，造成中美农民生活水平差异的主要原因在于农场面积大小以及是否使用机器，提高中国农民生活水平的方法主要有两种：一是开垦荒地，扩大耕种面积；二是发展农业以外的实业，吸收农业过剩人口。[⑧] 他提出，中国的城乡人口需要保持适当的比例，同时走工业化的道路，最终达到提高人民生活水平的目标。他所提出的具有本土化性质的社会学命题——"第四种国家的出路"就是以改良的立场谋中国的出路。[⑨] 从改良社会的理想出发，可以想象到吴景超从 1935 年开

---

① 吴景超：《都市之研究》，《留美学生季报》第 3 期，1927 年。
② 吴景超：《中国县志的改造》，《独立评论》第 60 号，1933 年 7 月。
③ 吴景超：《社会学观点的应用》，《独立评论》第 111 号，1934 年 7 月。
④ 蒲司于 1886 年开始以地域和职业为根据，花费十五年时间实地调查伦敦穷人的生活。在蒲司研究开始后的 40 余年，伦敦大学又根据蒲司提出的问题进行了调查，呈现出几十年间完备的伦敦穷人生活状况。
⑤ 英国利物浦大学针对大都市生活各方面的调查。
⑥ 吴景超：《都市研究与市政》，《市政评论》第 9 期，1935 年。
⑦ 吴景超：《社会组织》，第 55 页。
⑧ 吴景超：《中国农民的生活程度与农场》，《新月》第 3 期，1930 年。
⑨ 陈新华：《留美生与中国社会学》，南开大学出版社，2009，第 221 页。

始在行政院的任职必然带有以学术改良社会的抱负，以及将学术运用于实践的理想。在其对善后救济的研究中也可以看到这种抱负和理想。

吴景超注重探索中国本土化的城乡发展策略，其研究具有注重本土性、注重实地调查、注重比较以及善用类型等特点。第一，注重本土化理论的重要性。他在 1929 年就指出，教授社会科学的人应当注意社会科学的方法，要在弄清社会科学的方法后去研究中国社会的问题，不能做外国社会科学的附庸。① 他对中国社会的研究都是从理论下手，根据理论来研究中国的社会，以研究中国现实之所得，再来修改理论。② 第二，强调搜集事实材料的重要性，注重实地材料的搜集。他认为，对事实材料的搜集是社会学者谈论社会问题时与他人不同的地方，③ "中国今日无论什么社会科学，最感困难的，便是材料的缺乏……我们以后研究经济生活，应当注重于实地调查"。④ 为解决研究社会问题及改良社会问题者搜集资料的困难，他提出应该改造中国的县志，主张参照李景汉先生的《定县社会概况调查》作为县志修改的模范，详实地记录社会状况。⑤ 在都市研究资料的搜集方面，应包括都市的历史、统计、区域、位置、人口、组织等方面；⑥ 在农村资料的搜集上，应注重当地的人口与耕地的资料。第三，正如费孝通指出的，吴景超的研究是宏观的，他用全世界各国的材料做比较，去找中国社会的出路，去理解中国社会。⑦ 吴景超对很多问题的探讨都以外国做比较，在《世界上的四种国家》一文中，他根据人口密度及职业分派划分出四种国家，找到中国的定位。⑧ 在对中国佃户如何变成自耕农的问题中，他用美国和丹麦来做比较，指出中国可参照丹麦的方法，以政府的力量解决佃户问题。⑨ 第四，吴景超善于利用类型的方式，在类型划分的基础上，提出改良计划。比如在农村问题上，他从中国农民用什么手段去换取他们所需的物资与劳

① 吴景超：《几个社会学者所用的方法》，《社会学界》第 3 期，1929 年。
② 吴景超：《近代都市的研究法（通信）》，《食货》第 5 期，1935 年。
③ 吴景超：《社会学观点下之社会问题》，《金陵月刊》第 2 期，1929 年。
④ 吴景超：《社会组织》，第 55 页。
⑤ 吴景超：《中国县志的改造》，《独立评论》第 60 号，1933 年。
⑥ 吴景超：《近代都市的研究法（通信）》，《食货》第 5 期，1935 年。
⑦ 《第四种国家的出路——吴景超文集》，第 2 页。
⑧ 吴景超：《世界上的四种国家》，《独立评论》第 75 号，1933 年 11 月。
⑨ 吴景超：《从佃户到自耕农》，《清华学报》第 4 期，1934 年。

务这个问题出发，将中国农村分为宁波型（输出劳务以换取金钱）和绍兴型（输出物资以换取需要）两类，在此基础上为农村发展提出指导意见。① 总之，吴景超的城乡关系学说建立在中国本土发展的基础上，其发展都市以救济农村和确立都市意识的思想对当前城乡发展仍有很强的借鉴意义。

四 结语：构建乡村振兴的文化自觉

城乡关系是认识中国与发展中国的出发点。马克思曾说："城乡关系一改变，整个社会也跟着改变。"② 我国的城乡关系在近代以前处于良性循环的状态③，在此过程中，城市集中了价值观、意识形态、制度以及器物等文明要素，成为文明的载体，主要为周边的农村和整个农业经济服务。④ 到了近代，在外部力量的干预下，原有的城乡一体化被破解，城乡背离化发展态势造成了乡村社会、经济、文化的全面衰退危机，爆发了严重的乡村危机。⑤ 自此，乡村建设成为近代尤其是 20 世纪以来历史进程中的重要内容之一。⑥ 对乡村发展乃至国家出路的探索，成为知识分子的重要使命。

本文从现实意义和学术价值两方面对吴景超的思想进行了考察。就现实意义而言，在百年乡村建设的过程中，以都市振兴乡村社会的发展思路应得到重视。当前，我国乡村发展不充分、城乡发展不平衡问题仍然较为突出。在建设现代化经济体系高质量发展的要求下，乡村振兴战略应运而生。从根本上讲，乡村振兴是解决中国经济、政治和基层社会治理短板的大战略。科学把握乡村振兴的内在逻辑，必须处理好乡村振兴和城市化战略的逻辑关系⑦，换句话说，乡村振兴需要置于城乡关系的大视野中考察。这里可以借鉴吴景超城乡关系学说中的整体、系统视角。首先，将城乡发

① 吴景超：《中国农村的两种类型》，《世纪评论》第 12 期，1947 年。
② 《马克思恩格斯选集》第 1 卷，人民出版社，1995，第 157 页。
③ 任吉东：《历史的乡与城乡的历史：中国传统城乡关系演变浅析》，《福建论坛》2013 年第 4 期。
④ 薛凤旋：《中国城市及其文明的演变》，三联书店（香港）有限公司，2009，第 313—330 页。
⑤ 王先明：《试论城乡背离化进程中的乡村危机——关于 20 世纪 30 年代中国乡村危机问题的辨析》，《近代史研究》2013 年第 3 期。
⑥ 王先明：《中国乡村建设思想的百年演进（论纲）》，《南开学报》2016 年第 1 期。
⑦ 黄祖辉：《科学把握乡村振兴战略的内在逻辑与建设目标》，《中国农民合作社》2018 年第 3 期。

展纳入整体视野。城乡发展应该做到费孝通所说的"各美其美，美人之美，美美与共，天下大同"，即在保持城乡差异的同时，通过提升中心城市的辐射力，加强城城互联，将城市与乡村发展结合起来，以城乡互补的方式促进乡村振兴的实现。其次，要将当前的区域发展战略纳入国家发展的整体视野。为解决我国城市发展的"点状"繁荣问题，国家相继提出了京津冀协同发展、长江三角洲城市群发展规划等战略，不过，这些战略容易将人们的视野集中在某一具体地域，而忽略整体视角。为此，需要从国家发展整体视野的角度，将区域发展战略统筹结合，通过构建泛中心化的区域发展结构，在促进地区发展的同时，克服点状繁荣问题，有利于解决发展不充分不平衡问题。

就学术价值而言，吴景超凭借其经济学与社会学的交叉视角做出了许多先驱性工作，其在城乡差异的基础上做出的城乡协同发展方案是中国本土化城乡关系理论不可跳跃的"章节"。然而，现有研究多延续以往的研究传统，在"重工学派"与"西化学派"的标签下解读吴景超的学术理路。这两个标签在体现吴景超的学术特色的同时，也在一定程度上遮蔽了吴景超作为都市社会学先驱的思想贡献，无法将他对国家出路的探索全景式地呈现出来。从吴景超的学术发展脉络来看，他基于中西对比，做出中国社会的城乡发展方案，该方案旨在去除乡村在国家发展战略中的边缘地位，同时通过"都市＋附庸"的区域结构扩大都市的影响力，最终都市之间通过合作与竞争连成一片，形成一种泛中心化的区域发展结构。吴景超的工业化理论建立在其都市社会学系统发展后的视野之下，是其城乡关系观点下发展中国的实践策略。对吴景超的城市社会学思想的系统考察，有助于本土化城乡关系理论的构建。

进一步来说，在乡村振兴视野下，无论是本土化理论构建，还是现实发展，都应该增强文化自觉意识。费孝通先生曾说："文化自觉指生活在一定文化中的人对其文化有'自知之明'，明白它的来历、形成过程、所具的特色和它的发展趋向。"[①] 任何形式的"文化自觉"都必须是与时俱进的，这种"自觉"不仅仅以认知、反思传统为自觉，更深刻的意义是反思、批

---

① 费孝通：《对文化的历史性和社会性的思考》，《思想战线》2004 年第 2 期。

判过去的同时，认知现实，建构未来。^① 因此，需要从文化自觉的角度重新审视当前的乡村振兴战略。近年来，我国对城乡关系的认识不断提升，从城乡统筹发展，到城乡一体化发展，再到今天的城乡融合发展。于乡村而言，城乡融合发展过程中最根本的振兴是让中国农民进入城市文明社会，让农民成为市民，成为有契约精神的理性的市民社会关系的组成部分，这就要求我们从深层次的城乡关系理论视角去思考乡村振兴。作为一项巨大的系统工程，乡村振兴的实现不但需要反思过去，找寻本土城乡关系理论的发展脉络，还需要认知现实，探索中国本土化的城乡发展方向。概而言之，需要增强乡村振兴的文化自觉意识，加强对城乡发展的理论建设。

（原刊《人文杂志》2019 年第 1 期）

---

① 张鸿雁：《新型城镇化进程中的"城市文化自觉"与创新——以苏南现代化示范区为例》，《南京社会科学》2013 年第 11 期，第 58—65 页。

梁漱溟与卢作孚在"精神上彼此契合无间"

——兼议梁漱溟对卢作孚乡村建设的评价

刘重来[*]

晏阳初、梁漱溟、卢作孚三人都是民国时期乡村建设运动的杰出人物，被誉为"民国乡建三杰"。值得一提的是，三人都是很要好的朋友，且晏阳初、梁漱溟各自还把卢作孚看作自己一生的知己，二人对卢作孚在北碚进行的嘉陵江三峡乡村建设运动评价很高。三人之间完全没有"文人相轻"的毛病。

晏阳初于92岁高龄时在菲律宾写了一篇题为《敬怀至友卢作孚兄》的文章，文章一开头就说："我一生奔走东西，相交者可谓不少，但唯有作孚兄是我最敬佩的至友。他是位完人，长处太多了。"他还说卢作孚"极富创造力，具有实现理想的才干和毅力"。晏阳初常对人说："生我者父母，知我者作孚。"[①] 此时，卢作孚已去世整整30年了，晏阳初还对他念念不忘。

而梁漱溟在90岁以后，先后发表了4篇怀念卢作孚的文章，如他在1988年写的《怀念卢作孚先生》一文中，开头第一句就是"卢作孚先生是最使我怀念的朋友"[②]。这个"最"字，道出了卢作孚在梁漱溟心中的份量是多么重了。

纵观梁漱溟的一生，他交往的朋友非常多，但让他最敬佩的朋友，恐怕就是卢作孚了；而在民国时期与梁漱溟同时开展乡村建设运动的人士也

---

[*]　刘重来（1941—），山东青州人，西南大学汉语言文献研究所教授、《卢作孚研究》主编，主要从事中国历史文献和中国近代名人研究。

[①]　晏阳初：《敬怀至友卢作孚兄》，周永林等主编《卢作孚追思录》，重庆出版社，2001，第45页。

[②]　梁漱溟：《怀念卢作孚先生》，《名人传记》1988年第5期。

很多，但能得到梁漱溟高度评价的，恐怕也只有卢作孚了。

从 1927 年至 1949 年底，由卢作孚主持的以北碚为中心的嘉陵江三峡乡村建设运动，应该是民国时期众多乡村建设运动中持续时间最长、成效特别突出的一个。而梁漱溟对卢作孚乡村建设成就的评价，是他在北碚工作、生活了 3 年（从 1946 年底至 1949 年底）的亲身感受。1983 年，90 岁高龄的梁漱溟回忆了这 3 年的时光：

> 1946 年尾，我退出和谈，辞去民盟秘书长职务后，便在这景色宜人的北碚息影长达三年之久，静心从事著述，《中国文化要义》一书即写成于此时。1948 年，我又与一般朋友创办勉仁文学院于北温泉，从事讲学活动，直至 1949 年底四川解放后来北京，才离开北碚。①

由此可知，梁漱溟对卢作孚在乡村建设的评价，是从他实生活了 3 年多的亲身体验中得出来的，所以他对卢作孚在乡村建设的评价更真实，更具说服力。

一　对卢作孚"慕名起敬"的由来

1980 年代，梁漱溟在多篇文章中说："余得结交作孚先生在抗日战争军兴之后，而慕名起敬则远在战前。"② 而梁漱溟所称的"远在战前"实际上是指民国七八年间，即 1918 年或 1919 年。

1988 年，已 90 岁高龄的梁漱溟在《怀念卢作孚先生》一文中就记述了他对卢作孚"慕名起敬"的这段往事：

> 大约是民国七八年间（1918 年或 1919 年），我去拜访住在天津的周孝怀（善培）老先生，就首次听到他谈起作孚先生。周老先生为宋儒周濂溪之后，于清末曾任四川省劝业道台，后又出任广东将弁学堂，任监督（校长）。著名将领如任庸伯、邓铿、熊略、叶举等，都是周老

---

① 梁漱溟：《怀念卢作孚先生》，《名人传记》1988 年第 5 期。
② 梁漱溟：《景仰故交卢作孚先生献词》，梁漱溟：《忆往谈旧录》，金城出版社，2006，第 127 页。

主持该学堂时培养出来的学生。周老先生在向我谈起作孚先生时，对其人品称赞备至。在六七十年后的今天，周老谈话时的情景我依然清楚记得。他将拇指一翘，说道："论人品，可以算这个！"由此可见周老对作孚先生卓越不群的品德之称道。①

要知道，周孝怀生于 1875 年，比卢作孚大 18 岁，且出身显赫、位高权重，在社会上有极高声望，但他竟然对当时不过二十五六岁的卢作孚的人品如此夸赞，实属难得。

1985 年，梁漱溟又在一篇题为《忆卢作孚先生》的短文中再次提到他从周孝怀先生那里得知卢作孚之名和"慕名起敬"之往事：

> 我知道作孚先生，是早在民国七、八年（1918 或 1919）的事，那是我去天津拜访周孝怀老先生时听他说的。周老先生为宋儒周濂溪（敦颐）之后，清末曾先后任四川劝业道台和广东将弁学堂监督（校长），著名将领伍观淇、邓铿、熊略、叶举均是周老先生在将弁学堂时的学生。周老先生对作孚先生的人品称赞备至。他将拇指一举，对我说："论人品，可以算这个！"②

从 1983 年和 1985 年梁漱溟写的这两篇怀念卢作孚的文章看，内容大同小异，但都表明了一点，那就是事隔六七十年，梁漱溟对当年周孝怀老先生在他面前夸赞卢作孚的情景依然历历在目，记忆犹新。

梁漱溟和卢作孚同岁，1918 年或 1919 年，两人均不过是二十五六岁的青年人，而卢作孚的人品居然能得到一位比他大 18 岁的名人的如此夸赞，确实有些不可思议。

为此，有学者对梁漱溟这段回忆的时间表示质疑，认为"梁漱溟晚年的此一回忆，在具体时间上未必确当，但反映出在民国初年复杂纷乱的四川社会中，卢作孚颇能得一般开明人士如周孝怀、张森楷等士绅类型著名

---

① 梁漱溟：《怀念卢作孚先生》，《名人传记》1988 年第 5 期。
② 梁漱溟：《忆卢作孚先生》，《龙门阵》1985 年第 3 期。

人物的注意和赏识"①。当然，这个质疑还无确凿证据证实。

二　梁漱溟何时与卢作孚相识

关于梁漱溟何时与卢作孚相识，在梁漱溟的 3 篇文章中都有明确的说法。1983 年，他在《怀念卢作孚先生》一文中说："我得结交作孚先生约在抗日战争军兴之后不久（1937 年），……那是因抗日战争爆发，我撤退到大后方的四川。当时作孚先生与我从事的活动不同，但地点均多在重庆，因此交往较多。"② 在这里，梁漱溟明确说出他与卢作孚"结交"是在抗日战争爆发之后不久。1985 年，梁漱溟在《忆卢作孚先生》一文中再次说他"与作孚先生相识"是在"抗战入川之后的事了"③。1987 年，梁漱溟又在《景仰故交卢作孚先生献词》一文中再次强调"余得结交作孚先生在抗日战争军兴之后"④。在这 3 篇文章中，梁漱溟均提到他最初与卢作孚相识均在抗日战争全面爆发、他撤往大后方之后不久，但实际上并非如此。

其实，早在卢沟桥事变爆发的 5 年前，即 1932 年，梁漱溟与卢作孚就有交往了。2009 年，华文出版社出版了著名教育家、卢作孚的忘年交黄炎培先生的日记。在日记中，黄炎培记述了梁漱溟与卢作孚早在 1932 年 7 月就相识了，他们不仅曾在一桌吃饭，还曾在一起"长谈"、"畅谈"。只不过可能是那次相聚的人多，梁漱溟的印象不深罢了。

那是在 1932 年 7 月 29 日和 8 月 1 日，黄炎培两次宴请才从重庆赶到上海来主持民生公司上海分公司成立仪式的卢作孚。同席者多人，其中就有梁漱溟。黄炎培在日记中写道：

1932 年 7 月 29 日，午，招漱溟、镕西、作孚、问渔协会便餐，长谈。

1932 年 8 月 1 日，漱溟、其徒林君、问渔、作孚、方刚畅谈。漱溟等续谈至九时散。连日与漱溟谈，觉得其思想深刻而不圆澈，坚决

① 张守广：《卢作孚年谱长编》（上），中国社会科学出版社，2014，第 51 页。
② 梁漱溟：《怀念卢作孚先生》，《名人传记》1988 年第 3 期。
③ 梁漱溟：《忆卢作孚先生》，《龙门阵》1985 年第 3 期。
④ 《景仰故交卢作孚先生献词》，梁漱溟：《忆往谈旧录》，第 127 页。

而近于偏执。①

由此可知，梁漱溟说他与卢作孚相识是在"抗日战争军兴之后"是不准确的。应该说，起码在 1932 年，他们就相识了。

三　梁漱溟应卢作孚之邀的三次演讲

1937 年 6 月，即震惊中外的卢沟桥事变爆发前夕，梁漱溟应四川乡村建设学院（今西南大学的前身之一）邀请到该校讲学而来到了重庆。卢作孚听到这一消息后非常高兴，这是梁漱溟第一次入川，特别是梁漱溟此时正在山东邹平进行乡村建设实验，而卢作孚也正在主持以北碚为中心的嘉陵江三峡地区的乡村建设实验。因此，卢作孚热情邀请梁漱溟到民生公司和北碚参观考察，听取他的意见。

1937 年 6 月 4 日，梁漱溟应邀来到民生公司参观，并在民生公司朝会上做了题为《我的过去与山东工作概况》的演讲。因为那几天卢作孚因事在外，所以主持朝会的是公司设计室的负责人。

什么是朝会？这是卢作孚为了提高民生公司员工，特别是总公司机关员工的文化素养，从 1932 年 10 月起就创立的制度。即在每周规定的日子（多半在周一）上班前，总公司员工集中在大礼堂，举行学习报告会，有时也邀请社会各界名流演讲。

这次梁漱溟虽然是在一个民营航运企业演讲，但演讲的内容却是乡村建设问题，这也正是卢作孚想要听到的。正如演讲会主持人所说："乡村建设专家梁漱溟先生，这次到四川来，对于四川的乡村建设，想来帮助一定不小。梁先生的人格伟大，学识丰富，许多朋友直接间接领教过梁先生的人都是知道的。"②

梁漱溟在演讲一开始，就表达了对卢作孚创办的民生公司和北碚乡村建设事业的肯定和"久慕"之情。他说：

---

① 《黄炎培日记》第 4 卷，华文出版社，2008，第 101—102 页。
② 梁漱溟：《我的过去与山东工作概况》，项锦熙主编《民生公司演讲集》（下），人民日报出版社，2016，第 461 页。

各位先生：兄弟以前没有到过四川，这是第一次。兄弟对于四川向往甚久，但可惜没有机会来观光，觉得很是歉然。地方事业，在早听说北碚办得很有成绩；后来又听说民生公司，是四川最有希望的实业团体。因此，北碚和民生公司的事业，都是我久慕而且极愿参观的①。

梁漱溟对自己在邹平开展的乡村建设事业是很自信的，但他又是一个谦逊的人。在民生公司的演讲中，他说："我个人的学识，根底是很浅的，仅仅在中学毕业，没有受过大学教育，虽然我在大学教过书。我到了重庆，看见重庆的报纸上给我加上一个头衔，说我是'乡村建设专家'。'专家'的头衔我实在愧不敢当。无论从任何一面的学识来说，我的根底都是很浅的，这完全没有谦逊的意思。不过我自己常常是保守，把握，和不放松，不忘记我心里的亲切要求和问题的一个人罢了。"②

又过了20多天，即6月27日，梁漱溟又应卢作孚及其胞弟卢子英（时任嘉陵江三峡乡村建设实验区署区长）的邀请到北碚参观。为了表示对梁漱溟的尊重和欢迎，卢子英派区署秘书黄子裳专程去重庆迎接，并一同乘船来北碚。而在北碚码头，卢子英又组织了机关和学校师生数百人前来欢迎，这让梁漱溟大为感动。他在随即举行的欢迎会上说："兄弟刚才来到北碚时，承蒙各位先生、朋友、同学，在这样热的天候来到江干欢迎，自己心里很觉不安，并不敢当。因为一个人劳动了一大群人，这是大家对我的好意。"③

在这次演讲中，梁漱溟系统阐述了乡村建设的三大意义和知识分子下乡的重大意义。他认为，"中国根本最重的是农业。因社会生产，农民生活，大半靠农业，所以我们要在农业上改进和进步。如中国在农业上经济上生活上没有进步，中国社会也没有进步"④。

值得注意的是，梁漱溟在演讲中将知识分子下乡与"造反"联系在一

---

① 梁漱溟：《我的过去与山东工作概况》，项锦熙主编《民生公司演讲集》（下），第462页。
② 梁漱溟：《我的过去与山东工作概况》，项锦熙主编《民生公司演讲集》（下），第462页。
③ 梁漱溟：《乡建的三大意义与知识分子下乡》，重庆市北碚区纪念梁漱溟诞辰一百周年筹委会编《梁漱溟在北碚》，内部书刊，1993，第20页。
④ 梁漱溟：《乡建的三大意义与知识分子下乡》，《梁漱溟在北碚》，第21页。

起，十分特别。他说："'造反就是革命'，我要告诉大家并希望大家要切实去'造反'，但从何处才可以造呢？就是要大局转移。大局怎样转移，就是知识分子下乡，扩大乡建运动，求得真的工作效果，以后才有办法。"[1]

梁漱溟在北碚的演讲中说："如要乡建成功，除非内外联络，大势转移，其结果不会有效的。我们唯一的希望是要知识分子都下乡，并扩大运动，结果有了办法，一定会影响政治，大势当非转移不可，大势转移后即有办法了，这才是建设的正面成功。"[2]

在这里，梁漱溟反复强调知识分子下乡的重要性，认为只有知识分子下乡，扩大乡建运动，才能使"大局转移"，乡建才能成功。

梁漱溟在演讲中，寄语北碚正在推进乡建的同志："大家不要以在北碚作乡运的眼光，就只于北碚努力，这是不行的。我们要将我们所有的工作同志，联合起来，扩大起来，拼命地往前做，只要真正扩大联合，我们的问题才将全部解决了，所以我们要一齐来，中国才有救，否则没办法。"[3]在这里，梁漱溟认为，所有各地进行乡建的同志，不要把眼光只放在自己的实验地，要将眼光放远，要大家联合起来，"只要真正扩大联合"，"中国才有救"。

当天晚上，梁漱溟下榻于北温泉公园数帆楼，在北温泉座谈会上，他又做了题为《中西文化的差异》的演讲。

必须说明的是，梁漱溟在卢沟桥事变前夕来民生公司和北碚参观考察，虽然是受卢作孚的邀请，但此时卢作孚作为国民政府赴欧考察团的代表，正在上海忙于准备工作，并没有与梁漱溟见面并参加演讲会。

四　梁漱溟对卢作孚乡村建设的评价

梁漱溟、晏阳初、黄炎培、陶行知和卢作孚，几乎都是同时在进行乡村建设实验。虽然他们在乡村建设上的想法和做法各不相同，但并不妨碍他们是相互尊重、相互支持、相互学习的好朋友。

---

[1]　梁漱溟：《乡建的三大意义与知识分子下乡》，《梁漱溟在北碚》，第25页。
[2]　梁漱溟：《乡建的三大意义与知识分子下乡》，《梁漱溟在北碚》，第24页。
[3]　梁漱溟：《乡建的三大意义与知识分子下乡》，《梁漱溟在北碚》，第20页。

卢作孚多次邀请晏阳初、梁漱溟、黄炎培、陶行知来北碚参观考察，听取他们的意见。如1939年10月，晏阳初和梁漱溟在卢作孚的热情邀请下参观了北碚的乡村建设，回去后晏阳初对同仁说：

> 重庆的北碚有卢作孚先生所热心经营的乡村建设区，他无论如何要我和梁漱溟先生前去参观一下，我看到那里的工矿经济建设事业，都很有成绩。①

晏阳初还提出要和卢作孚的乡村建设区加强合作，优势互补。而黄炎培参观北碚后更是感慨万千，认为过去"北碚"不为人知，连地图上都不标注，而卢作孚来此七八年间，就把一个"杀人放火的匪巢变成安居乐业的福地，'北碚'两字名满天下，几乎说到四川，别的地名很少知道，就知道北碚"。②

几乎同时，陶行知也应卢作孚之邀来北碚参观，所见所闻使他很受感动。他说："我在北碚参观了一周，看到了你们创办的经济事业、文化事业和社会事业，一派生机勃勃的奋发景象……北碚的建设，……可谓将来如何建设新中国的缩影。"③ 综上，晏阳初、黄炎培、陶行知都是乡建知名人士，他们来到北碚参观、考察后，对卢作孚的乡村建设成就都赞不绝口，给出了高度评价。

梁漱溟与上述几位乡建人士不同的是，他在卢沟桥事变前夕就应邀来北碚考察，而且在考察前就"早听说北碚办得很有成绩"，因此到北碚参观是他"久慕而且极愿参观的"。

他在参观中发现北碚乡建人士"工作很苦，待遇很薄"，而且在来北碚之前就已听说卢作孚领导的乡村建设事业是艰苦创业。所以梁漱溟参观后说："现在见到诸位创造的精神，我很钦佩。"④

① 晏阳初：《四川建设的意义与计划》，宋恩荣主编《晏阳初全集》第2卷，湖南教育出版社，1989，第123页。
② 黄炎培：《北碚之游》，卢国纪：《我的父亲卢作孚》，四川人民出版社，2003，第339—340页。
③ 《在北碚实验区署纪念周大会上的讲话》，《陶行知全集》第3卷，湖南教育出版社，1985，第311页。
④ 梁漱溟：《乡建的三大意义与知识分子下乡》，《梁漱溟在北碚》，第24页。

而他真正对卢作孚的乡村建设给予全面评价，则是在 1988 年 90 高龄之时。他在《怀念卢作孚先生》一文中，对卢作孚的乡村建设事业给予了高度评价。

> 作孚先生还热心致力于地方与农村建设事业。重庆北碚就是他一手筹划和开创而发展起来的。作孚先生及其胞弟卢子英，从清除匪患，整顿治安入手，进而发展农业工业生产，建立北碚乡村建设实验区，终于将原是一个匪盗猖獗，人民生命财产无保障，工农业落后的地区，改造成后来的生产发展、文教事业发达、环境优美的重庆市郊的重要城镇，现在更成为一个重要的旅游区。①

梁漱溟这个评论之所以较贴切、准确，是基于他对卢作孚乡村建设的全面了解和多年的实地亲自体验得出来的。

首先，梁漱溟认为，卢作孚的乡村建设是"从清除匪患，整顿治安入手"，这是卢作孚乡村建设的第一步。而事实确实如此，以北碚为中心的嘉陵江三峡地区，是当时江北、巴县、璧山、合川四个县的结合部，即所谓"四不管"地区，历来盗匪猖獗。按黄炎培的说法，在卢作孚未到此地之前，这里"满地是土匪，劫物掳人，便做家常便饭，简直是一片土匪的世界"②。卢作孚作为峡防局局长来到北碚后，就"决定以地方安宁为第一步。为使地方安宁，乃必须使匪不安宁"③。为此，他制定了一套治理匪患的根本之策，即军事与政治并重的剿匪策略。一方面坚决打击，绝不手软，另一方面采取"鼓励自新，化匪为民"的方针。果然，多年的匪患得以有效根除。正如黄炎培所言："不上几个月，把杀人放火的匪巢变成安居乐业的福地。"卢作孚也说："很短时间之后，周围也都就清静了，于是我们积极地乡村运动开始了。"④ 这和梁漱溟认为卢作孚的乡村建设是"从清除匪患，整顿治安入手"是完全一致的。

---

① 梁漱溟：《怀念卢作孚先生》，《名人传记》1988 年第 5 期。
② 黄炎培：《卢作孚奋斗史》，张岩主编《追忆卢作孚》，人民日报出版社，2014，第 389 页。
③ 《四川嘉陵江三峡的乡村运动》，凌耀伦、熊甫编《卢作孚文集》，北京大学出版社，1999，第 354 页。
④ 《四川嘉陵江三峡的乡村运动》，《卢作孚文集》，第 354 页。

其次,梁漱溟认为卢作孚的乡村建设是在清理匪患之后就"进而发展农业工业生产,建立北碚乡村建设实验区",进行各项生产建设,这也是十分准确的。卢作孚此时是一位"实业救国"论者,在乡村建设中,他的理想目标是"乡村现代化"。为此,他的乡村建设特点是以经济建设为中心,首先发展农业、工业生产。在1934年,即卢作孚乡村建设进入第7个年头时,他绘制了嘉陵江三峡乡村现代化蓝图。

1. 经济方面:(1)矿业 有煤厂、有铁厂、有磺厂。(2)农业 有大的农场、有大的果园、大的森林、大的牧场。(3)工业 有发电厂、有炼焦厂、有水门汀厂、有造纸厂、有制碱厂、有制酸厂、有大规模的织造厂。(4)交通事业 山上山下都有轻便铁路、汽车路,任何村落都可以通电话,可通邮政,较重要的地方可通电报。①

卢作孚确实是按此规划实行的。他招商引资,开发矿业,兴建工厂,修铁路、公路,架设电话,修建电站,建立农场,开办农村银行和消费合作社,等等。在大力发展工农业生产的同时,他又重视文化教育和科技的建设。

经过种种努力,按梁漱溟的说法,即"终于将原是一个匪盗猖獗,人民生命财产无保障,工农业生产落后的地区,改造成后来的生产发展、文教事业发达、环境优美的重庆市郊的重要城镇"。②

卢作孚的乡村建设模式与梁漱溟的乡建模式不同,但这并不妨碍梁漱溟对卢作孚的乡建成就给予高度评价,由此也可以显现出梁漱溟的高尚人格。

五 梁漱溟与卢作孚在"精神上彼此契合无间"

梁漱溟在九十岁高龄时撰写的《怀念卢作孚先生》一文中有一段话道出了两人的关系:"我们相识之后,彼此都太忙于各自所事,长谈不多,然而在精神上则彼此契合无间。"

---

① 《四川嘉陵江三峡的乡村运动》,《卢作孚文集》,第359—360页。
② 梁漱溟:《怀念卢作孚先生》,《名人传记》1988年第5期。

试想一下，一个人一生可能结交很多朋友，但真正能肝胆相照，在精神上能达到彼此契合无间的朋友能有几个？正因如此，梁漱溟一生都十分敬重和怀念卢作孚。举两个感人的例子：

第一个例子是在1987年秋天，94岁高龄的梁漱溟在北京寓所热情接待了来自北碚的3位同志，他们受北碚区政协纪念卢作孚诞辰95周年筹委会的委托来拜访梁先生。此时梁先生因年事已高，寓所门口已贴有"谢绝来访"及"非见不可者至多会见一小时"的"告示"，但当梁先生得知他们是为了纪念卢作孚诞辰事宜从北碚专程来访的，则十分热情地接待了他们，而且会见时间远远超过了一小时。

据拜访者回忆，梁先生在回忆他与卢作孚的交往时，脸上流露出深深的敬仰与怀念之情，再三称道卢作孚是"再好不过的人""社会上找不到的人""心中没有自己，完全没有自己"，并欣然为卢作孚纪念馆题写了"公而忘私，为而不有"八个大字，为纪念文集《北碚开拓者卢作孚》一书撰写了《景仰故交卢作孚先生献词》。在文中说"作孚先生胸怀高旷，公而忘私，为而不有，庶几乎可比于古之贤哲焉"，这是梁漱溟对卢作孚极高的评价。

第二个例子是在1988年4月，当时梁漱溟患重病住进了北京协和医院。4月27日，梁漱溟已生命垂危，医护人员为他输液、输血、灌肠。就在这种情况下，梁漱溟竟然想到他为纪念卢作孚诞辰95周年的一篇发言稿还未完成。但此时此刻他已无力握笔，只好请陪侍的儿子梁培宽代笔。这一天，梁培宽在他的《侍疾日记》中写道：

> 4月27日，上午打点滴（青霉素），并用药液灌肠。午后输血，血液尿毒浓度随之降低，父亲精神好转……在病房代笔写好发言稿，供恕弟①参加卢作孚先生95周年诞辰纪念会以父亲名义宣读用，因父亲无法出席。卢先生是父亲最敬重的朋友。他常说，此人再好不过！他心中完全没有自己，满腔是为社会服务。这样品格的人，社会上找不到。发言稿即本此意写成。②

---

① 即梁漱溟的二儿子梁培恕——笔者注。
② 梁培宽：《侍疾日记》，《梁漱溟在北碚》，第58页。

梁漱溟在病重垂危之时，还念念不忘卢作孚，要为纪念卢作孚诞辰95周年写发言稿，而原因就是卢作孚是梁漱溟"最敬重的朋友"，且是在"精神上彼此契合无间"的朋友。

梁漱溟与卢作孚在"精神上彼此契合无间"的事例非常多。

第一，两人都是有着强烈家国情怀的人。梁漱溟的一生，是爱国的一生，是不断探索强国富民道路的一生。正如他的儿子梁培恕所言，梁漱溟"怀着一颗佛徒的心肠，倾其毕生精力，以自己的研究识见和亲身实地参与，探求中国民族自救的道路，他的'乡村建设'的主张和实践即由此而来"。[①]

而卢作孚的一生，经历过革命救国、教育救国、实业救国三大阶段，目的都是为了探索救国强国之路。当1925年他创办民生公司之时，全公司实际上只有一只70吨的小轮船，但卢作孚却为公司制定了"服务社会，便利人群，开发产业，富强国家"的宗旨。其强烈的爱国救国之心，由此可知。

第二，梁漱溟是一位崇尚"无我"境界，且一生都在践行"无我"的人。为了国家民族大业，他只知奉献，绝不为自己谋求私利。梁漱溟的儿子梁培恕说："先父年近九十仍耳聪目明，步履轻捷。报刊上数度报道他的'养生之道'，多是从表象上去谈，其实他的长寿乃得之于对事对人的无我以及平日生活态度的超然物外，远非得之擅长颐养。"他还说梁漱溟为人题字，常常题写的是"无我为大，有本不穷"这八个字。这是梁漱溟"以此勉励别人，而这正是他自己"[②]的写照。

而卢作孚恰恰是梁漱溟最看重的有"无我"境界之人。他多次夸赞卢作孚是一个"心中完全没有自己，满腔是为社会服务"的人，是一个"胸怀高旷，公而忘私，为而不有"的人。他为卢作孚之墓题写的也是"公而忘私，为而不有"这八个大字。

第三，梁漱溟与卢作孚都是民国乡村建设的杰出代表。他俩在乡村建设上的想法和做法虽不相同，但有一点却是一致的，那就是乡村建设不仅是乡村改造问题，还是一个国家的问题。他们都想以乡村现代化来带动整

---

① 梁培恕：《谨记先父梁漱溟》，张岩冰编《梁漱溟印象》，学林出版社，1997，第3页。

② 梁培恕：《谨记先父梁漱溟》，张岩冰编《梁漱溟印象》，第9页。

个国家的现代化。有学者认为，梁漱溟"认为乡村建设可以解决中国政治、经济、教育等种种问题，真正将中国带入现代化"，即"以乡村的现代化撬动整个中国的现代化"①。

而卢作孚也是如此认为。他在 1929 年写的《乡村建设》一文中就强调"政治上最后的问题是全国的问题，它的基础却在乡村"，"一个乡村问题放大起来便是国家的问题，乡村地位之重要，就此愈可证明了"。② 1934 年，卢作孚又在《四川嘉陵江三峡的乡村运动》一文中明确表明，他的乡村建设目的"是要赶快将这一个国家现代化起来，所以我们的要求是要赶快将这一个乡村现代化起来"③。以乡村现代化推动国家现代化，梁漱溟与卢作孚的想法是完全一致的。

第四，梁漱溟一贯认为人的一生要立大志，做大事，而不是"做大官"。据他的学生回忆，1920 年代，梁漱溟在山东省立第六中学演讲"立志"问题时，就劝勉同学们"要做大事，不要做大官，……只有为人民造福利，才能与世长存"④。新中国建立之初，毛泽东曾提出请梁漱溟参加政府工作，但被梁漱溟婉言谢绝⑤，因为他想的是为国家民族尽力，而不是做大官。

而卢作孚也是一位有大志、事业心极强的人。他创办民生公司，在北碚开展乡村建设，目的是为了发展民族航运业和实现乡村现代化，而绝不是为了升官发财。最典型的一个例子是在 1926 年，民生公司刚刚在合川一座破庙中创办，作为总经理，他的月薪仅 30 元。而此时正出任万县市政督办的四川军阀杨森却聘请卢作孚出任月薪 500 大洋，还有可观的舆马费的万县市政佐办，但卢作孚为了实现自己的大志，宁愿留在合川那座破庙里，也不愿去当那个位高权重、收入丰厚的万县市政佐办。又如 1935年，四川省主席刘湘要卢作孚出任四川省建设厅厅长，卢作孚极不情愿，在刘湘面前软磨硬泡了 16 个小时后不得已勉强答应，但提出以一年为期

① 颜炳罡：《梁漱溟"乡村建设理论"的本质特征及文化意涵》，《2017·勉仁论坛——'教化·礼俗·自力'暨〈乡村建设理论〉出版 80 周年学术研讨会论文集》，2017 年 12 月，第 15—16 页。
② 《乡村建设》，《卢作孚文集》，第 87—88 页。
③ 《四川嘉陵江三峡的乡村运动》，《卢作孚文集》，第 353 页。
④ 王先进：《回忆吾师梁漱溟先生》，张岩冰编《梁漱溟印象》，第 40 页。
⑤ 汪东林：《梁漱溟与毛泽东》，张岩冰编《梁漱溟印象》，第 170 页。

即辞职的要求。

仅举以上四例，就可以看出，梁漱溟和卢作孚确实是在"精神上彼此契合无间"的朋友，正因如此，两人才在心心相印中结下深厚友情，也使梁漱溟对卢作孚产生了极大的敬重和深切的怀念。

应该说，只有在"精神上彼此契合无间"的朋友，才是真正的朋友，而卢作孚和梁漱溟就是这样的朋友。

（原刊《孔子研究》2018 年第 4 期）

从社会运动到学科建设的转向

——试论"私立乡村建设学院"与民国乡建运动

王先明[*]

抗日战争胜利后才创设的"私立乡村建设学院",当时曾引起社会各界的高度关注。蒋梦麟在视察该院时称赞其:"在乡村做的才是真正的治国平天下工作。真是在以天下为己任,中国的问题在乡村,乡村的问题不能住在南京上海去解决。"[①] 就乡村建设运动的历史进程而言,与此前从社会思潮走向社会运动的演进轨迹显然有别,它竟于波澜不惊中别开新局——转向学科建设一途——故亦有人称之为民国时期"新教育的摇篮"[②];或谓"在中国教育史上被认为'学术'的新纪元"[③]。

然而,学术界既有研究对此问题甚少关注。主要研究成果或者集中于乡村建设运动本身以及其对农村社会变迁的深度影响方面[④],或者侧重于乡村建设代表人物思想与实践探讨[⑤];学术研究的热点和焦点更多地集中在关

---

[*] 王先明(1957—),山西屯留人,历史学博士,南开大学历史学院教授、博士生导师,主要从事近代中国乡村史研究。

① 《宝贵的指示和鼓励》,乡村建设学院编纂委员会主编《乡建院刊》第 2 卷第 2 期,1948年,第 4 页。

② 李靖东:《新教育的摇篮——重庆乡村建设学院》,《新教育》第 1 卷第 1 期,1947 年,第 72 页。

③ 梁仲华:《本院创办之旨趣》,《乡建院刊》第 1 卷第 1 期,1947 年,第 1 页。

④ 郑大华:《民国乡村建设运动》,社会科学文献出版社,2000;李国忠:《苏维埃运动、乡村建设运动与中国农村的社会变迁比较》,《赣南师范学院学报》2002 年第 5 期;王先明、李伟中:《20 世纪 30 年代的县政建设运动与乡村社会变迁——以五个县政建设实验县为基本分析样本》,《史学月刊》2003 年第 4 期;张海英:《"县政改革"与乡村建设运动的演进》,《河北师范大学学报》2004 年第 3 期;温铁军:《中国大陆的乡村建设》,《开放时代》2003 年第 2 期。

⑤ 郑大华:《梁漱溟传》,人民出版社,2001;吴相湘:《晏阳初传——为全球乡村改造奋斗六十年》,岳麓书社,2001;〔美〕艾恺:《梁漱溟传》,郑大华译,湖南出版社,1992;马勇:《梁漱溟评传》,安徽人民出版社,1992;朱汉国:《梁漱溟乡村建设研究》,山西教育出版社,1996;熊吕茂:《梁漱溟的文化思想与中国现代化》,湖南教育出版社,2000;贾可卿:《梁漱溟乡村建设实践的文化分析》,《北京大学学报》2003 年第 1 期。

于乡村建设运动和相关人物的历史评价上①。这一境况几乎与乡村建设运动兴起之际的社会评说态势相类似。正如徐秀丽所指出，即使"学术研究回归常态后，当年的两歧评价依然存在，主要观点也似乎并不比当年更为深刻"②。甚至在民国教育史研究视域中，关于"私立乡村建设学院"的研究也几乎付之阙如③。本文在梳理相关档案资料的基础上，拟就私立乡村建设学院与乡村建设运动和新学教育的内在联系加以评析，诚望识者批评指正。

一　历史转向中的乡村建设运动

早期乡村建设的展开各有侧重，或以乡村自治为要，或以乡村自卫为重，或侧重于平民教育，或着力于乡村合作，等等，但在发展演变趋向上最终却落归在社会建设的主导方向上④。"无疑的，中国的乡村建设运动，已形成了现阶段一切社会运动之主潮。"⑤ 真正的乡村教育"如果想如此，非归到乡村建设不可"⑥。所以"私立乡村建设学院"甫一成立，人们已经领悟到它与乡村建设运动密切相关："乡村教育与乡村建设，来路不同，去路则一，二者志趣合一。"⑦ 然而，这一层面上的相关也只是表象的关联；

①　何建华、于建嵘：《近二十年来民国乡村建设运动研究综述》，《当代世界社会主义问题》2005 年第 3 期。

②　徐秀丽：《民国时期的乡村建设运动》，《安徽史学》2006 年第 4 期。

③　相关研究主要有西南师范大学校史编写组《西南师范大学史稿》（西南师范大学出版社，1990）；乡村建设学院校史研究会等编《中国乡村建设学院在北碚》（西南师范大学出版社，1992）；王超《晏阳初与中国乡村建设学院（1940－1952）》（硕士学位论文，四川师范大学，2013）；谢健《抗战后乡村建设的复兴：中华平民教育促进会华西实验区研究》（硕士学位论文，西南大学，2015）；袁爱雪《乡村建设学院对地方高校的发展启示》（《西部教育发展研究》2011 年第 2 期）；张颖夫《晏阳初"平民教育"理论与实践研究——基于当代中国社会转型期的视角》（博士学位论文，西南大学，2009）；李在全、游海华《抗战时期的乡村建设运动——以平教会为中心的考察》（《抗日战争研究》2008 年第 3 期）；张颖夫、田冬梅《论晏阳初在重庆北碚对大学教育的改革及其当代价值》（《西南大学学报》2012 年第 1 期）。以上研究主要讨论私立乡村建设学院的建立过程以及晏阳初关于高等教育的思想，却未真正论及其与乡村建设运动的内在关系。

④　王先明：《历史转折与时代诉求——对近代中国乡村建设思想的再思考》，《人文杂志》2014 年第 8 期。

⑤　齐植璐：《现阶段中国乡村运动之检讨》，嘉兴县政府合作事业推广委员会编行《农村建设》创刊号，1936 年，第 7 页。

⑥　《梁漱溟先生讲演·自述》，《乡村建设》第 3 卷第 8 期，1935 年 10 月 30 日，第 68 页。

⑦　杨效春：《中国乡村教育运动（续）》，《乡建院刊》第 1 卷第 8 期，1948 年，第 1 页。

只有将其置于乡村建设运动演进轨迹中，在体悟这一社会运动的变动趋向中，我们才能真正洞悉其深层的内在相关性。

就历史演进趋势而言，乡村建设运动经历了几次大的转折和变向。首先，从早期的社会实验到社会运动的形成为其第一次转折。"我国农村运动的历史，可以远溯至一九〇四年米迪刚先生在定县翟城村的'村治'，民国以后山西'模范省'的'村治'，'五四'后的新村运动，平民教育运动及晓庄乡村教师等。一九二五年后，另一政治性质的农民运动的发展，反促了'改良派的农村运动'……就以'民族自救'、'民族改造'的新姿态，广泛地在各处活动起来。"① 事实上，早期的翟城"村治"、河南镇平乃至于浙江萧山的乡村自治等，其基本动力均源于乡村地方领袖或士绅等社会强势力量，尚没有形成相对稳定的社会组织或团体发动的持久性和扩张性作用，以至于它们各自都处于割离型的"孤岛"状态，既少了扩张型社会影响，也没有形成连锁型扩展或递进型的社会运动。② 直到 1929 年以后数年，到"乡村工作讨论会在邹平开第一次集会时，这种团体之参加者有了三十余个"。③ 正是在平教会、山东乡村建设研究院、中华职教社之乡村改进会、华洋义赈会等社会组织的推动下，"始自前清末年之村治"才由村域推展为县域，并迅速扩展，"各省县政建设实验，一时风起云涌，争先恐后，全国乡建实验场所，大小百余处，蔚然壮观"。最终发展成"中国的乡建运动"④。虽然"农村运动的方针和步骤，还是与它们的动机"千差万别，"其主张和办法之复杂，'新旧两派'之分"严重，但是当"各种不同的动机和立场"，"四面八方集中到农村运动"⑤ 后，乡村建设就从彼此隔离分散的"村治"实验扩展为广泛的社会运动了。在全国乡村工作第一次讨论会召开时，梁漱溟就已经明确指出社会组织或社会团体的推动作用，所谓

① 李紫翔：《中国农村运动的理论与实际》，陈翰笙、薛暮桥、冯和法编《解放前的中国农村》第 2 辑，中国展望出版社，1987，第 502 页。

② 王先明：《民国乡村建设运动的历史转向及其原因探析》，《史学月刊》2016 年第 1 期。

③ 李兢西：《参加乡村工作讨论会记》，《乡村建设旬刊》第 4 卷第 10、11 期合刊，第 24 页。

④ 《乡建运动总检讨》，陈侠、傅启群编《傅葆琛教育论著选》，人民教育出版社，1994，第 403 页。

⑤ 李紫翔：《中国农村运动的理论与实际》，千家驹等编《中国乡村建设批判》，新知书局，1936，第 9 页。

"四面八方，皆于不知不觉中"殊途同归走上乡村建设之路。① "那个时期全国搞乡村工作，作乡村建设的人很多，形成一种社会运动。"②

其次，由社会运动转向政府"农政"是乡村建设运动的第二次重大转向。作为社会运动的乡村建设的确得力于社会组织的推动。"社会运动的产生和发展，'公论'是一个很大的助力，因为它可以代表一个时代社会公众的态度与力量，它可以反映时代的要求和潮流，于是它可以启发社会运动，支援社会运动，以达成其'革故鼎新'的目的。"③ 晏阳初强调："乡村运动是民本的，建设是包括科学的技术和内容……已往以至今日下的乡村建设运动还是在研究实验的阶段，如何将研究实验的东西推广出去，决不是私人团体所能为力。"因此，目前需要的是将乡村建设"制度化"，即"现在是需要这一套乡村建设的办法，装入制度里去，大规模的推广出去，这就要从亲民政治的地方自治入手。县政是真正老百姓的政治，现在就该从县政着眼，如何运用县单位制度的机构来运用乡村建设的方案"④。此后，随着政府力量的介入和其主导性的强化，乡村建设运动开始向着政府"农政"方向演变。1935年全国乡村工作第三次讨论会上，乡村建设由社会运动向政府农政的历史转向初露端倪。由社会运动走向政府"农政"的历史转向已然发生。⑤

随着统一抗战的现实需要和战时统制体制的实施，国民政府也加大了对乡村建设运动的统合措施。"国民党政权试图将多种力量、资源整合进体制内，以强化自己执政能力。""甚至平教会的许多重要人物都被网罗进政权中。"⑥ 从而，乡村建设的社会运动终于导入政府行政规范。"现阶段的乡建运动，已由理论而实际；由社会事业变为国家政策。"⑦ 尤其自新县制实施之后，乡建工作遂与县政建设打成一片，完全变成了县单位建设，构成

① 《中国农村建设之路何在——评定县平教会的实验运动》，陈翰笙、薛暮桥、冯和法编《解放前的中国农村》第2辑，中国展望出版社，1987，第416页。
② 吴相湘：《晏阳初传——为全球乡村改造奋斗六十年》，岳麓书社，2001，第387页。
③ 赵守忠：《成见、公论与社会运动》，《乡村院刊》第1卷第9期，1948年，第7页。
④ 《全国乡村工作讨论会第三次大会经过》，乡村工作讨论会编《乡村建设实验》第3集，民国丛书第4编（16），上海书店，1992，第24页。
⑤ 王先明：《民国乡村建设运动的历史转向及其原因探析》，《史学月刊》2016年第1期。
⑥ 李在全、游海华：《抗战时期的乡村建设运动——以平教会为中心的考察》，《抗日战争研究》2008年第3期，第158页。
⑦ 张鉴虞、蓝名诂：《乡村建设的新认识》，《农村经济》第4卷第2期，1937年，第44页。

县政的内容之一。由此，"现时中国的乡建运动已经走上统一的方向"①。"乡村建设是一种有悠久性和根本性，普遍性和远大性的工作，它的性质成为重要的国策，不仅只是一个社会事业，我们应当使它走上政治之路，统制之途。"② 问题在于，由社会运动而折入政府"农政"轨辙的乡村建设，还能保持其持久的活力和发展方向吗？"现在问题就是乡村建设向何处去呢？是一直向着政府方面去呢？或是折回来向着社会去呢？"③ 这是在第二次转折开始时就产生的"歧路"之问。④

"乡建运动，是一个应运而生的社会运动。"⑤ 乡村建设运动兴起之际，人们已经认识到国家、社会与学术力量合作互助的正面意义，即"应有三种力量：（一）学术力量，（二）政治力量，（三）社会力量。没有学术力量，乡建不能发动，不能进行；没有政治力量，乡建不能普遍，不能彻底；没有社会力量，乡建不能巩固，不能持久。学术力量由专家负责，政治力量由政府负责，社会力量由人民负责……这样，专家、政府、人民三方面共同努力，然后乡建才有成功的希望……若这三个条件有一个没有办到，乡建的目的就不能达到"⑥。"歧路"之问是作为社会运动的乡村建设发展的根本性问题，当然也是其领袖们必须面对的现实之困。

梁漱溟当然意识到了社会力量与政府力量之间的博弈关系。他说："乡村建设运动牵涉三个方面，即我们与政府间的问题，我们和乡下人之间的问题，我们自己（乡村运动者）彼此间的问题。""这三个问题要应付得好，而不致自毁前途。"首要一点是，"我们要守定社会运动的立场，绝对不自操政权。这样才能代表社会，唯能代表社会，才能形成一大力量"。⑦ 他认为社会运动才是乡村建设的方向："乡村运动会要形成一个代表中国大社会的力量；待此力量形成，则中国局面决定。那时政府与农民皆被转移过来，往前去完全是坦途了。不过事情总不是容易的。"⑧ 但是全国抗战爆发后，

① 陈侠、傅启群编《傅葆琛教育论著选》，人民教育出版社，1994，第408页。
② 张鉴虞、蓝名诂：《乡村建设的新认识》，《农村经济》第4卷第2期，1937年，第51页。
③ 亦农：《乡村建设到那里去》，《乡村建设》第6卷第7期，1936年，第3页。
④ 王先明：《民国乡村建设运动的历史转向及其原因探析》，《史学月刊》2016年第1期。
⑤ 陈侠、傅启群编《傅葆琛教育论著选》，人民教育出版社，1994，第403页。
⑥ 陈侠、傅启群编《傅葆琛教育论著选》，人民教育出版社，1994，第406页。
⑦ 梁漱溟：《乡村建设理论》，上海人民出版社，2006，第377页。
⑧ 梁漱溟：《乡村建设理论》，上海人民出版社，2006，第377页。

"定县、邹平、无锡等相继沦陷，乡建研究及训练根据地多已丧失……无以为继。此实目下乡建之绝大危机！"① 许多乡建领袖包括梁漱溟等人也撤退四川。梁漱溟从此"没有再搞乡村建设，除参加政治活动外，办了一所中学，目的是使我的朋友在四川有一个落脚的地方"②。而乡村建设运动的另一领袖晏阳初却持之以恒地坚守着乡村建设事业，并努力保持其社会运动方向，为乡村建设的持久发展和深入拓展创造条件。由此，乡村建设运动的转向势在必行。乡村建设学院的创设，可以说标志着乡村建设运动的第三次重大历史性转向："过去的乡建运动成一段落。现在，我们创办中国乡村建设学院，这是乡建运动新阶段的开始。"③

乡村建设的领导者们正是在全民抗战的实践中认识到："中国的力量在农村，在广大农民大众。"④ 战前声势颇隆的"乡村建设派"的思想主张，经历战争的磨砺后影响更加大。抗战期间，中国对外换取各种军需民用物资，对内所有战费的负担、粮食的供应、兵源的补充或扩充亦无不仰仗于农业，倚畀于农民。战后，农业对于国家财政、经济，乃至产业发展、社会安宁，更具有不可忽视的支柱功能。战争本身实证了中国建设的路线选择应该在乡村。梁仲华提出："八年的抗战，更提出了有力的事证。抗战时，出粮当兵，前方流血者，后方流汗者，大都是农民……同时抗战期间，沿海各大都市，全遭敌人破坏了，胜利后，正应积极建设乡村，以便在中国广大领土内生了根的乡村建设中，去重建新中国。"⑤

"凡是一种运动，自身要有远大悠久普遍根本的意义，然后这种运动，才有继长增高进展扩大日新不已的动力；否则要犯'其兴也勃，其亡也忽'的毛病。"⑥ 实际上在全民抗战爆发之际，晏阳初已经致力于战时民众动员与乡建事业的密切配合，并开始为乡建运动的持久赓续进行谋划。他提出："必须不断地加以研究，加以深刻而彻底的学修工夫，同时尤须作育此道之

---

① 《中国乡建运动的重心》（1938），宋恩荣编《晏阳初全集》第 2 卷，天津教育出版社，2013，第 89 页。
② 梁漱溟：《乡村建设理论》，上海人民出版社，2006，第 308 页。
③ 《实习区的意义》（1940 年 1 月 11 日），《晏阳初全集》第 2 卷，第 128 页。
④ 《致中国乡村建设育才院全体师生》（1944 年），《晏阳初全集》第 3 卷，第 630 页。
⑤ 梁仲华：《"志""欲"之辨》，《乡建院刊》第 1 卷第 2 期，1947 年 11 月 5 日，第 1 页。
⑥ 晏阳初：《农村运动的使命》，中华平民教育促进会，京城印书局，1935，第 1 页。

领袖人才，增殖门人及同志，庶使乡建事业'质'与'量'皆臻于高峰!"① 从根本上避免乡村建设事业"兴勃亡忽"的困窘，首在于创建乡建人才培育的制度性机制，终使其获得源源不断的动力。"我坚信，我们创建一个中心机构以致力于造就中国乡村新一代的领导人。"② 因此，将这一持续既久的社会运动导向学科建设方向以做久远之图，就成为战时及战后乡村建设运动的重大历史转折。"为完满实现上述之理想起见，吾人需设置一较永恒的、独立的、不受时潮起伏影响的达能固坚实的学术机关，以为学问及人才之渊泉。"③ 对此，晏阳初充满自信和期许："本院是造就乡村建设人才的唯一学府，对乡村，对大局都负有非常重大的任务。……今天乡村建设远重于从前，我们应该加倍努力。"④

二　架构高等教育与乡村建设的桥梁

历经"村治"等区域性社会实验后，在"民族自救""民族再造"或"农村复兴""民族复兴"的旗帜下，乡村建设扩展为广泛的社会运动。⑤ "时贤对于乡建工作见解似乎并不一致：有的重视政治，有的偏向民众自卫，有的高唱惟有教育可以救国，有的特别强调农业。这些都甚重要，但乡村建设不是任何一面可以单独解决的，而是联锁进行的全面的建设。"⑥ 单就乡村教育与乡村运动关系而言，二者的历史关联可谓与生俱来，如影相随。乡村建设兴起伊始，"注重二件事：一为教育，一为劝农。"⑦ "全国上下似乎有一种共同的觉悟，就是要救济中国，必先救济中国的乡村，要建设中国，必先建设中国的乡村"，而在政治、经济、教育三种建设之中，"教育是这三种建设连锁的工具，而且又是各种乡村事业的中心事业"⑧。近

---

① 《中国乡建运动的重心》(1938)，《晏阳初全集》第 2 卷，第 89 页。
② 《致金淑英》(1939 年 11 月 10 日)，《晏阳初全集》第 3 卷，第 606 页。
③ 《中国乡建运动的重心》(1938)，《晏阳初全集》第 2 卷，第 89 页。
④ 晏阳初：《目前乡村建设的重要性》，《乡建院刊》第 2 卷第 2 期，1948 年 12 月 5 日，第 2 页。
⑤ 李紫翔：《中国农村运动的理论与实际》，千家驹等编《中国乡村建设批判》，新知书局，1936，第 1 页。
⑥ 晏阳初：《开发民力建设乡村》，《乡建院刊》第 1 卷第 10 期，1948 年 8 月 31 日，第 2 页。
⑦ 《中国农村建设运动的总检讨》，方悴农：《农村建设实施纪》，大华书局，1935，第 121 页。
⑧ 傅葆琛：《乡村运动中之乡村教育》，陈侠、傅启群编《傅葆琛教育论著选》，人民教育出版社，1994，第 303、307 页。

数十年来"乡村逐渐而加速的破坏","乡村要求建设",而乡村建设要求村民"自动",不能专靠"代动"。训练培养乡村的自动的力量不能不做教育的工夫。乡村教育运动或者直接发展为乡村建设运动①,或者"乡村建设与民众教育之合流,乃是必然的倾向"②。但从近代中国教育制度的变革进程看,新教育的基本取向却与乡村社会颇多疏离——这是乡村建设运动发起者或领导者们比较一致的立场。

近代以来,中国处于危急之秋,"国人未尝不忙,忙学东洋,忙学西洋,忙办这样,忙办那样,结果怎样?没有把根本问题认清,瞎忙了几十年"。③ 因为我们未能完成"民族再造的使命"。晏阳初认为,"要实现'民族再造'的使命,最有效的方法,莫若'教育'"。但是关键在于"要怎样的教育?"④ 晚清以来新式教育体制及其教育内容,从根本上脱离了中国社会实际,晏阳初认为此为近代中国发展路向选择中的最大错误。"中国近几十年来教育上最大的错误,在一切制度方法材料多半从东西洋抄袭来的,那工商业发达国家的都市人的教育,如何能适合犹滞在农业时代的中国社会的需要?"⑤ 尤其对于"以农为本"的中国而言,农村的青年"未入学校以前,尚能帮助他的父母",助力农耕,"不失为一个生产者",可是一旦入了学校,受了一些都市文明的教育,他简直变成一个在乡间不安,到都市无能,不文不武的无业游民"⑥。当然,固守于中国传统的教育也不能适应时代的需求,如此"与民族生活不相干,只能造成三家村的乡学究"⑦。因此,如何从教育体制上实现改造,确立新的发展方向,以解决现实中国既"事事求不到人"又"人人求不到事"的矛盾,必须"将研究实验、训练人才和表证推广三个步骤统合进行"⑧,从而将具有社会运动性质的乡村建设适度导向学科建设方向。因而,"私立乡村建设学院"的创建,不仅仅是乡村建设运动本身的需要,也蕴含着新式教育制度发展取向的调适,在一定

---

① 陈侠、傅启群编《傅葆琛教育论著选》,"本卷前言",第9页。
② 瞿菊农:《中国乡村教育运动》,《乡建院刊》第1卷第7期,1948年4月15日,第1页。
③ 晏阳初:《农村运动的使命》,中华平民教育促进会,京城印书局,1935,第6页。
④ 晏阳初:《农村运动的使命》,第7页。
⑤ 晏阳初:《农村运动的使命》,第11页。
⑥ 晏阳初:《农村运动的使命》,第12页。
⑦ 晏阳初:《农村运动的使命》,第8页。
⑧ 《湘赣川乡建工作的现状和任务》(1939年4月12日),《晏阳初全集》第2卷,第109页。

意义上彰显了乡土中国社会现实的内在需求。

早在 1933 年 7 月，国民政府正式核定各省设立实验县办法后，乡建领袖们已经体察到政府力量的进入将导致其社会运动方向的改变："当年年底全国计有五个实验县。南方二县是由上而下，利用行政力量推动。北方三县纯以社会力量由下向上推动，不重形式、不求速效。"① 虽然从参与乡村建设的团体组织数量上看，源于社会组织的力量仍然居于多数②，但从实际效应上看，政府主导的乡村建设实验区的成效和影响更为突出。乡村建设领袖们的忧虑不无道理："社会力量数量上略占优势，却难以主导方向。"③ 因而，在 1934 年 10 月乡村工作讨论会第二次集会上，关于乡村建设的"人才训练"开始"获得若干公认结论"：一是乡村建设人才应分为间接人才与直接人才，包括行政与技术二类；二是除普通科目外应设置农村调查学、农村社会学、农民心理学等学理性科目；三是训练人才不以资格为重，不注意教育制度的地位如何。"乡村工作人员应有牺牲的精神与宗教家的信仰。"④ 只有通过乡村建设专门人才的培养才可能保证乡村建设社会运动的方向。

这一关乎乡村建设人才的培养规划，在晏阳初、傅葆琛等人努力下不断推进，并逐步导向制度建设方向。其一，1936 年春，平教会的陈筑山到广西，在李宗仁支持下成立"设计委员会"。此设计委员会通过改组广西大学，"使其在全省建设计划工作进行时更能发挥有效率的配合"⑤。1936 年 10 月，晏阳初筹备多时的农村建设育才院在定县正式开学（在这以前二、

---

① 吴相湘：《晏阳初传——为全球乡村改造奋斗六十年》，岳麓书社，2001，第 240 页。

② 第一次乡建会议：政府代表 12 人、教育机关代表 18 人、社会团体组织代表 30 人、其他代表 2 人；第二次乡建会议：政府代表 25 人、教育机关代表 45 人、社会团体组织代表 72 人、其他代表 2 人；第三次乡建会议：政府代表 28 人、教育机关代表 79 人、社会团体组织代表 45 人、其他代表 4 人。据《乡村工作讨论会到会人员一览表》，王伯平、宋乐颜等：《乡村工作讨论会纪略》，《乡村建设》第 3 卷第 1 期，第 3—6 页，《乡建工作讨论会第二次集会记》，《乡村建设》第 4 卷第 9 期，第 10 页，《全国乡村工作讨论会第三次大会经过》，乡村工作讨论会编《乡村建设实验》第 3 集，民国丛书第 4 编（16），上海书店，1992，第 3—15 页，李紫翔：《"乡村建设"运动的评价》（1935 年 7 月），陈翰笙、薛暮桥、冯和法合编《解放前的中国农村》第 2 辑，中国展望出版社，1987，第 495 页之数据综合而成。

③ 《湘赣川乡建工作的现状和任务》（1939 年 4 月 12 日），《晏阳初全集》第 2 卷，第 109 页。

④ 吴相湘：《晏阳初传——为全球乡村改造奋斗六十年》，岳麓书社，2001，第 243 页。

⑤ 吴相湘：《晏阳初传——为全球乡村改造奋斗六十年》，第 281 页。

三月，长沙、成都两中心也宣告成立），以落实"内容、方法、人才三者是相倚为用、不能或缺的联锁"[1] 式乡村建设人才的培育。其二，在正规高等教育体制内，创设乡村建设人才培养机制。1939 年，傅葆琛[2]出任华西大学教授兼文学院院长后，力主创设了乡村教育系，并经过数年努力于 1944 年夏"奉教育部令改为乡村建设系"，以"为中国储备乡建人才、研究乡建学术、实验乡建方法、提倡乡建事业、推动乡建工作、编刊乡建读物、供给乡建方法"[3]。

将乡村建设内容纳入高等教育体制，是近代中国教育学科建设中的一项创举。乡村建设运动展开后，乡建领袖们曾向政府竭力呼吁："乡村建设工作是多方面的，凡与人民生活有关的无不包括在内……关键之所在，那就是：建乡须先建民。"[4] 但要在新教育体制中设置乡村建设科目，仍然经历了一个艰难的历程。1928 年 5 月，第一次全国教育会议所产生的决议案中，就有提倡乡村教育设立乡村师范案。1935 年 3 月，教育部颁布乡师及建议师范课程标准，从此为培养乡村教育与建设人才的教育学科开始逐步由理想转换为现实。从 1927 年到 1937 年的十年间，全国共有 50 余处乡村师范学校，但这些师范学校还只是停留在对乡村教师的训练层面。

1934 年燕京大学成立农村建设科，把社会、经济、政治、教育、化学、生物等系所有关于农村的研究和工作集中起来，各系通力合作以了解、救济中国农村和促进农村建设。但这是高校内设的一个专门管理乡村建设的机构，并非一个学科设置。在近代中国教育体系中，尤其是在高等教育体系中，华西大学的乡村建设系确为"全国公私立大学惟一之系。因系创设，尚无部定课程标准可以遵循"[5]。因此，无论对于乡村建设运动还是对于近代教育制度建设而言，"这一世界所无、历史未有、听起来非常陌生的华大乡建系，实具有充分的创造性"。它将使建设与教育合而为一，"它将使乡

---

① 吴相湘：《晏阳初传——为全球乡村改造奋斗六十年》，第 279 页。
② 傅葆琛是"平教总会"初创时，乡村教育部主任，"定县实验"的开路先锋。
③ 傅葆琛：《华西大学乡村建设系概况》，《华西乡建》创刊号，1947 年 1 月，转自《傅葆琛教育论著选》，附录三，第 423 页。
④ 《开发民力建设乡村》，《晏阳初全集》第 2 卷，第 341 页。
⑤ 吴相湘：《晏阳初传——为全球乡村改造奋斗六十年》，第 423 页。

村建设作为大学教育的广泛的内容，它将使大学生的研究实验工作与新中国的建设工作密切扣合起来，以求得社会的改造，文化的复兴"，"实为今后大学教育开出一光辉灿烂之远景。"①

但是，华大的乡村建设系仅仅是一个系科。在整个高等教育的人才培养学科体系中，它占有的分量和地位极为有限，远不能适应整个乡村建设对人才的需求。尤其是抗战胜利后，国家建设成为时代主题，以晏阳初为代表的乡建派又力主乡村建设乃国家建设之根本。一方面，"抗战建国，我们的凭借，究竟在哪里"。实践证明，"我们的决胜点，不在城市，而在广大的乡村"②。另一方面，抗战胜利的结果恰恰是"这百分之八十五的乡村生产大众，已经把中国高举为五强之一"。因而胜利后，"正应积极建设乡村，以便在中国广大领土内生了根的乡村建设中，去重建新的中国"③。故而，乡村建设专门人才的培养，亟需创立一所专门的高等教育学校。它是"建设大学教育与乡村建设的桥梁"，是将乡村建设与高等教育有机融合的新式学校，即"采用所谓'即讲，即学，即习，即能'的教育程序，使知识与工作打成一片。使大学从图书实验室与课堂里下乡去"④。因此，"乡村建设学院，非办不可"⑤。这是为"明天的新中国打下基础"⑥ 的具有战略意义的长远谋划。

三　学术新纪元：从"育才院"到独立学院

"中国高等教育最严重的失败，在盲目模仿西洋大学，极少顾及中国本身文化背景或中国人生活的需要。尤其以书本作教学主要凭借，以致毕业学生大多学不适用，而国内各种事业人材缺乏。"⑦ 将社会实验与学术研究、

---

① 马秋帆：《〈华西乡建〉创刊旨趣》（《华西乡建》创刊号），转自吴相湘《晏阳初传——为全球乡村改造奋斗六十年》，第 336 页。
② 《抗战建国的基本问题》（1939 年 4 月 10 日）《晏阳初全集》第 2 卷，第 101—103 页。
③ 《"志""欲"之辨——民国卅六年九月廿二日周会讲词节要》，《乡建院刊》第 1 卷第 2 期，1947 年 11 月 5 日，第 1 页。
④ 季纪生：《论乡村社区生产合作》，《乡建院刊》第 1 卷第 5 期，1948 年 1 月 15 日，第 12 页。
⑤ 《湘赣川乡建工作的现状和任务》（1939 年 4 月 12 日），《晏阳初全集》第 2 卷，第 109 页。
⑥ 《致布德罗》（1939 年 5 月 20 日），《晏阳初全集》第 3 卷，第 598 页。
⑦ 吴相湘：《晏阳初传——为全球乡村改造奋斗六十年》，第 375 页。

实践经验与学理探索、社会建设与学科建设完整地统一起来，是晏阳初创建"乡村建设学院"的目标。自 1933 年开始，连续召开的三次全国乡村建设工作讨论会将乡村建设运动逐步推向了高潮。晏阳初发现，乡建工作专门人才的缺乏是制约乡村建设运动深入发展的瓶颈，这将最终导致这一社会运动的昙花一现。① 乡建人才的来源，一方面依靠招募有研究、实践经验的专门人才；一方面则是训练青年人士。② 而训练人才又有缓急之分，当时全国大多数相关团体及实验区都是创立短期的人才训练机构。这种举措或能解燃眉之急，但不能从根本上解决乡建人才短缺的问题。③

乡建人才，是指具有专门学识和实践经验的领袖型人才。④ 当时高等学校毕业学生的能力，与社会实际要求脱节，造成一方面大学毕业生没有合适的地方发挥作用，另一方面这些学生没有经过合适的训练，不能胜任乡村工作，乡村建设事业难以真正开展。为此，平教会"本历年的宗旨，应现时的需要"决定于 1935 年 7 月开始筹划在定县创办"农村建设育才院"⑤。晏阳初提出："一切力求配合国情。院内四系且相互联系：社会系应认识问题，为乡村工作开其端；农业与水利两系应针对人民需要，展开建设工作，力求致其用；乡村教育系研究推动致用技术，用以总其成。各系分工合作，同归于乡村改造。全部教学都谨守理论与实际结合一体的最高原则而进行。"⑥ 该院招大学毕业生为研究生，分别实施学术的和实践的训练。农村建设育才院的办理是平教会兴办大学教育、促进乡村建设学术化探索的开始。

1936 年 10 月 12 日，农村建设育才院在定县正式开学。根据筹备时的计划，首次预备招收人数为 60 人，但受限于报考人数和质量保证要求，开学时第一批到定县的实际人数只有 13 人，且主要来自湖南。在随后的几个月中，又相继有 20 余名学生（以来自四川的学生为主）前来学习。⑦ 1937

---

① 《农村建设育才院的捐启稿》，《晏阳初全集》第 1 卷，天津教育出版社，2013，第 424 页。
② 《对育才院研习生训话纪要》，《晏阳初全集》第 2 卷，天津教育出版社，2013，第 2 页。
③ 《中华平民教育促进会农村建设育才院缘起》，《民间》第 2 卷第 4 期。
④ 《农村建设育才院的捐启稿》，《晏阳初全集》第 1 卷，第 425 页。
⑤ 《中华平民教育促进会农村建设育才院缘起》，《民间》第 2 卷第 4 期。
⑥ 吴相湘：《晏阳初传——为全球乡村改造奋斗六十年》，第 375 页。
⑦ 《农村建设育才院开学》，《民间》第 3 卷第 12 期；《育才院学生继续到定》，《民间》第 3 卷第 13、15 期。

年 7 月之后，由于抗日战争的全面爆发，平教会在华北地区的工作基本停止，农村建设育才院的工作也基本中断。

随着华北局势的日益紧张，1936 年 6 月平教会设办事处于长沙，计划在华中、华西推广定县实验成果并筹备南迁事宜。^① 次月，衡山实验县举行成立大会，衡山县也就成了平教会以定县的经验作为表征实验的第一个县。^② 为训练乡建人才，湖南省成立了衡山乡村师范学校，于 1936 年 10 月 1 日正式开学，学校培养的目标是"以培养乡村小学师资及农村改造、民众教育实施人才"。在招生要求上主张要"初中毕业，熟悉乡村情形及农民生活，志愿终生在乡村服务，身体强健能吃苦耐劳"^③。第一期开学时人数为 98 人，分别来自湖南省的 46 个县。定县和衡山县两处学校开办时间大致相当，工作中心都是训练乡村建设人才，并着力探索乡村建设运动与大学教育相结合的新路径。

抗战爆发后，晏阳初和平教会的高级成员分散四处。在战时体制下，如何有效地完成抗战救亡与乡村动员，成为乡村建设运动的重中之重，因而乡村工作人才需求及其训练更为紧迫。此时，成立于 1936 年 4 月的"华北农村建设协进会"迁渝后改组扩大为"中国农村建设协进会"，晏阳初被推举为理事会主席，梁漱溟等为理事。为保证乡村建设人才的"力源"，晏阳初、梁漱溟等在长沙集会，联合各地从事乡建的同人，积极筹设中国乡村建设学院，研究乡建整套学术，以开创诚朴仁勇之学风为目标。^④ 此项提议于 1939 年 3 月通过后，协进会决定设筹备委员会而付诸实施。^⑤ 筹备委员会于 1939 年 6 月 1 日开始办公，并指定瞿菊农、谢扶雅、陈志潜、陈行可、马博厂、姚石庵为筹备委员会常务委员（瞿菊农兼办事处主任并负责常务委员会事务）。^⑥ 为争取社会各界支持和联络师资人才，晏阳初又组织

---

① 《中华平民教育促进会成立经过、组织情形、工作计划、经费收支概况、会员名单》，档案号：0089 - 0001 - 00007，重庆市档案馆藏。
② 吴相湘：《晏阳初传——为全球乡村改造奋斗六十年》，第 285 页。
③ 《一个新型的学校——湖南省立衡山乡村师范学校参观后的感想》，《民间》第 3 卷第 16 期。
④ 《中华平民教育促进会筹设中国乡村建设学院》，《申报》1938 年 12 月 3 日，第 8 页。
⑤ 筹备委员会由晏阳初负责，主要从事购地、修建学院等事务，并在重庆市内设立通讯处和在郊区设立筹备处。筹备委员会除晏阳初任主任委员外，还有瞿菊农、谢扶雅、陈志潜、孙则让等长期从事乡村建设的 16 人任委员。
⑥ 《筹备中国乡村建设学院的意见》，《晏阳初全集》第 2 卷，天津教育出版社，2013，第 197 页。

成立了"私立中国乡村建设育才院董事会",以张群为董事长,蒋梦麟、翁文灏、甘乃光、蒋廷黻、康心如、何廉、黄炎培、卢作孚、梁漱溟等 19 人为委员;设董事会书记 1 人,由晏阳初担任;会计 1 人,由卢作孚担任。[①] 董事会的卢作孚、张群、张治中等积极劝募捐款,共筹集国币 38.8 万元。其中蒋介石捐款 10 万元用作购买学院院址,其余为后方各省政府捐助。除董事会募集的经费外,美国洛克菲勒基金会也资助了 17.6 万元。

但由于大学教育科目中未曾有"乡村教育"专业,主管审查的人员始终以"于法无据"为由,拒绝备案。在晏阳初的多方活动和力争下,乡建学院的筹划幸得教育部长陈立夫和高等教育司长吴俊升的支持,经数次会议和辩论后才被批准为初级学院(设立乡村教育、农村经济两个专修科),于 1940 年 7 月以"私立中国乡村建设育才院"为名在教育部备案,并于同年 10 月 28 日正式在巴县的歇马场开学。[②] "育才院"首次招收 8 名大学毕业生为研究生,学制 2 年。1941 年,教育部又批准设立了水利、社会两个专修科。[③]

"私立中国乡村建设育才院"成立于战时,其"经费、师资、设备都欠充足,必须扩充一切,才能成为第一流的乡村人才训练所"。为此,晏阳初曾几度赴美,组织"平民教育运动中美委员会"进行募捐并访求热心的优秀教师、购置图书仪器设备等,以期早日完成扩充"育才院"的计划,有效率地培养较多的乡村工作人员。[④] 他积极物色留美优秀回国人才,还聘请美国专家组织图书馆顾问委员会,由哥伦比亚大学师范学院教授 Dr. Edmunddes. Brunner 主持,选购各种适当的新书期刊,充实乡村建设学院教师学生的精神食粮。[⑤] 为适应战后国家建设的急切需求,晏阳初甚至提出将"乡村建设学院"扩充为平民大学,拟设置四个学院(1. 平民教育学院;2. 平民生计学院;3. 平民卫生学院;4. 平民政府学院)。一则为储备平民教育及社会与经济建设各种特殊服务人才,以供中国以及其他国家的需要;

---

① 西南师范大学校史编写组:《西南师范大学校史稿》,西南师范大学出版社,1990,第 302 页。
② 《致 M. C. 鲍尔弗》,《晏阳初全集》第 4 卷,天津教育出版社,2013,第 571—572 页。
③ 《私立乡村建设学院简明材料》,档案号:0089 - 0001 - 00053,重庆市档案馆藏。
④ 吴相湘:《晏阳初传——为全球乡村改造奋斗六十年》,第 354 页。
⑤ 吴相湘:《晏阳初传——为全球乡村改造奋斗六十年》,第 368 页。

二则协助发展学生之间国际合作与世界联合的精神。[1] 1945 年 1 月 18 日，晏以中国战后建设问题函复新任代理行政院院长兼外交部部长宋子文谓："民国成立已逾三十年，全国至少仍有百分之七十人民是文盲，实在是一耻辱。"[2] 1945 年 5 月 25 日，乡村建设育才院董事会召开，会议决定将育才院扩充为乡村建设学院。同年 8 月，此议终获教育部批准，正式更名为"私立乡村建设学院"，设乡村教育、社会、农学、农田水利四系，并筹备设立乡村卫生系。[3]

无论从教育制度建设还是教学内容建设上看，"私立乡村建设学院"的成立都是"中国教育史上划时代的一桩事"。中国过去"是不把乡村建设纳于正规教育，当做正规教育看的；现在国家正式承认乡村建设是国家正规教育中高等教育之一部门"[4]。由此，这一新型高等学院的成立，"是'乡村建设'在中国教育史上被认为'学术'的新纪元"[5]。

四 体制创新：乡建学院的时代特色

如果仅仅着眼于近代教育或高等教育体系的建设，增加一所私立的独立学院本无足轻重。"仅从名称上看，乡村建设学院所设四系即社会、乡村教育、农学、农田水利，其他大学也有，真可谓'有之不多，无之不少'。"[6] 但是，私立乡村建设学院却又完全不同于一般高校，它"要学生求得从事实地乡村建设的'学''术'，决不是'办之不多，不办不少'"的学院。其主旨在于摆脱当时在大学设置或办学方向上的"恩足以及禽兽，而功不至于百姓"的误区，扭转所谓"宁去研究金鱼，不屑研究蝗虫"[7] 的

① 吴相湘：《晏阳初传——为全球乡村改造奋斗六十年》，第 365 页。

② 吴相湘：《晏阳初传——为全球乡村改造奋斗六十年》，第 353 页。

③ 《中华平民教育促进会工作简述》，档案号：0089 - 0001 - 00065，重庆市档案馆藏。

④ 《在中国乡村建设学院纪念周上的报告》（1946 年 5 月 13 日），《晏阳初全集》第 2 卷，第 249—250 页。

⑤ 梁仲华：《本院创办之旨趣》（民国三十六年九月十七日对全体师生讲）（代发刊词），《乡建院刊》第 1 卷第 1 期，1947 年 10 月 15 日，第 1 页。

⑥ 梁仲华：《本院创办之旨趣》（民国三十六年九月十七日对全体师生讲）（代发刊词），《乡建院刊》第 1 卷第 1 期，1947 年 10 月 15 日，第 2 页。

⑦ 梁仲华：《本院创办之旨趣》（民国三十六年九月十七日对全体师生讲）（代发刊词），《乡建院刊》第 1 卷第 1 期，1947 年 10 月 15 日，第 2 页。

学科导向。某种意义上而言，它是对现有大学教育学科建构方向的反叛。

晏阳初认为必须一改当前的大学教育体制。首先要改变的是师资力量，教师招聘不能东拼西凑，要整批地训练，要自己培养。[①] 其次教育精神上应树立诚朴仁勇的学风；发扬传统的讲学精神，重视师生互动；注重学术与行动融合为一。[②] 其三是改造教学方法，重实践，鼓励下乡找材料、发现问题，"技术不妨是西洋的，材料则必须在国内找"[③]。乡建学院与一般大学的理念和精神不同：一般大学"肩负着文化传播的使命"[④]，在学校里"所讨论的，大都是理论方面的知识，是属于理想的……不是现实，结果造成教育与社会脱节的现象"[⑤]。晏阳初力主将乡建学院办成一所"有崭新的内容，有前进的创造，以为领导社会之先锋，屹立一革命的新兴大学"；[⑥] 一个以现实社会为"它的实习场所"的"开门的学校"[⑦]。它突出六大教育目标：一、劳动者的体力。二、专门家的智能。三、教育家的态度。四、科学家的头脑。五、创造者的气魄。六、宗教家的精神。[⑧] 其主旨是为战后大规模的建设事业储备人才。"建国是一个艰巨的工作，必须有大批人才。乡建学院就是为培育建国人才而创立。"[⑨] 学院院址不设于都市而设于乡村，即是从乡村社会生活实际中，"用科学方法，求得真理"。它坚持摒弃两个"理障"：其一是"六经注我"的治学方法，"全盘西化"的国是主张。其二是"学派"，主张无偏见、超越党派的学术立场，甚至连"学派"这一名词也不能让它存在心中。[⑩]

---

① 《把乡建院办成一个革命性的大学》，《晏阳初全集》第 2 卷，第 204 页。

② 《中国乡村建设学院学术纲领》，乡村建设学院校史研究会等编《中国乡村建设学院在北碚》，西南师范大学出版社，1992，第 18 页。

③ 《农民抗战与平民教育运动之溯源》，《晏阳初全集》第 2 卷，第 57—58 页。

④ 志平：《略谈本院学程之研习》，《乡建院刊》第 1 卷第 10 期，第 9 页。

⑤ 《理想与现实——教育部唐督学惜分对本院全体师生讲》，《乡建院刊》第 1 卷第 6 期，1948 年 3 月 10 日，第 1 页。

⑥ 《中国乡建运动的重心》（1938 年），《晏阳初全集》第 2 卷，第 90 页。

⑦ 《乡建工作中"作之师"与"作之君"的关系》（1939 年 6 月 18 日），《晏阳初全集》第 2 卷，第 115 页。

⑧ 梁仲华：《本院创办之旨趣》（民国三十六年九月十七日对全体师生讲）（代发刊词），《乡建院刊》第 1 卷第 1 期，1947 年 10 月 15 日，第 4—6 页。

⑨ 《把乡建学院办成一个革命性的大学》（1939 年 7 月 5 日），《晏阳初全集》第 2 卷，第 119 页。

⑩ 梁仲华：《本院创办之旨趣》（民国三十六年九月十七日对全体师生讲）（代发刊词），《乡建院刊》第 1 卷第 1 期，1947 年 10 月 15 日，第 3 页。

尤其是它的"研习"体制具有鲜明特色——这是与一般大学完全不同的教程制度。时人对当时民国之教育颇多诟病，莫不以不切实际、学非所用为词。"中国社会的历史发展与国际文化的现存内容失调脱节，固是原因，但缺截学程研习的完整体式，忽视'习''能'，也是主要症结。"所谓"'熟读王叔和，不如临症多'应是从事教育工作者的警语"。乡村建设学院务求各系学程应以乡村建设为总目标："建设不是空谈，必须在现实社会中绘其图式，寻其作法。"① 在"社会实验室"中厘定其学程，建立研与习辩证交融的学科教育程式。"我们应该以'讲、学、习、能'的学程研习体制，在社会实践中，以发现问题，研究问题，解决问题的方式，去开辟教育的新途向。"② 乡建学院所立文、教、农、工四学院的四个学系，都有它分年应习的课程；除在教学上讨论一些理论方面的知识外，"习""能"的培养训练构成研习学程的主体内容。"理想的学术研习，必须完成这四个阶段，不能有所偏重。"③

"'研习'是'即讲、即学、即习、即能'的一贯教育活动体式的缩称，它与一般学校的教学不同，与一般学校的实习不同。'研习'是教学与实习无分界际无分轩轾的总称。"在整个民国高等教育体系中，这一学程体式是独一无二的。"'研习'一词，目前成了本院学风的一个特有名词。"④ 为此，学院专设"研习指导部"作为推动各系有关"研习"工作的机构，并形成系统的运作模式（见图1）。

这一"学程体式"真正体现了乡村建设学院独具的价值和特色。首先，"我们的'乡村建设'是要从根本上去发现问题，解决问题，仔细诊脉，审慎处方，我们需要湛深的学理，来帮助我们认病候……我们的'学院'既号称'乡村建设'，那么我们所要求的学是有用之学，不要'高头讲章'，更不要'标语口号'，我们要论病知源，更要对症下药"。⑤ 其次，"本院既

---

① 志平：《略谈本院学程之研习》，《乡建院刊》第1卷第10期，第9页。
② 李纪生：《我对本院"研习制度"的意见》，《乡建院刊》第1卷第10期，1948年8月31日，第12页。
③ 赵作雄：《本刊的回顾和前瞻》，《乡建院刊》第2卷第1期，第3页。
④ 《"志""欲"之辨——民国卅六年九月廿二日周会讲词节要》，《乡建院刊》第1卷第2期，第3页。
⑤ 《我们如何学》（陈行可讲，晏升东笔记），《乡建院刊》第1卷第2期，1947年12月25日，第5页。

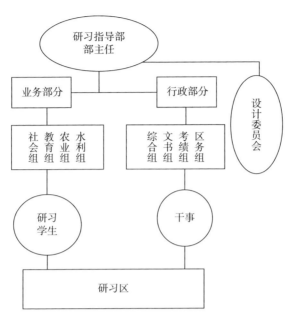

图1　研习指导部架构

名学院，当然要研究高深学术，又冠名乡村建设，当然又要适应乡村建设的需要，所以对乡村建设的纯理的'学'与致用的'术'都要研究"。① 从而使"知识与工作打成一片，使大学从图书实验室与课堂里下乡去"②。

当然，乡村建设学院的管理体制也是独特的。"一个突出的特色，是学校自治的实践。"③ 学院融教育与自治为一体，以"四自教育"（即自习、自治、自给、自主）实施管理制度创新。"在其他学院里一般的规律是加强统治和严格管理；但是在我们的学院中，我们正在学生中间建立一种绝对自治的管理方式……如果我们不能在学院里培养民主力量与实际应用，我们还能在其他什么地方来推行民主呢？"④ 尤其是在各大学普遍设立训导处以强化"党统"教育时，乡村建设学院却完全"废除训导处，而代之以学生自治会。让学生自己自由地选举他们的领袖"。通常以几名教员作为学生

---

①　《我们如何学》（陈行可讲，晏升东笔记），《乡建院刊》第1卷第2期，1947年12月25日，第3页。

②　季纪生：《论乡村社区生产合作》，《乡建院刊》第1卷第5期，1948年1月15，第12页。

③　《抗战以来的平民教育》（1948年4月14日），《晏阳初全集》第2卷，第325页。

④　《致汤静怡》（1947年1月4日），《晏阳初全集》第3卷，第705页。

的辅导员（而"这些教员也是学生自己选举的"），借以"培养和训练青年引导文盲大众走向民主形式的政府自治道路"[①]。"更为有效地形成一种新的精神和新的学院气氛，尽管遍及全国的许多教育机构存在着几乎全面的道德崩溃。"[②] 在创立五年之际，这所"私立乡村建设学院"即在"学术自由"、"研习体制"和"自治管理"多方面特放异彩。无论是从乡村建设运动角度还是从近代教育历史取向上而言，它都有值得深入探讨的价值和意义。

（原刊《安徽史学》2018 年第 2 期）

---

① 《抗战以来的平民教育》（1948 年 4 月 14 日），《晏阳初全集》第 2 卷，第 326 页。
② 《致汤静怡》（1947 年 1 月 4 日），《晏阳初全集》第 3 卷，第 705 页。

社会构造与乡村建设

——20 世纪二三十年代陶希圣的乡村建设思想

魏本权[*]

20 世纪二三十年代以中国社会史研究和创办《食货》杂志而闻名的学者陶希圣（1899－1988），以独有的思想视角和有别于政界官员的思维方式，将问题视角深入中国社会构造的内部，缕析乡村问题的历史源头、乡村建设的现实之道，探寻民族国家的未来复兴。陶希圣在对中国传统社会性质、社会构造、社会关系的历史研究中，披荆斩棘、探赜索隐，思考着社会改造、经济复兴、中国问题的解决之道，有关乡村建设的思想主张就深潜于他的社会改造与变革思想之中。

一 陶希圣乡村建设思想的理论基石

在 20 世纪二三十年代之交的中国社会性质与社会史论战中，陶希圣在中国社会性质、社会构造、革命理论等论题上，以历史的、社会的、唯物的观点观察中国社会，将"解剖中国社会"和"中国社会史的决算"作为认识和解决中国问题的前提。陶希圣强调，"要扫除论争（中国革命问题论争——引者注）上的疑难，必须把中国社会加以解剖；而解剖中国社会，又必须把中国社会史作一决算"[①]，而中国社会史的决算尤以两点为中心："第一，中国社会是封建社会，还是资本主义社会？第二，帝国主义势力的

---

[*] 魏本权（1976—），山东莒南人，历史学博士，临沂大学教授，主要从事乡村社会史研究。

[①] 陶希圣：《中国社会之史的分析》，新生命书局，1930，第 1 页。

侵入是否使中国社会变质，变质又达到什么程度？"① 即中国社会性质、帝国主义入侵是中国社会史决算的两个中心问题。陶希圣所坚持的独特学术路径非常注重对中国社会史的考察，将对中国社会的分析建立在中国社会史的研究之上；不仅如此，陶希圣认为还要深刻认识"中国社会到底是什么社会"②，唯有如此，才能追寻近代中国问题之本、农民痛苦之源和农民问题的实质。

首先，在中国社会性质的界定上，陶希圣认为中国已经不是封建社会："我认定中国农业经济是以资本为中心的。虽然有封建剥削的存在，却不能因此便断定中国的社会形式是封建制度"③；但中国也不是资本主义社会，而是"自战国到最近，是一个变质的封建社会"④。"社会构造的本质仍没有根本的差异。此二千五百年的中国，由封建制度言，是后封建制度时期；由资本主义言，是前资本主义社会"⑤。处于后封建和前资本主义阶段的中国社会，已然成为中国农民问题的症结所在："封建制度虽已破坏，而封建势力还存在着。封建势力便是中国资本主义不能作进一步发展的桎梏，也便是中国农民痛苦的根源。"⑥ 陶希圣通过对中国社会性质和社会构造的机理分析，阐释了中国农民痛苦的根源和土地问题的严峻：

> 中国社会是什么社会呢？从最下面的农户起到最上层的军阀止，是一个宗法封建社会的构造，其庞大的身分阶级不是封建领主，而是以政治力量执行土地所有权并保障其身分的信仰的士大夫阶级。中国资本主义受这个势力的桎梏，所以不能自发的发展。自帝国主义的经济势力侵入以后，上层社会除兼地主与资本家的残余士大夫阶级而外，新生了以帝国主义资本为中心的资本阶级。在都市，资本阶级与无产阶级的对立，已有"见端"。在乡村，全国耕地大半地主而为佃田，农民土地问题形势极为严峻。⑦

① 陶希圣：《中国社会之史的分析》，第1—2页。
② 陶希圣：《中国社会之史的分析》，第17—50页。
③ 陶希圣：《中国经济及其复兴问题》，《东方杂志》第28卷第1号，1931年，第13—14页。
④ 陶希圣：《中国社会之史的分析》，新生命书局，1930，第8页。
⑤ 陶希圣：《中国社会与中国革命》，新生命书局，1929，第195页。
⑥ 陶希圣：《中国社会之史的分析》，第39—40页。
⑦ 陶希圣：《中国社会之史的分析》，第50页。

其次，陶希圣进一步深入中国社会结构内部，在对中国社会构造的解读中探究士大夫阶级对中国社会政治的破坏，宗法封建社会的固化是由于中国社会长期存在着士大夫阶级。

在陶希圣看来，近代中国既负载延续着传统中国的社会构造，也深受资本帝国主义施加的影响，认识中国社会构造是解决中国问题的前提。"中国社会构造是中国目前要解决的一切问题的根源。不认识中国社会构造便不知道中国的问题。不知道中国问题，便无从提出解决中国问题的主张。"[1]《中国社会之史的分析》和《中国社会与中国革命》两书主要就在诠释中国社会是宗法封建的构造，以具有官僚地主身份的士大夫阶级为主导，但又长期存在着不能充分发展的商业资本。[2]"此一观点与中共干部派所主张中国社会是半殖民、半封建社会，中国革命的对象是帝国主义及封建势力，及其反对派认为中国已进入资本主义社会，革命对象是资本家，二派的论点相抗衡，并且逐渐成为国民党的理论基础。"[3]

陶希圣指出，"中国的社会是以士大夫身分与农民的势力关系为基础的社会"[4]。除了物质劳动者农工商，逐渐形成数量庞大而利益悬殊的士大夫阶级，这是中国社会的一个特点。士大夫阶层具有游惰性、依存性、争讼性，"实为中国治乱之源"[5]。"中国的政治组织整个建立在乡村的农民之上，而士大夫也便是农民所养育的游惰阶级。这个阶级是封建社会的身分阶级的扩大，其阶级支配在以政治力量执行土地所有权并保障其身分自由。"[6]建立在士大夫身份基础上的是官僚政治，"我认定中国社会还是一个封建社会，不过还是有一个以政治力量执行土地所有权并保障其身分的信仰的士大夫身分，代替了古代的封建领主。以这种身分为背景的政府是官僚政府，其政治是官僚政治"[7]。陶希圣强调，"官僚组织是榨压民众的铁钟。打下去不费吹灰之力，要它改造社会尤其是减轻民众的负担，换句话说，要它往

[1] 陶希圣：《中国社会与中国革命》，新生命书局，1929，第1页。
[2] 杜正胜：《古代社会与国家》，允晨文化实业股份有限公司，1992，第973页。
[3] 黄宽重：《礼律研社会——陶希圣研究中国社会史的历程》，《新史学》2007年第1期，第169—195页。
[4] 陶希圣：《中国社会与中国革命》，新生命书局，1929，第128页。
[5] 陶希圣：《中国社会之史的分析》，新生命书局，1930，第61页。
[6] 陶希圣：《中国社会到底是什么社会?》，《新生命》第1卷第10号，1928年，第10—11页。
[7] 陶希圣：《中国官僚及军备之社会史的观察》，《新生命》第1卷第12号，1928年，第1页。

上打，那是很困难的"①。因此，"本党的基础如移植于官僚士大夫，则'革命党起，革命军销'"②，士大夫阶级不能担负破除官僚政治与改造社会的重任，而是革命的对象。

第三，造成中国社会发展长期迟滞、资本主义滞缓的因素，除了封建士大夫阶层及其造成的官僚政治，还有商人资本对土地制度的破坏。

陶希圣尤其注意到商人资本在中国社会经济变迁中的破坏力，他将金融资本及商业资本合称为商人资本，商人资本向土地经营领域的延伸，造成商人投资于地价以获取地租，而非扩大再生产，"商人资本与封建地租两者是构成中国社会的两大成因"③。陶希圣一方面指出商业资本不能转变为工业资本，因此无法带来资本主义的发展。"商人资本虽瓦解了旧封建制度，却不能够产生新资本制度。旧生产方法崩坏以后，成立怎样的新生产方法，这不是商业所能决定的。"④尤其是"中国的商人资本，因其本身是兼并农人的，所以破坏了农人的购买力；农人的购买力衰落，所以商人资本不能发达为工业资本"⑤。另一方面，陶希圣指出了商人资本的本质在于它"是地租的原始蓄积。田赋也是地租的原始蓄积之一种"⑥。"中国的地主，依农人的徭役劳动与现物地租而为生，所以只投资为地价而不自当农业经营之任。资本主义的经营方法从未发达于都市，更未移用于农村。"⑦所以中国的土地耕作者与土地所有者的关系，不是契约上纯粹的货币关系，而地主也从没有把资本主义的经营方法移转于农村及农业之上，地主的投资是地价的投资而不是企业的投资。陶希圣对农业问题认识的独到之处在于，虽然农业是中国最主要的生产事业，从事农业生产的人口约为全国人口总数 70% 以上，其中有百分之六七十以上为佃农，但是商人资本没有将地主经营导向资本主义经营，反而形成了三位一体的地主、官僚、商人资

① 陶希圣：《太原见闻记》，《独立评论》第 72 号，1933 年，第 13 页。
② 陶希圣：《从中国社会史上观察中国国民党》，《新生命》第 1 卷第 9 号，1928 年，第 12 页。
③ 陶希圣：《中国社会与中国革命》，新生命书局，1929，第 4 页。
④ 陶希圣：《中国社会与中国革命》，新生命书局，1929，第 23、25 页。
⑤ 陶希圣：《中国学校教育之史的观察——学校教育之理想与实际》，《教育杂志》第 21 卷第 3 号，第 8 页。
⑥ 陶希圣：《中国社会与中国革命》，新生命书局，1929，第 27 页。
⑦ 陶希圣：《中国学校教育之史的观察——学校教育之理想与实际》，《教育杂志》第 21 卷第 3 号，第 8 页。

本对农村的破坏。陶希圣以民国十八年（1929）的中国社会为例，说明了
"中国的金融商业资本愈蓄积，则社会生产愈破坏的逻辑"：

> 民国十八年的中国社会，表现为金融商业资本之累积，与农村人
> 口的流亡。……封建制度被商人资本分解以后，生产方法的前途并不
> 一定是资本主义生产制。封建生产制的转变可以说有两条路。第一条
> 路是商人变成资本家。这便是说，他把生产者集合在资本直接支配之
> 下。第二条路是商人把小所有人变作他的媒介，换句话说，他从小生
> 产者去购买生产物，他让小生产者保持独立，他让小生产者的生产方
> 法维持旧状而不加改变。……中国的封建制度分解以后，商人资本的
> 发达便是追随这第二条路的。所以一方面商人资本独立发达，他方面
> 生产方法不能改变，而生产者陷于破坏沦落的命运。……中国农业的
> 衰落，到民国十八年可以说达于极顶。……商人资本之独立发达，与
> 一般社会经济之发达，成反比例。这个法则，完全为民国十九年的中
> 国社会状况所证明。中国的金融商业资本愈蓄积，则社会生产愈
> 破坏。[1]

第四，陶希圣尤其注重帝国主义入侵对中国社会的影响，帝国主义带
来了中国都市资本主义的发展，但是却进一步破坏了中国农村。

"中国社会的变革只有待外部向内的侵入"[2]，但是外国资本主义带来了
两个不同的后果——都市的资本主义化与农村的继续破坏。"一八九五年以
后的中国有两个特征：第一，都市在外国生产资本与财政资本独裁之下，
开始资本主义化。第二，农村（包括旧来小市镇）在'商人资本'性的资
本运动之下，继续破坏。"[3] 外国资本的介入，更加快了本已不堪的农业恶
化的速度。随帝国主义入侵裹挟而来的外国资本"对中国社会的破坏力，
伟大实无可比伦。……中国的商人资本与外国金融资本结合，造就统制幼
稚工业的伟大势力。农业手工业已趋崩溃。水利的荒废，肥料的败坏，农

---

[1] 陶希圣：《民国十八年之中国社会》，《东方杂志》第 27 卷第 4 号，1930 年，第 40—51 页。
[2] 陶希圣：《中国社会与中国革命》，新生命书局，1929，第 144 页。
[3] 陶希圣：《中国社会与中国革命》，新生命书局，1929，第 65—66 页。

民实无力自救。而一切流通于农村的资本，都是掠夺其农产物而剥削其购买力的工具。所以农民破产，倍速于往时"①，"所以今日的中国，都市虽在外国资本之下资本主义化，而农村的破坏，较从古以来更为迅速。水利经济的崩溃，尤产生残酷凄凉的饥民，决非薄弱的资本主义化都市所能吸收，实在是异常危急的现象"②。中国乡村的衰败、农业的破产与乡村的危机之所以"倍速于往时"，外国资本的介入实为罪魁祸首之一。

正是由于商人资本的特性、官僚政治的延存与帝国主义的侵入，造成了中国乡村农民、农业与农村问题的空前危机。"金融商业资本特别发达，工业资本相对进展，这都是农业衰落的原因。商业高利资本在金融资本后盾之前，可以更加深入更加广泛的破坏独立与市场接触的小农"；"商人买贱卖贵，农民便是买贵卖贱。因此商人资本是从农民的生产上面蓄积起来的。商人资本愈加发达，则农民愈加贫困"；"金融商业资本的发达，当然使农民困穷"；"工业资本主义发达与农民的穷困也到处成正比例。工业国所有的农民离村的现象，在中国也日益加厉起来"③。中国资本主义的发展所带来的，恰恰是"金融商业资本发达，工业不能尽量发达而只有相对的发展，农业手工业破产"④。因此，积极寻求乡村问题的破解之道成为陶希圣继续思考的主题。

二 陶希圣乡村建设思想主张的内涵

翁贺凯认为："1920 年代末 30 年代初陶希圣的史学和革命理论其实相当典型地反映了当时南京国民党政府的反对派——国民党改组派的立场"⑤。在乡村建设上，陶希圣基于国民党改组派的政治诉求，主张回归国民党一大精神，坚持孙中山民生主义导向的建设思路，在现代中国革命的视野下谋划土地问题和农民问题的破解之道，唤起民众创造新社会、反对帝国主

① 陶希圣：《中国社会与中国革命》，新生命书局，1929，第 211—212 页。
② 陶希圣：《中国社会与中国革命》，新生命书局，1929，第 96—97 页。
③ 陶希圣：《中国经济及其复兴问题》，《东方杂志》第 28 卷第 1 号，1931 年，第 21 页。
④ 陶希圣：《中国经济及其复兴问题》，《东方杂志》第 28 卷第 1 号，1931 年，第 24 页。
⑤ 翁贺凯：《1927—1934 陶希圣之史学研究与革命论——兼论其与国民党改组派之关系》，《福建师范大学学报》2003 年第 4 期。

义的力量。

第一，坚持民生主义导向的乡村建设思路。

孙中山在《建国大纲》中就曾明示"建设之首要在民生"，国民党和国民政府亦将民生主义的实现纳入施政要纲。平均地权和节制资本是民生主义的基本政策主张。陶希圣在对中国农民痛苦和农业衰落的原因的分析中，印证了土地制度和商业资本实为罪魁祸首。"从民生主义说，非改革地主制度，不能解决土地问题。"① 因此，实行平均地权和节制资本的民生主义，"则债权人剥削小农的事情可以消灭。不实行民生主义，则资本制度下的小农和封建势力下的小农必然要日益濒于穷困，要达到耕者有其田的目的，必须制止兼并，制止兼并，必须限田"②。但是，"耕者有其田的社会必然呈小农私有的土地不适于集约耕种方法的现象。这种现象是阻碍农业生产力的。所以在达到耕者有其田的最终结果的过程中，必须实施农业生产合作的制度"③。陶希圣认为，农业生产合作团体和家产共有的家族团体不同，后者是身份制的集团，前者是契约制的集团，所以应当提倡共同耕种共同收获的共有制，却不应当以法律维持宗法系统下的家族共有制；前者可以促成民生社会的实现，后者增进家族的依赖性，并且保持宗法的遗迹。而"如果我们要从根本上消灭君权及官僚政府，我们必须摧毁宗法和宗法相维系的封建势力"④。可见，陶希圣认为实现了"耕者有其田"尚不能解决农业生产发展的问题，而必须要借助农业生产合作制度，实现农业的资本主义集约经营。

陶希圣还主张通过国家资本或社会资本发展农业，农业问题"今后的解决应当是进步的解决……这便是民生主义的路径。民生主义对于农业问题，要把农业生产从封建式的地主所有之束缚解放，以国家或社会资本发展农业"⑤。同时，发展富农经济也是挽救农业衰落的补救之策。"因工业资本有相对的发达，地主没落而富农发达的趋势，定是经济复兴之中一个重

---

① 陶希圣：《中国社会与中国革命》，新生命书局，1929，第187—188 页。
② 陶希圣：《中国社会之史的分析》，新生命书局，1930，第228 页。
③ 陶希圣：《中国社会之史的分析》，新生命书局，1930，第228 页。
④ 陶希圣：《中国宗法势力及其摧毁》，《新生命》第2 卷第1 号，1929 年，第1 页。
⑤ 陶希圣：《中国社会与中国革命》，新生命书局，1929，第313—314 页。

要的现象。这种现象的进展，目前已有见端。"①

第二，在现代中国革命的视野下谋划乡村建设。

"陶希圣的革命论是建立在他对中国社会的剖析之上的。"② 现代中国乡村建设始终是在革命与建设叠加的时代氛围中被加以讨论和付诸实践的，但是时论对革命的理解却是千差万别的。在革命话语高昂的"革命的建设"时期，陶希圣也将自己的革命观纳入乡村建设视野中。陶希圣认为，"革命是一种突变的进化"③，并且"中国革命是变革中国社会构造的运动"④。但是，中国前代之革命不仅"不能变更经济组织及政治制度"，而且"每终于专制之再建，及商人地主统治之再建"⑤。历史上的中国革命，"又何尝不是整个历史运动之一结束一序幕？"⑥ 这种周期性的治乱循环革命于变革中国社会构造没有太大意义，中国传统社会构造并未根本破坏，时至近代仍掣肘着社会变革的步伐。与多数革命论者不同，作为法学家的陶希圣更主张革命秩序的建立与新制度的建设。陶希圣把革命视为"破坏不适于人类生存的社会制度的一种手段。破坏之后必须建设新制度使因旧制度而感受痛苦的民众得以遂其生存。所以革命的第一步是破坏，第二步是建设"⑦。这种革命的破坏，本身就是建设的起点。革命的破坏，是破坏维持旧制度的思想和政权，但是革命的破坏是极困难的，比如宰制乡村的土豪劣绅，要解放农民和善良的地主，必须对这种人加以裁制，"但是在乡村经济上他们却有极深的根据。他们虽然以重利盘剥农民，而打倒他们以后，农民连高利的借款也无从借到，一时间金融的停滞，给农民以莫大的威胁。农民于农业凋敝之余，感觉到土豪劣绅打倒后痛苦反有过于从前，不得不忍痛向他们降服"。⑧ 陶希圣主张，要克服革命破坏所必生的困难，只有深信总理知难行易的学说，"在革命的破坏以后，本党仍须集中政权于掌握之中，一

---

① 陶希圣：《中国经济及其复兴问题》，《东方杂志》第 28 卷第 1 号，1931 年，第 25 页。
② 翁贺凯：《1927－1934 陶希圣之史学研究与革命论——兼论其与国民党改组派之关系》，《福建师范大学学报》2003 年第 4 期。
③ 陶希圣：《中国社会与中国革命》，新生命书局，1929，第 84 页。
④ 陶希圣：《中国社会与中国革命》，新生命书局，1929，第 192 页。
⑤ 陶希圣：《中国前代之革命》，《新生命》第 3 卷第 1 号，1930 年，第 1 页。
⑥ 陶希圣：《中国社会与中国革命》，新生命书局，1929，第 192 页。
⑦ 陶希圣：《国民党的革命方略》，《新生命》第 1 卷第 8 号，1928 年，第 5 页。
⑧ 陶希圣：《国民党的革命方略》，《新生命》第 1 卷第 8 号，1928 年，第 7 页。

方面制止反革命派的死灰复燃，一方面开始非常的革命建设，这便是以党治国的真意义"①。"革命的建设本与革命的破坏相续。总理称之为'非常的建设'。"②"革命的建设必有待于革命的破坏的完成。同时，革命的破坏的完成也必须革命的建设为助力。"③ 总而言之，"本党革命方略的基本精神尤在于彻底的破坏与非常的建设相辅而行"④。

第三，扭转都市对于乡村的破坏趋势，建构都市与乡村的良性互动关系。

在论及近代中国乡村建设时，都市与乡村、工业与农业的关系问题始终是无法回避的现实问题。陶希圣将这些问题追溯到遥远的古代，却是怀着强烈的现实关怀，通过中国社会史的追溯，来解剖时下问题的根源。"一方面是用社会历史方法解释三民主义和国民革命。另一方面是用这一方法研究中国历史，叫做'中国社会史'"⑤。通过中国社会史的追溯，来剖析时下问题的根源。传统时代，官僚士大夫居于都市，但是依赖农村，商人资本无限制地汲取农村的资源，造成农村生产资本匮乏，乡村无以发展，历史上的都市对乡村是破坏性的。"中国历代政府的基础不在都市而在农村。历代政府的事业不在振兴商业，而在便利农业。……如此，历代政府的基础在于农村而不在都市，所以历代的政治颇有农村对都市的压抑的精神。在欧洲，资本主义初期的发达，均由政府加以保护，而后臻于兴盛。在中国，政府对资本主义常加抑制。"⑥ 近代资本主义入侵以来，情形更加恶化，"资本主义是高度的都市文化，都市文化与乡村是了无关系的"⑦。近代以来"中国的交通线从来是为海上列强服务。……如此的交通线愈向内地进发，内地愈加破产。路之所至，洋货随之。如此的都市愈加发达，则内地愈加破产"⑧。陶希圣所注意到的都市与农村的相互对立，都市的发展所带来乡

---

① 陶希圣：《国民党的革命方略》，《新生命》第1卷第8号，1928年，第7页。
② 陶希圣：《国民党的革命方略》，《新生命》第1卷第8号，1928年，第8页。
③ 陶希圣：《国民党的革命方略》，《新生命》第1卷第8号，1928年，第8页。
④ 陶希圣：《国民党的革命方略》，《新生命》第1卷第8号，1928年，第13页。
⑤ 陶希圣：《潮流与点滴》，传记文学出版社，1964，第94页。
⑥ 陶希圣：《中国官僚及军备之社会史的观察》，《新生命》第1卷第12号，1928年，第6页。
⑦ 陶希圣：《中国经济发达的一个趋势》，《中国经济》第1期，1934年，第3页。
⑧ 陶希圣：《中国社会的进化》，《北平周报》第80期，1934年，第9—10页。

村的破坏，是着眼于都市对乡村的侵蚀而出现的游民阶层，"我们的海口都市是向内侵略的根据地"，导致了乡村游民的离乡离村日趋严重，唯有"逆转这一趋势，中国才能够取得独立自由"①。

在工业化和现代化已经相对发达的近代，陶希圣认识到，"现代社会的重心已由农村转移到都市。所以，现代都市是政治活动的中枢"②，即使"从历史的材料上，我看出中国的经济不全是自足农村经济。工商都市的地位和影响是不可忽视的"③。"中国已经是以城市为中心的社会了，城市失去，乡村是难独存的。"④ 因此，重新建构都市与乡村之间的良性互动关系，破除既有的都市破坏乡村的城乡关系，也是乡村建设所必需的。

三　陶希圣乡村建设思想的时代特征

与同时代的社会思想家和乡村建设实践者不同，陶希圣致力于揭示中国土地、农民和农村问题背后的社会关系，在中西文化比较的视野中找寻乡村问题破解之道。陶希圣更善于从生产关系角度缕析农民和农业问题折射的土地资本与生产资本、土地所有与使用、农民与商人资本之间的关系，可以看出马克思主义分析方法对陶希圣的巨大影响。

第一，参照西方工业社会资本主义发展的路径与模式观察中国封建制度的解体与资本主义的桎梏，实现从身份社会到契约社会的转变。

陶希圣的社会史追溯和中国社会解剖始终是以西方社会为参照系的，在中西比较的基础上提出借鉴西方资本主义的经验。一方面，"要铲除封建势力，必须废除封建社会的身分制。……而代以契约制，即契约自由主义。但是资本主义的契约制不适于民生主义。……劳动本位的生存权法典是中国勤劳民众对帝国主义资本要求解放所必需"⑤。另一方面，需要借鉴西方资本主义现代大生产的方法，"欧洲近代社会的生产是扩大再生产，中国社

---

① 陶希圣：《中国经济发达的一个趋势》，《中国经济》第 1 期，1934 年，第 4 页。
② 陶希圣：《中国前代之革命》，《新生命》第 3 卷第 1 号，1930 年，第 3 页。
③ 陶希圣：《冀筱泉著中国历史上的经济枢纽区域》，《食货半月刊》第 4 卷第 6 期，1936 年，第 42 页。
④ 陶希圣：《一刻钟的谈话》，《半月文摘》第 1 卷第 5 期，1937 年，第 137 页。
⑤ 陶希圣：《立法政策与立法技术》，《新生命》第 1 卷第 10 号，1928 年，第 5 页。

会的生产却是单纯再生产。中国社会的生产，是以同一技术，同量资本，在同一的生产组织之内，反复实行的"。"资本蓄积而生产不增加，这是中国经济上重大问题。"① 对于乡村经济来说，就需要改变地主无意于土地经营的现状，"土地购买在中国虽为投资的重要方法，而购买土地的用意，在不劳动亦不经营而坐得地租的收入。在封建势力及封建势力所保持的封建思想没有消灭以前，这种现象不能铲除。耕种方法的改良便没有希望。要使耕种方法得以改良，必先求地主对土地有意经营，换句话说：必须发达农村资本主义，如此，则契约制的法律必须侵入农村。但是这种法律决不能保护农民，达到耕者有其田的目的。如法律对地主而保护劳动农民，则地主更无意于投资，农村经济又将趋于破坏"②。

第二，古代的重农思想绝非解决乡村问题之道，而要从生产者的立场求得乡村问题的解决。

古代中国社会不乏贵农务本、重农轻商、重农贵粟等农本主义社会思想。陶希圣分析，农本主义是从来统治者所抱的经济政策之原理，"农本主义是什么呢？先要知道的，农本主义是农业本位思想，不是农民本位思想"③。陶希圣更关注的是农本主义所折射的乡村社会关系。"中国农民除了地租关系之外，还有农民与都市市民的关系。"④ 古代中国的均产主义，则有士大夫的限田与均田政策与剩余人口的分产主义。"总之，中国的社会思想，从来常从消费者着眼。所以从来的政治家和社会改良家，甚至于革命者，对于农民与地主的关系，农民与商人资本的关系，及其与消费者的关系（地租问题，生产价格问题，及谷价问题）三者很少完全顾到的，更少由生产者立场上来求解决的。古来的改革家，只注意到农民与消费者的关系即谷价问题。因为他是与农业生产隔膜的消费者。今日的改革家却与相反。他只注意到农民与地主的关系即地主问题。他拿西洋的农民问题理论来观察中国，而不知中国农民实兼受地租，生产价格及谷价问题三重的压迫。这也是因为今日的改革家是与农业生产隔膜的削费者。纯削费者之士

---

① 陶希圣：《中国社会与中国革命》，新生命书局，1929，第204、210页。
② 陶希圣：《立法政策与立法技术》，《新生命》第1卷第10号，1928年，第5页。
③ 陶希圣：《中国社会与中国革命》，新生命书局，1929，第89页。
④ 陶希圣：《中国社会与中国革命》，新生命书局，1929，第89页。

大夫及剩余人口中的游民流氓，绝没有解决生产问题的眼光。"① 因此，若要实现乡村发展，需要理顺基于生产者的生产关系，从生产者的立场上求得问题的解决。

第三，陶希圣善于从生产关系角度缕析农民和农业问题折射的土地资本与生产资本、土地所有与使用、农民与商业资本之间的关系，可以看出马克思主义分析方法对陶希圣的巨大影响。

陶希圣所关注的不只是经济复兴、农业发展等表层问题，他更关注的是经济复兴所带来的社会结构变动。"空前的国内大战已经结束。社会上重要问题应当是经济复兴问题。中国经济能不能有复兴的趋势？如果能够复兴，社会结构有怎样的变化？社会各阶级有怎样的活动？如果经济不能够复兴，在经济继续衰落之中，中国社会将有怎样的结局？"② 因此，农民问题、乡村问题的解决不在于简单的地租、土地问题，而是社会关系的调整。"即如农民问题，最直接最迫切的是地租问题，即地主与农民的关系之问题。然而此外，则尚有农民的生产资本问题；更有农民与消费者关系的问题，即谷价问题。从来的学者只注意谷价问题，如常平仓制度，即其设备之一端，然而'谷贱伤农'，这岂是根本的办法？至于农民与商人的关系，古代法家常有痛切的指摘，但其解决办法不过是'贵粟贱商'。'贱商'不能解决农民问题，反增加农民的痛苦。商人破坏则农民的生产物没有人贩卖，农民的肥料耕具没有人供给，农民的流动资本没有人借贷。'贱商'是不行的。但若因此遂不加改革，则农村中资本流通愈大，农民破产愈速。"③

所以农民问题就非单纯的社会阶层问题，"中国的农民问题，包含土地所有问题，及农业生产资本问题。土地所有问题便是土地所有权归属于耕者与否的问题，地租问题便是这个问题的一个结果现象。农业生产资本问题，便是土地资本是否使用于农业经营的问题，地价问题以及地租与地价之比例问题都属于这个问题。农民与商业资本的关系尤其是有关于这个问题一个重要问题"④。农民问题与农业、土地、资本问题的链接，使得"农业问题之解决必需与一般资本问题之解决并行。如何转化不生产的土地资

---

① 陶希圣：《中国社会与中国革命》，新生命书局，1929，第95页。

② 陶希圣：《中国经济及其复兴问题》，《东方杂志》第28卷第1号，1931年，第13页。

③ 陶希圣：《中国社会与中国革命》，新生命书局，1929，第210—211页。

④ 陶希圣：《中国社会与中国革命》，新生命书局，1929，第300页。

本为生产资本，与如何转化金融商业高利贷资本为生产资本，是一个问题"①。陶希圣注意到在历史上没有转化土地资本为生产资本的前例，历史上这个问题的解决是倒转的解决，每到商人资本高度集积而生产民众急剧破产之际，民众便蜂起，杀戮官僚，破坏都市，减少人口，使其与生产力恢复平衡，摧毁货币资本使社会恢复半自然经济状态，重分土地使兼并集中的现象毁灭。这样一来，社会得到一时的安全，不久以后商人资本再度集积，生产民众再度破产，惨剧又将重演。故而"今后的解决，绝不应追随这一条路"②。综而言之，陶希圣把现代社会科学研究方法用以分析中国社会史和社会构造，探求中国复兴之道，在对历史的强势惯性及与西方的比较借鉴中探求乡村复兴、社会结构改造与现代民族国家建设的有效路径，体现了他对国家民族命运的深切关怀和社会责任。传统赋予了中国知识分子以强烈的社会责任感。在国家多难时节，自愿投入乡村建设的知识分子大都富于献身精神与艰苦工作的热情。③ 从对中国乡村问题历史根源的探寻，到破解乡村问题的基本对策，陶希圣在中国社会史研究的基础上提出了独到的见解。作为一个思想者，积极回应时代问题，善于从社会关系变动角度缕析乡村问题的本质和症结，也是陶希圣与同时代乡村建设理论家和实践者的最大不同。

（原刊《福建论坛》2014 年第 11 期）

---

① 陶希圣：《中国社会与中国革命》，第 312 页。
② 陶希圣：《中国社会与中国革命》，第 313 页。
③ 郑大华：《民国乡村建设运动》，社会科学文献出版社，2000，第 538—548 页。

晏阳初的乡村建设人才思想
及其在定县的实践[*]

任金帅　熊亚平[**]

20 世纪二三十年代是近代乡村建设运动最为活跃的历史时期。其间，各地乡村建设领袖及参与者在人才问题上形成了极为丰富的见解，而晏阳初是为其中代表。基于自身教育背景以及对农村问题的思考，晏阳初在人才选择、培养与使用等方面提出了较为系统、颇具特色的认识，并在定县付诸实践，取得了一定成效。这些思想体现着晏阳初等乡村建设者对于乡村建设主体力量的思考，发掘其中蕴含的时代价值，或有助于今日新农村建设人才队伍的塑造。

一　乡村建设人才的选择

乡村建设运动源于近代以来愈演愈烈的乡村危机，其艰难复杂程度也远超一般的社会运动，对于人力、物力等有着极高的要求，"然欲谋农村建设之普遍实施，必赖有大宗担任建设事业之基本人才"[①]。对此，晏阳初有着充分的认识，"农村建设就是固本工作……复兴民族，首当建设农村，首当建设农村的人"[②]。整个 1920 年代，在从平民教育转向乡村建设过程中，

---

[*]　本文系河南省教育厅人文社科研究一般项目"乡村建设者人才思想变迁研究（1901—1953）"的阶段成果。

[**]　任金帅（1986—），河南禹州人，历史学博士，河南科技大学马克思主义学院讲师，主要从事中国近代乡村史研究；熊亚平（1976—），陕西丹凤人，历史学博士，天津社会科学院历史研究所研究员，主要从事华北区域史研究。

① 江问渔、梁漱溟编《乡村建设实验》第 3 集，中华书局，1937，第 400 页。

② 宋恩荣主编《晏阳初全集》第 2 卷，湖南教育出版社，1992，第 35 页。

晏阳初在人才的选择上经历了从吸引外部人才到培养乡村本土人才的转变。早年在留学欧美以及为旅欧华工自愿服务时，晏阳初萌生了平民教育思想，将中国贫弱的原因归结为民众智识程度过低，缺乏民族意识与国家观念，而教育则是救亡图存的关键，"今日中国，危亡已迫于眉睫，今日所应施之教育为最低限度最基本必不可少者之救亡图存之教育"①。受这一思想的影响，晏阳初在1926年转入定县开始乡村建设实践时，依然是站在"启蒙者"的角度观察农村，认为建设事业的关键在于系统完成对三亿农民的全方位教育，"要把农民智慧发展起来，培养起来，使他们有力量自动的起来改造，改造才能成功；自动的起来建设，建设才会生根；自动的起来运动复兴民族，民族才有真正复兴之一日"②。至于由谁来实施教育，晏阳初虽没有明确表达，但从他提倡"深入民间""发宏愿、奋勇气"来看，已然极为清晰地指向乡村以外的知识精英。

由此，晏阳初起初主张吸引、选拔一流人才，并将选拔标准归纳为"要有本国的学术根底，科学的知识技能，又要有创造的精神，吃苦耐劳的志愿与身体，还要有国家世界的眼光"③。换言之，既要有坚定的意志、优良的品格，具备乡村工作所需的专业知识与方法，还要有深入民间的精神。从当时乡村社会实际来看，这种外向型的人才选择标准有其历史必然性。近代以来城乡结构的二元分离导致以"绅士"为主体的乡村人才大量流失，如湖北"近数年来，士大夫阶级类多全家去乡，侨居他埠，而无产失业之徒，或从戎，或附匪。其土著大多数为自耕农，识字甚少，程度极低"④。城市中蓬勃发展的近代新式学堂也几乎无视乡村社会的需求，虽普遍设有农学专业，但无论是地域分布还是教学内容均与乡村实际脱节，"一个乡间出来的学生学得了一些新知识，却找不到一条桥可以把这套知识应用到乡间去……乡间把子弟送了出来受教育，结果连人都收不回"⑤。乡村建设必须有乡村之外的力量尤其是知识分子的介入，在当时已是社会知识界的共识，"在这样一个农村复兴运动的热烈的潮流中，青年下乡，确是目前最有

① 晏阳初：《中国农村教育与农村建设问题》，《民间》第1卷第23期，1935年4月，第19页。
② 宋恩荣主编《晏阳初全集》第1卷，湖南教育出版社，1992，第308页。
③ 宋恩荣主编《晏阳初全集》第1卷，湖南教育出版社，1992，第299页。
④ 《湖北县政概况》第4册，湖北省政府民政厅，第1104页。
⑤ 费孝通：《乡土重建》，观察社，1948，第72页。

希望的一条出路……事实上，今日荒芜的农村，也只有热血的青年才能负开垦的责任"①。至于要求人才必须具备多重素质，同样也是乡村建设事业困难重重的客观反映。

不过，晏阳初的这种外向型的人才选择过于理想、标准过于复杂，同时又缺乏相应的人才培养机制提供支撑，只能靠其个人魅力吸引一部分人才，"我比较容易得到第一流的人才，虽然人才难得，但还是可能找到的"②。1926 年，他将中华平民教育促进会（以下简称"平促会"）全员迁至定县，这一举动还在当时引起较大轰动，被称为"博士下乡"。不过，受下乡动机、薪酬以及工作环境等因素的制约，真正能留下的并不多，"大约有 1/3 的同事半途而废，离开我们回北京去"③。晏阳初及其团体也意识到乡村建设不能完全依靠知识分子的"启蒙"，必须转向培养乡村本土人才，最大限度获得当地民众的支持，激发乡土感情，利于工作的开展与延续，"真正的乡村工作者，最好是从乡村自身，以他的能力与他所受的教育而取得领袖地位的人。这是最自然的，在乡村中工作的人，应当有这种认识。乡村工作者的作用，是培养真正的，自动的，为本村，从本村所产生的服务领袖"④。但问题是乡村社会中哪个阶层或者群体能够成为建设乡村的人才。从乡村社会结构来看，晏阳初面临着双重选择：一是处于乡村权力网络中心的绅士阶层，一是占乡村绝大多数人口的普通农民。

传统时代，绅士是"四民之首"与官民"中介"，凭借等级身份特权及文化权威成为地方领袖，"官僚是和绅士共治地方的"⑤。在近代乡村社会权力结构演变的过程中，绅权又获得"空前扩张"⑥，以组织化、制度化的形式参与几乎所有乡村事务，乡村建设如能得到绅士阶层的帮助可以达到事半功倍的效果。深谙中国传统文化与社会结构的梁漱溟，在山东邹平领导乡村建设时，力主将绅士纳入村学与乡学管理层，并迎合绅士心理，用

---

① 王赞源：《青年对下乡运动应有的认识》，《学校生活》第 98 期，1935 年 1 月，第 5—6 页。
② 宋恩荣主编《晏阳初全集》第 2 卷，湖南教育出版社，1992，第 628 页。
③ 宋恩荣主编《晏阳初全集》第 2 卷，湖南教育出版社，1992，第 600 页。
④ 徐宝谦编《农村工作经验谈》，上海青年协会书局，1936，第 89 页。
⑤ 吴晗、费孝通等：《皇权与绅权》，观察社，1948，第 50 页。
⑥ 王先明：《历史记忆与社会重构——以清末民初"绅权"变异为中心的考察》，《历史研究》2010 年第 3 期，第 11 页。

"旧道德""旧学问"对他们进行精神规劝①，进而获取地方势力的支持、减少建设事业开展的阻力。对于长期接受西方教育、远离中国乡村的晏阳初来说，"绅士"则是一个较为陌生的词汇。虽然也尝试与地方绅士进行联络、接洽，但在他留下的众多文献资料中，少有分析绅士在乡村建设中的地位与作用的内容。这种疏离感使晏阳初基本上把绅士排除在了乡村建设可能依靠的力量之外，剩下的选择便只有普通农民，"地方士绅，地方政府，也很能欣赏我们的工作。可是，我们所最需要的，是一般农民欣赏我们的工作，那是根本"②。

1930 年之后晏阳初开始呼吁培养青年农民，"农村中的青年农民即是推动乡村工作的中心力量，我们必须抓住他们"③。这意味着晏阳初不再把农民仅仅视为启蒙对象，把教育农民视为最终目的，而是要把他们塑造成为乡村建设的主体力量，由农民自身来完成乡村建设的任务，"国家今后的大责任，就可由他们（青年农民）的群策群力去担负，我们今日只管培养他们……使他们科学化，合作化，纪律化，现代化，他们便自己能尽国家主人翁的责任，随时代的演进，解决变化无端层出不穷的种种问题"④。

从吸引外部人才转为培养青年农民，晏阳初在定县探索出了颇具特色的乡村建设之路，其意义不仅仅是西化知识分子深入中国乡村的有益尝试，更重要的是对乡村建设主体力量的重新认识，对当时其他区域的乡村建设活动以及后来中共的乡村革命也有着启示意义。不过，这种认识脱离了乡村实际，为日后定县实验所遇到的困境埋下伏笔，正如时人所言："中国地方行政，自始便孕藏着'官民隔阂'和'官绅冲突'这两个困难的因子……而克服此种困难的要图，那便完全看行政人员能否认清中国社会机构的特质而加以适当的诱导了。"⑤

---

① 王湘岑：《下乡之回顾》，《乡村建设》第 1 卷第 21 至 30 期，1932 年 7 月，第 236 页。
② 宋恩荣主编《晏阳初全集》第 1 卷，湖南教育出版社，1992，第 201 页。
③ 宋恩荣主编《晏阳初全集》第 1 卷，湖南教育出版社，1992，第 305 页。
④ 宋恩荣主编《晏阳初全集》第 1 卷，湖南教育出版社，1992，第 298 页。
⑤ 王维显：《'模范县'期与'实验区'期的定县县政》，《政治经济学报》第 5 卷第 3 期，1937 年 4 月，第 692 页。

二 乡村建设人才的培养及在定县的实践

乡村建设需要依靠青年农民，但绝不是作为个体的农民，必须将农民有效组织起来，正如晏阳初所言："乡村建设最基本的条件，是在有组织有训练的民众，有了组织和经过训练的民众，才有力量，才可以去建设乡村。"① 主要以社会力量为依托的乡村建设团体、机构在组织农民上有着天然劣势，无法同政府、政党一样通过强制力来推行地方自治或保甲，只能结合自身优势，探索新的组织方式。晏阳初正是在自身所擅长的平民教育基础上，建立起了独特的"平校毕业同学会"（以下简称"同学会"）制度，在这一制度安排下之下，定县实验区对农民的培养从平民学校开始，先接受为期4—5个月的教育，毕业后可以取得"识字公民"证书，并成立同学会，十六岁以上的为成人会员，十六岁以下的为青年会员，也吸收其他受过教育的农民参与②，且多为贫苦家庭农民子弟，绅士地主子弟一般进入正式学校。成立同学会，一方面是为了平校毕业生可以持续接受四大教育，另一方面则是为了把这些经过培训的农民组织起来，以团体的力量推进建设事业，"平校毕业同学会是民众参加乡村改进工作的基础"③。每村同学会设委员长一人，并根据四大教育的内容分设文艺、生计（经济）、卫生、公民委员各一人，领导一切会务与活动，如文艺方面成立读书会、编演新戏剧等；生计方面组织自助社、合作社、农产展览会等；卫生方面发起种牛痘运动等；公民方面开展禁赌、植树、自卫等活动④。统计数字显示，1932年定县各村组织比较健全的男女同学会共72处，乡联合会4处，而到1935年底，全县已有138个行政村建立起了村同学会，会员人数共计6983人⑤。定县实验区的大量基层人才如保健员、表证农家等均从同学会成员中产生，"他们在平校毕业了业，在村庄中总算是比较明白有为的人，组织起来，就可以在村庄中主持发动一切的事业，再因有平教会的指导与外边

---

① 宋恩荣主编《晏阳初全集》第2卷，湖南教育出版社，1992，第566页。
② 孔雪雄：《中国今日之农村运动》，中山文化教育馆，1934，第118页。
③ 宋恩荣主编《晏阳初全集》第2卷，湖南教育出版社，1992，第282页。
④ 宋恩荣主编《晏阳初全集》第1卷，湖南教育出版社，1992，第339页。
⑤ 宋恩荣主编《晏阳初全集》第1卷，湖南教育出版社，1992，第409页。

的发生关系，所以在乡村运动中遂能显现很大的作用"①。而在进入县政建设阶段后，同学会被定县乡镇委员会下设的"公民服务团"取代，不过仍由原同学会会员担任主要团员，分政务、经济、教育、保健四组，继续发挥作用②。

在加强农民组织力量的同时，晏阳初也较为注重加强乡村建设人才的社会认同感。在心理学范畴中，社会认同通常指的是个体认识到他（或她）属于特定的社会群体，同时也认识到作为群体成员带给他的情感和价值意义③。这种认同感不仅影响着群体成员的认识与行为，还制约着群体活动、群体关系以及群体目的的实现。对于本身已然困难重重，且经常需要面对误解甚至诋毁的乡村建设事业来说，建设人才的社会认同感尤为重要。

1930年代乡村建设运动风起云涌，"到了民国二十四年为止，关于乡村建设的团体，有了一千多个，同时与这种团体有关系的农学会社，又有了一万多个"④，已然形成了一个较为庞大的乡村建设者群体。其中有很多成员对乡村建设工作有着相当的兴趣与热忱，社会认同感较高，"我们的目的远大，我们的方法切实；我们的态度磊落。同志们，坚决咱们的信念吧，乡村建设运动，实是救国的正途，真从这里作起，才能给中国民族寻得出路，才能苏醒将亡的中国，同志们，亲爱的同志们认清这条路的"⑤。

不过，这种认同感也经常面临挑战。大凡一种运动，必然毁誉参半，时人对于乡村建设运动的认识与理解也有较大差异，褒贬不一。总体来看，知识界、教育界普遍持赞扬或中立态度。而其他同样致力于探索中国农村发展道路的党派、团体，如努力推行保甲自治的国民党、致力于土地革命的共产党以及力主"全盘西化""工业化"的学派，往往因潜在的"竞争"关系而对乡村建设运动显得并不十分"友好"。如燕京大学教授燕树棠发表《平教会与定县》一文，批评同学会横行乡里、鱼肉百姓，而平教会则把大部分经费用作支付高额薪金，导致定县奢侈之风日盛⑥。"全盘西化论"的

---

① 孔雪雄：《中国今日之农村运动》，中山文化教育馆，1934，第119页。
② 李伟中：《20世纪30年代县政建设实验研究》，人民出版社，2009，第156页。
③ 郭星华等：《漂泊与寻根：流动人口的社会认同研究》，中国人民大学出版社，2011，第142页。
④ 陈序经：《乡村建设的途径》，《当代评论》第3卷第2期，1943，第11页。
⑤ 清居：《给乡村运动者第二封信》，《乡村建设》第2卷第3期，1932年8月，第44页。
⑥ 燕树棠：《平教会与定县》，《独立评论》第74号，1933年10月，第6页。

代表人物陈序经不仅认为乡村建设运动注定失败，更指斥乡村建设者"不但不能'自家创造出饭来吃'，连了深入民间也少能实行……把这种工作当作进身之阶，吃饭之所，结果恐怕只是养出一个吃乡建饭的新阶级罢"①。积极的评价与肯定往往能够增进乡村建设者的认同，反之，这些消极甚至恶意的批评、中伤也有着极大的消极作用，促使相当一部分乡村建设者产生失望、悲观心理，最终离开农村。

面对上述批评、诋毁，晏阳初一方面充分利用所创办的《民间》杂志连续刊载文章进行回应，"我们不希望运动以内的同人畏惧，也不希望运动以外的君子讥评，欲希望在国家民族将来福利的共同目标下设法解决"②。同时重申乡村建设人才所负担的振兴民族国家的使命，鼓励他们努力奋斗，用建设乡村的成绩来回应外界的质疑，"我们从事乡村工作的人们，只有一天一天的努力工作，报答我们对于社会所负的债务。批评与责难正足磨励我们……我们只有努力的工作，开创乡建运动的将来，为我们的劳苦大众，我们的国家尽一点微末的力量！我们要以我们的工作，答复一切的破坏的批评"。③ 这种做法的目的在于通过进一步明确乡村建设事业的意义与价值，加强乡村建设人才的使命感、责任感，进而增进社会认同感。

另一方面，晏阳初也非常重视通过塑造象征物来增强社会认同感。美国学者本尼迪克特·安德森通过研究表明，包括国家、民族以及一般社会群体在内的不同层次的"共同体"能够最终得以形成，与象征物（如旗帜、服装、仪式等）有着极为密切的关系。这些象征物不仅仅是一个群体与其他群体进行区分的外在标志，更体现着该群体的精神风貌，价值标准与行为规范，对群体成员具有潜在的激励、凝聚作用。晏阳初领导的平教会也创作有"平"字徽章，代表平民精神，"一到了考棚（实验区办公处）的大门，抬头就看见约摸三尺丁方的一个大大的'平'字，高揭门楣！……许多出版物的封面上，都印着红色的'平'字，会里办事人的衣襟上也都挂着'平'字的徽章，处处是平，无往不平"。④ 同学会会员也配有标识来表

---

① 陈序经：《乡村建设运动》，大东书局，1946，第36—37页。
② 《"乡村建设运动的将来"》，《民间》第2卷第24期，1936年4月，第14页。
③ 瞿菊农：《以工作答复批评》，《民间》第3卷第2期，1936年5月，第4页。
④ 谢扶雅：《'平'底哲学——到定县后底一个感想》，《民间》第2卷第24期，1936年4月，第1页。

明自身身份，"身上还带着一块黄布做的徽章，问起来，方知道他们都是平民学校卒业同学会的职员"①。此外还有《平教同志歌》，不仅平教会职员开会前先进行齐唱，而且通过无线电广播时鸣锣通知村子里的民众来听，同学会会员负责在旁帮助民众学习、演唱②。词曲的演唱，不仅是对成员的激励，更重要的是营造出了一种"仪式感"，有利于增强建设成员的社会认同感。

虽然与同一时期山东等地的乡村建设实验区人才培养方式相比，晏阳初所设计的"同学会"制度缺乏较为完整的训练体系，青年农民经过极短时间的培训就要承担极为复杂的乡村建设各项事业，一定程度上影响了建设效果。但其优点在于，正确认识到了乡村建设的进行必须培育乡村内生力量，直接对农民进行培养与组织，因而也被称为"青年会式"的人才培养模式。而且这种培养方式极大地节省了人才培养所需的人力、物力成本，没有超出乡村社会所能承受的范围，对于推动定县乡村建设事业的发展发挥了重要作用。

三 晏阳初乡村建设人才思想的影响及反思

在定县乡村建设实验区发展过程中，晏阳初注重培养青年农民以及组织同学会的做法发挥了重要作用，如在其提倡的四大教育中，生计教育主要由从同学会会员中选拔出的表证农家承担，"把试验场的东西，表证给普通农民看……领导普通农民，全体动员，作农业改进的工作"。至 1936 年冬，定县表证农家总数已超过 300 户，不断将新式农业技术进行普及与推广。卫生教育方面，同样从同学会会员中选拔出的保健员构成了定县三级保健制度的基石。保健员先接受为期约十天的训练，然后配发专用药箱返乡工作，负责简单、常见疾病治疗，卫生清洁，生命统计等工作。虽然职责繁重，但保健员几乎不领薪水，几等同于义务职，也容易得到当地村民的信任，"他们土生土长并易于生根于当地……被同胞村民信赖的村民们比

---

① 衡哲：《定县农村中见到的平教会事业》，《独立评论》第 51 号，1933 年 5 月，第 20 页。
② 宋恩荣主编《晏阳初全集》第 2 卷，湖南教育出版社，1992，第 286 页。

171

必须花费宝贵的时间来显示其可靠性的外来者更为有利"。① 正是有保健员的存在，才能在定县建立起相对完备、高效且经济的卫生保健网络，改善乡村社会的医疗卫生状况。在定县乡村建设其他事业中，同学会会员也发挥了重要作用，可谓"推动一切社会事业之原动力"②，无需赘述。不过在实践过程中，同学会制度的运作也出现一些较为严重的问题，反映出晏阳初乡村建设人才思想中存在的局限性，也值得反思。

局限性主要体现在晏阳初忽视了乡村社会复杂的权力网络，单纯重视青年农民的作用，导致同学会呈现组织松散的状态，无力应对地方反对势力，更无法实现农民的高效动员。从同学会的组织纲领来看，缺乏明确的奋斗目标。同学会曾制定有《同学会章程》③，但其中条文规定极为笼统："本会会员，都要相亲相爱，帮助村人做事，不许和人生气，也不许帮人生气。"没有明确的目标则难以凝聚团体力量。从组织结构及组织运作来看，较为简单。每村同学会成员组成会员大会，选举三至七名村委员，从村委员中再选举委员长一人，"按照大家的意见，替大家做事"，村级以上的同学会则几乎没有。村委员会每月开会一次，如遇重要事情则进行临时召集。运行经费也基于自筹，"由会员及本村捐助"，这决定了同学会无法承担复杂的、全局性的事务。从组织纪律来看，缺乏严格的职权划分与约束机制。为约束成员行为，同学会订有《同学会自修信条》，要求会员"不说谎，不打架，不赌博，不吸烟，要时间守约，要手脸清洁，要勤看书报，要早睡早起，要爱护公物"④。显然，这种规定重在软性的自我修养与自我监督，而缺乏强制约束力。

同学会组织松散的特点是由乡村建设的社会运动性质决定的，其组织效能也大打折扣。在推动乡村建设表层事业时尚可取得成效，一旦触及乡村社会政治、经济、文化结构的深层变革时则颇为无力，既无法得到当局的全力支持，更难以应对地方绅士的阻碍与破坏。

国民党当局对待乡村建设运动的态度是复杂的。中央政府或出于挽救农村的真意，或出于顺应民心的考虑，对定县的建设事业持支持态度。如

---

① 陈志潜：《中国农村的医学——我的回忆》，四川人民出版社，1998，第87—88页。
② 章元善、许仕廉编《乡村建设实验》第2集，中华书局，1935，第469页。
③ 孔雪雄：《中国今日之农村运动》，中山文化教育馆，1934，第118页。
④ 姜书阁：《定县平民教育视察记》，察哈尔教育厅编译处，1932，第118页。

蒋介石曾亲邀晏阳初至南京长谈，国民政府高级别官员也屡屡赴定县考察，还曾召开有关乡村建设、县政改革的专题会议。但地方政府的态度往往并不积极甚至持敌视态度，"过去各省每有误认实验区或实验县为民政厅直属机关，其他各厅，或取旁观态度，或且从而阻挠之者，实为重大错误……"①。晏阳初也曾无奈感言："我们虽是有了法律的根据，但是那时北方政局，不大受中央节制……（河北）省府委员共 9 人，其中有 3 个人从中破坏阻挠，我们为了事业，不得不低声下气婉转和他们来往。"② 至于地方绅士，仇视乡村建设者不在少数。如上文所言，晏阳初在选择乡村建设主体力量时已然撇开了绅士阶层，而大刀阔斧的建设事业又损害了一部分绅士的利益，如在定县依靠普通农民组织的合作社、合作银行与合作仓库"打倒了两百多家银号"。而且由于对同学会会员缺少指导与约束，导致"过火"行为不断发生，加剧了与地方势力的冲突。同学会会员常有抓赌活动，即便是一村之长，被抓到之后"罚钱与平校买煤油等"③。而实际上并未有任何法律或文件赋予同学会如此权力。甚至围绕演唱秧歌问题，有同学会会员居然"与旧村长放火污门，贴标语与村公所"，一度出现失控现象，令晏阳初也不得不重申"我们要想补救，一方面须注意到系统的上层教育，一方须注意已毕业同学会的大力矫之"④。冲突的结果"不但地方上的豪绅，就连县政府的县长科长都不放心，都起来反对。因此怀疑、恐惧、造谣，对我们加上许多'帽子'，用种种办法想破坏我们的工作"⑤。

面对地方势力的破坏与阻挠，同学会无力应对，晏阳初等高层领袖也无计可施，大多数时候只能妥协让步，甚至连定县实验县县长霍六丁也被迫离职。霍六丁原在河南大学、河南民众师范学院任教，后出任平教会社会教育部主任，定县被划为实验县后又出任实验县县长。在任期间，整顿风气，支持同学会扫除积弊，"取缔那些黑暗、危害人民的东西，如差役之敲诈、司法之贪污、监狱中罪恶和鸦片烟、白面毒品等等"。然而种种做法触及地方绅士利益，霍六丁一年后被迫辞职，如其自述："能做到的事一年

① 江西省政府民政厅专员室：《县政资料辑要》第 3 辑，江西省政府民政厅，1941，第 49 页。
② 宋恩荣主编《晏阳初全集》第 2 卷，湖南教育出版社，1992，第 296—297 页。
③ 宋恩荣主编《晏阳初全集》第 1 卷，湖南教育出版社，1992，第 190 页。
④ 宋恩荣主编《晏阳初全集》第 1 卷，湖南教育出版社，1992，第 189 页。
⑤ 宋恩荣主编《晏阳初全集》第 2 卷，湖南教育出版社，1992，第 294 页。

都做到了；做不到的事，再干也做不到。"① 同学会也不得不进行改组，原来同学会的领袖——村委员长和委员"应当是亲身种地的农民"，改组后规定"各村同学，得推举各村之公正而又热心公益的士绅一人至五人为指导员或顾问"，实际又将领导权拱手让出。一度"炫炫赫赫"的同学会也"随而亦形消沉"②。

　　综上所述，晏阳初的乡村建设人才思想及实践经历表明，对于中国农村问题的考察不能有任何预设的理论或方法。理论方法不同，结论必然各异，所提出的方案也必然脱离农村实际，"非但救不了农村，而且在目前，这运动本身都没有获得成功的希望的"③。应该真正进入乡村，将理论与乡村社会实际结合，剖析乡村场景中深刻复杂的政治、社会、文化结构，才能抓住乡村问题的本质并求得根本之解决。共产党将马克思主义理论与乡村实际相结合并取得革命成功正是最好的注脚。不过，就近代乡村建设运动的发展而言，晏阳初的人才思想及实践有着重要的推动作用，其历史成绩值得肯定，对当下有关农村建设人才培养思想、机制的探索亦有颇多可借鉴之资。

（原刊《河北广播电视大学学报》2017 年第 4 期）

---

① 中国人民政治协商会议河北省委员会文史资料研究委员会编《河北文史资料选辑》第 11 辑，河北人民出版社，1983，第 54 页。
② 庞永福：《定县归来》，《独立评论》第 155 期，1935 年 6 月，第 19 页。
③ 《关于歧途中的农村改良主义工作》，《中国农村》第 2 卷第 7 期，1936 年 7 月，第 84 页。

新民主主义革命时期中共解决
民生问题的路径选择

曾耀荣

2010 年笔者参加导师王先明教授主持的国家社科基金重大招标课题"中国乡村建设思想（百年）史"的开题报告会，王老师在会议上提出，20 世纪中国社会关注的一个重要主题是"民生"问题。此后，笔者在教学和科研中一直在思考近代中共解决民生问题的相关课题。关于这个问题的研究，目前学术界集中于三个主题：中共解决民生问题整体研究、中共领导人的民生思想研究、特定时期和区域的民生问题研究，相关研究主要探讨了中共民生思想的来源、内容和特点、具体措施、主要领袖人物的民生思想以及井冈山、中央苏区、陕甘宁等区域的民生建设或实践。[①] 上述研究对我们了解中共解决民生问题具有重要价值，但是，这些研究很少与近代乡村社会基本特点结合，因而很难揭示出中共解决民生问题的实质。本文立足于近代乡村社会与中共革命两个基点，从近代乡村发展危机的角度出发，侧重从发展路径层面分析了中共的土地革命、农业贷款和解决民生之间的关系。

---

* 曾耀荣（1969—），湖南邵东人，历史学博士，湖南人文科技学院马克思主义学院教授，主要从事近代乡村史研究。

① 吴苑华：《关切"民生"：一个不能忽视的马克思主义传统》，《马克思主义研究》2008 年第 6 期；单孝虹：《中国共产党民生观演进探析》，《毛泽东思想研究》2008 年第 5 期；王海：《中国共产党民生思想特点探析》，《中共福建省委党校学报》2010 年第 5 期；邹智贤：《毛泽东的民生思想及其启示——纪念毛泽东诞辰 117 周年》，《哲学研究》2010 年第 12 期；钟瑛：《陈云关于民生为本的思想与实践》，《中国当代史研究》2010 年第 3 期；刘义程、曾敏：《土地革命时期中国共产党的民生观》，《湖南科技大学学报》2010 年第 6 期；田志杰等：《民主革命时期中国共产党解决民生问题的经验与启示》，《人口研究》2009 年第 3 期；等等。

一 发展危机：近代乡村民生难题产生的重要致因

自晚清开埠通商以来，近代中国工商业经济逐渐发展。"新型经济关系乃至社会结构变动基本发生在通商口岸城市和区域中心城市等地，从而形成近代以来中国社会－文化的二元格局，即在现代化、城市化大趋势下的城乡二元分离性进程。新的生产方式以及由此形成的新生活方式的巨大的结构性变动，几乎都集中发生在城市社会里。"① 近代中国城市工商业经济的兴起和发展，改变了传统城乡一体化的社会关系，形成了近代城乡二元社会结构。"现在都会和农村，好像在同一个国民中分成了二个国家，无论从人口构成上看之，从语言上看之，从产业上看之，从住民的心理上看之，都是很明瞭的。这两者不啻是相分而已，动辄站在对立的地位，成为对抗的两大势力，虽然没强大的分化的倾向，在现时的社会生活上，却是增加了造成最有力的分解的作用。"② 近代城市已经成为政治、经济、文化和教育中心，形成了对乡村社会的绝对优势和控制，也导致社会资源由农村向城市转移，比如农村土地所有权由乡村转移到城市、农村资金由农业资本转变为商业资本、农村劳动力转化为工厂工人等等。"在近代史上，新工业和新都市的勃兴，没有一个地方不是以农村劳动力被牺牲为代价。"③ 近代中国城市发展和繁荣是以剥夺和牺牲农村发展为代价的，这种发展趋势造就了都市畸形的发展和农村的衰败，也导致了近代乡村社会普遍的贫困。"我国农村之贫困，农业之幼稚，均无可否认。"④

传统观点认为，近代乡村社会的贫困与地主与富农占有大量土地，而贫农和雇农很少甚至没有土地有很大关系，近代乡村社会土地分配不均，使大多数农民家庭无法生存下去。"在全中国的国民中，现在能够衣食无忧的，不过百分之六强；而绝大多数的百分之九四弱的人民，竟无法维持其

---

① 王先明：《20世纪前期乡村社会冲突的演变及其对策》，《华中师范大学学报》2012年第4期，第4页。
② 赵仲夫、盛梓夫译：《农村问题及其对策》，上海新学会社，1931，第95—96页。
③ 钱俊瑞：《〈中国农村〉发刊词》（1934年10月），《解放前的中国农村》第2辑，中国展望出版社，1987，第8页。
④ 孔雪雄：《对于战时农贷之期望》，《中农月刊》第3卷第2期，1942年2月，第1页。

最低生活水平。"① 但是，随着对近代乡村社会的了解和近代乡村史研究的深入，人们发现近代乡村虽然处在贫困阶段，但绝大多数家庭还是能够维持生计或基本能维持生计。1926 年 10 月，很多人认为江苏和浙江两省是太平富庶地区，"农民并无多大痛苦"②。1929 年 2 月杨克敏认为："（湘赣）边界的经济本来是一个小农经济区域，自耕农甚多，日常生活程度颇低，米一元钱可买四、五十斤，茶油每元钱可买八九斤，盐每元七斤，普通一个人生活，有一元多钱就可度过一个月。宁冈出米，每收获一年可够两年之吃，以是农民都家给人足，有性颇懒。""农民在红军未来之前，除遂、酃、茶、莲之大部外，颇觉安居乐业，有天下太平的景象，有日出而作，日入而息，老死不相往来的神气。"③ 同时期，金陵大学农业经济系卜凯教授对河北盐山县一百五十户农家经济及社会调查发现，河北盐山县农民收入不多，农民生活比较节俭和窘迫，尤其是冬天农闲时节，每天只吃两餐，而每餐都是粗粮素菜，不过 "农民尽可维持其勉强之生活"④。1933 年王云五、李圣五认为，农民家庭每年总收入平均为百余元，很少超过两百元的。由于收入低微，农民只能维持最低生活标准，绝对不可能享受舒适的生活。⑤ 1934 年广西师专在苍梧、桂林等地调查后注意到，一般来说乡村地主、富农和中农能维持基本生活，而大多数贫农在出卖劳动力或兼营副业的情况下就可以维持其生活。⑥ 1935 年私立福建协和农学院在福州紫阳村进行农村调查时发现，102 户收入在 250 元以下的家庭收支不抵，亏缺 74.500 元；49 户收入在 250—349 元的家庭亏短 77.000 元；20 户收入在 350—449 元的家庭亏损 62.796 元；1 户收入在 450—549 元的家庭盈余 37.000 元；1 户收入在 550—649 元的家庭盈余 50.000 元；1 户收入在 650—1000 元的家庭盈余 120 元。他们认为，农民家庭平均每年亏短 70.057

① 朱其华：《中国农村经济的透视》，中国研究书店，1936，第 4 页。
② 润之：《江浙农民的痛苦及其反抗运动》，江苏省档案馆《江苏农民运动档案史料选编》，档案出版社，1983，第 1 页。
③ 江西省档案馆、中共江西省委党校党史研究室编《中央革命根据地史料选编》（上），江西人民出版社，1982，第 18—19 页。
④ 〔美〕卜凯：《河北盐山县一百五十农家之经济及社会调查》，金陵大学，1929，第 165 页。
⑤ 王云五、李圣五主编《农村经济》（上），商务印书馆，1933，第 41 页。
⑥ 薛雨林、刘端生：《广西农村经济调查》，中国农村经济研究会主编《中国农村》第 1 卷第 1 期，1934 年 10 月 10 日，第 59 页。

元，由于米、菜蔬和燃料等都是农民自己生产的，不需要花钱在市场上购买，所以大多数家庭即使亏短70.57元，也能够勉强维持其家计。① 1947年华北人民政府财政部在冀鲁豫四县五村农村经济社会调查后发现，各个阶层最高亏损为1.899石，最低亏损为0.510石；如果计入四项收入，收支相抵所余不是很多，平均为0.439石。由于农民注意量入为出和勒紧腰带过日子，常常能做到收支平衡或者少亏和不亏，即使出现了收支不抵，还保持在可以接受的范围。② 曹幸穗的苏南农村研究表明，近代苏南乡村居民分为三类：第一类是种地之外没有其他收入的"纯农户"或"种田专业户"，他们是种田大户，收入较高，是乡村中的"富户"，没有生存问题；第二类是"无地农户"，他们进入城镇当工人、店员，或从事农村家庭工商副业、自由职业、长工女佣、乞丐等，并以此谋生；第三类既种地又兼营其他职业的农户，称为"兼业农户"，他们一面耕种自家的小农场，一面从事农业以外的副业经营，这些兼业农户副业收入多少与农场规模大致成反比例关系。他们通过副业收入来弥补农业收入的不足，借此以维持生计。③ 斯科特认为："保证自身的基本生存需要，这个此时此地不可避免的行动方针，有时迫使农民以自己的未来作抵押。"④ 陈志让也认为，近代中国农民仍然以家庭为生产和消费单位，他们的经济考虑依然是把家人生活安全放在首位。⑤ 基于生存安全的需要，农民会通过各种途径来解决生存和温饱问题。"其实这些自耕农民大多也是异常缺乏土地，他们单靠田地上的收入决不足以维持生活。因此他们必须兼营苦力、小贩，以至割草、拾粪等副业。就在农忙时期，也须抛弃了自己的田地，去受地主富农们的雇佣。"⑥

如果说传统中国乡村危机是"根源于土地兼并及赋税沉重剥削下广大

---

① 陈希诚编《福州紫阳村经济调查》，私立福建协和农学院农业经济出版，1937，第22—23页。

② 华北人民政府财政部编《1947年华北农村经济调查》，1949，第34页。

③ 曹幸穗：《旧中国苏南农家经济研究》，中央编译出版社，1996，第232—233页。

④ 〔美〕詹姆斯·C. 斯科特：《农民的道义经济学：东南亚的反叛与生存》，程立显、刘建等译，译林出版社，2001，第17页。

⑤ 陈志让：《军绅政权——近代中国的军阀时期》，生活·读书·新知三联书店，1980，第132页。

⑥ 薛暮桥：《旧中国的农村经济》，农业出版社，1980，第20页。

人民的极端贫困"①，它更多体现于乡村社会生存危机；而"近代的乡村危机也不是一以贯之没有变化。从性质上讲，存在着从传统危机向近代危机转变的问题"②。自1920年代开始，关于"农业恐慌""乡村崩溃""农村破产"等话语的讨论开始广泛出现，学界、政界或社会各界争相引论纵谈，一时聚为时政焦点和理论热点。而作为舆论载体的报纸杂志自然成为这一时代脉动的一环。民国时期一些知名度较高的综合性报纸杂志，例如《大公报》《益世报》《东方杂志》等都对"乡村危机"给予了大量的关注，舆论一时蔚为大观。③ 王先明教授认为，20世纪二三十年代的乡村危机，当时，人们或又称之为"农村崩溃""农业恐慌""农村凋蔽""农业破产"等等，只不过是概要言其某一个侧面而已。实际上，其时的乡村危机是一种全面且深刻的社会危机，是一种"农村总崩溃"。它是由政治纷乱、经济破产、社会失序、文化失范所引发的整体危机。20世纪之乡村危机完全不同于传统时代的乡村危机，一方面是基于传统社会矛盾的演化积累，另一方面又基于现代化、工业化与城市化进程中新的矛盾的催生和积累，呈现着生存危机与发展危机的二重性特征。④ 张富记、陆远权也认为："近代百年农村发展迟缓，其些微发展也未为普通农民所得，无助于农村社会的发展与农民的进步。落后与破产始终与农村相伴，广大农民一直处于生存与发展的危机之中。"⑤ 但是，既然近代乡村农民能基本维持生计，这就说明了近代乡村生存危机不是非常严重。1935年春，美国经济调查团到中国上海、香港、南京、北平、汉口、杭州等地进行了经济调查后也认为："中国经济危机，不如外传之甚。"⑥ 因此，我们认为，近代乡村危机与其说是生存危机，还不如说存在着严重的发展危机。只有解决好近代乡村的发展危机，才能真正地消除其生存危机，才能解决好近代中国农民的民生难题。

---

① 张富记、陆远权：《近代中国乡村危机简论》，《史学月刊》1999年第1期，第107页。
② 张富记、陆远权：《近代中国乡村危机简论》，《史学月刊》1999年第1期，第107页。
③ 王先明、吴瑕：《试析20世纪前期乡村危机的社会关怀——以〈东方杂志〉为中心的历史考察》，《历史教学》2013年第2期，第13页。
④ 王先明：《20世纪前期乡村社会冲突的演变及对策》，《华中师范大学学报》2012年第4期，第7—10页。
⑤ 张福记、陆远权：《近代中国乡村危机简论》，《史学月刊》1999年第1期，第106页。
⑥ 朱其华：《中国农村经济的透视》，中国研究书店，1936，第1页。

二 从土地革命到发展生产：中共解决民生 问题的思路转变

面对着近代乡村的发展危机，如何解决近代乡村的民生问题，当时南京国民政府、社会力量及中共纷纷提出自己的对策。近代著名农业经济学家唐启宇先生认为，农业发展要素主要包括土地、劳力和资本三个方面。[①] 南京政府基于平均地权推行困难，从改良农业技术入手，希望通过社会技术层面的改革来解决乡村危机；以梁漱溟、晏阳初为首的知识分子主导的乡村建设，希望通过乡村文化重建乡村社会；中共则希望通过土地革命的方式来解决土地问题。[②] 从当时社会解决乡村危机的方式来看，南京国民政府、社会力量纷纷避开了土地问题，只有中共从土地问题入手，进行土地制度改革来缓和乡村危机，解决民生问题。

长期以来，人们常常认为，由于地主、富农占有大量土地，因而土地越来越集中；而现在有不少学者提出，近代乡村土地不是越来越集中，而是越来越分散。[③] 不管近代乡村土地是越来越集中还是越来越分散，有一点是不可否认的，即近代乡村各阶层土地占有不均。[④] 农民生产主要依靠土地，土地多少和质量好坏决定了农民生产的好坏。许多人认为农村问题的重心是土地问题，如果土地问题解决了，农民生产问题也自然随之解决，农民生产问题解决了，农民生活就不成问题，农村问题归根结底就是土地问题。[⑤] 土地制度改革成为当时解决农村问题的主要选择之一。"这年头弥漫着解决土地问题的声浪。从国联驻华专家起，至国内学术团体止，都会提出'急需改革土地制度'或是'以分配生产为重心来解决土地问题'的

---

① 唐启宇、宋希庠：《农村经济》，世界书局，1932，第15页。
② 王先明：《20世纪前期乡村社会冲突的演变及其对策》，《华中师范大学学报》2012年第4期，第10—13页。
③ 章有义：《本世纪二三十年代我国地权分配的再估计》，《中国经济史研究》1988年第2期；郭德宏：《旧中国土地占有状况及发展趋势》，《中国社会科学》1989年第4期；等等。
④ 严中平等编《中国近代经济史统计资料选辑》，科学出版社，1955，第270—272页。
⑤ 翟克：《中国农村问题之研究》，广州国立中山大学出版社，1933，第200页。

要求。"① "土地问题事实上已经成为一个更加生死攸关的问题。只有通过合理有效地土地改革,解除农民的痛苦"②。如何进行土地改革,中共提出,没收地主土地、征收祠堂庙宇和其他公共土地,按人口平均分配。然而随着土地革命的推进,中共进一步没收了富农出租土地,甚至还没收了富农自耕的土地,把这些土地平均分给了贫雇农。随后,中共还没收了地主、富农的房屋、耕畜、生产工具,并分配给贫雇农。③ "由于土地改革是废除了封建剥削制度,改变了不合理的土地占有关系,无地少地农民取得了一些土地。"土地革命时期,赣西南苏区多数农民分到6—7担田;闽西苏区的龙岩县每人分18担田,上杭农民分到12担田,长汀农民分到12担田,连城农民分到4担田;湘鄂赣苏区的浏阳县,田多的乡农民人均分田8担,田少的乡分5担。④ 抗日战争时期,地主、富农土地占有减少,而中农、贫农、雇农户占有土地增加。⑤ "解放战争时期土地改革基本完成,约有1亿多农民从地主和旧富农手中获得了3.7亿亩土地,并获得了必需的生产资料和生活资料。"⑥

当时人们普遍认为,土地改革使无地和少地的贫苦农民分配了土地,可以调动他们的生产积极性,从而推动农业生产的发展。解放战争时期担任中共华东局书记的饶漱石在华东局会议上说:"土改是为了使农民生产资料得到保证,提高生产力,把旧的生产关系打破,建立新的生产关系,这样才能发展生产力。"⑦ 从理论上讲,土地改革提高了大多数无地或少地农民的生产积极性,可以促进农业生产和经济发展,但是,实际情况却出现了与之相反的发展趋向。当时有人担心土地革命会破坏生产的发展,"许多博士教授以为土地革命只能解决分配问题,不能解决生产问题,甚至会使

---

① 陶直夫:《中国现阶段底土地问题》,中国农村经济研究会编《中国土地问题和商业高利贷》,中国农村经济研究会,1937,第48页。

② 费孝通:《江村经济:中国农民的生活》,商务印书馆,2001,第239页。

③ 曾耀荣:《误读富农:中共在近代土地革命中打击富农的主要因素》,《史学月刊》2013年第6期。

④ 乌廷玉等:《现代中国农村经济的演变》,吉林人民出版社,1993,第506页。

⑤ 乌廷玉等:《现代中国农村经济的演变》,吉林人民出版社,1993,第573—603页。

⑥ 成昌汉:《中国土地制度与土地改革——20世纪前半期》,中国档案出版社,1994,第618页。

⑦ 《生救工作中政策问题》,档案号:3-1-77,临沂市档案馆藏,转引自《莒南县土地改革研究1941—1951》,第157页。

农业生产愈益衰落。"① 土地革命时期，中央苏区的土地改革不但未能发展生产，反而出现了生产破坏的现象。湘赣边苏区在革命之后，物价大幅度上涨，一些地方四斤肉要一元钱，一斤鸡要两百钱，一斤萝卜、冬瓜、青菜等要一百钱，米相对较便宜，也要三元大洋一石，但是，一元钱只能买二斤或四斤盐，六斤茶油。这种物价和红军到来之前一元多钱就可够一个人度过一个多月相比，简直就是天壤之别，甚至"布匹、棉花连及日用必须品"，因为无法正常供应，"价值的昂贵，等于上海的物价"②。1933年9月20日赣西南特委在《赣西南的（综合）工作报告》中不得不承认，苏区在土地革命后已经推翻了封建剥削，在经济上应该有很好的发展，但是，由于苏区工作上的问题，苏区经济出现了停滞。③ 抗日战争和解放战争时期，中共开展的土地改革也遇到了同样的问题。"由于过去我们的土改中有许多偏差和坏蛋的造谣破坏，引起了群众对生产的许多顾虑，误解我们的平分土地是'打乱平分'。农民对于他今天所种的土地明年是否仍归他种，以至今年是否归他收割没有把握，因此他不积极去耕地，不积极去上粪。农民的另外一个顾虑是怕生产发家劳动致富以后挨斗，因此便不肯省吃俭用勤耕苦作。这些顾虑对开展生产运动都是很大障碍。"④ "某些地区土改左偏所造成去春农民生产情绪的动荡不安等，曾给我们进行恢复生产以极大困难。"⑤ 土地革命虽然使无地和少地的贫苦农民分配了土地，但是，它也使人们害怕上升为富农和小地主，不愿意投入生产或扩大生产规模，反而拼命吃穿。⑥ 土地革命中分田次数太多，使群众不相信土地属于自己所有，因而不会安心生产，人们认为只要自己够吃就行了，⑦ "在农民中甚至部分

① 薛暮桥：《旧中国的农村经济》，农业出版社，1980，第18页。
② 江西省档案馆、中共江西省委党校党史教研室选编《中央革命根据地史料选编》（上），江西人民出版社，1982，第19—20页。
③ 《中央革命根据地史料选编》（上），第410页。
④ 《中共华东中央局关于春耕生产和救灾工作的指示》，中共山东省委党史研究室编《解放战争时期山东的土地改革》，山东人民出版社，1993，第260页。
⑤ 《边区建设的新阶段》，甘肃社会科学院历史研究室编《陕甘宁革命根据地史料选辑》第3辑，甘肃人民出版社，1983，第321页。
⑥ 戴向清：《中央革命根据地史稿》，上海人民出版社，1986，第517页。
⑦ 《中央革命根据地史料选编》（上），第446页。

的干部中，……大家都不赞成使中农成为富农，认为成为富农就'坏'了……"①。中共进行土地改革，本来是希望它能解放潜在的生产力，通过发展生产来达到改善人民生活的目的，结果反而造成了生产发展的破坏，这是中共不愿看到的。饶漱石在谈到山东土改中出现的对生产力的破坏时说："人要想生活，必须生产出东西，所谓衣食住行所需之物，人为了需要这些东西，必须要有生产之东西，如土地、原料等，把劳动与土地等结合，就产生生产力，这革命目的是提高生产力！""根据这种认识来检查，土改中政策是有毛病的。"② 农村革命对发展经济造成了严重破坏，使广大农村面临着恢复和发展经济的重要任务，因此中共需要从农村革命到经济建设的伟大转变。③ 张闻天在抗日战争时期也指出："有些农民出身的干部，体贴农民疾苦，这是对的。但把改善农民生活完全放在合理分配别人的财富上，则是不对的。应主要从发展生产、增加社会财富来求民生之改善，才是比较妥当的。"④

基于土地改革中的教训，中共意识到通过土地改革和分配财富无法达到改善民生之目的，相反可能会带来生产发展的破坏。在土地革命时期，中共在中央苏区曾经尝试过从革命到建设的转变，但是，这个指导思想的转型是非常不成功的，原本脆弱的经济基础难以支持持久的革命战争，恐怕也是中共第五次反"围剿"失利的重要因素。⑤ 痛定思痛，中共在抗日战争时期吸取教训，决定改变解决民生的发展思路，提出把发展生产作为解决民生的主要手段。"生产可以改善人民的生活，现在人民的生活水平还很低，而改善人民生活的前提是搞好生产，人民生活的改善，是和发展生产分不开的，生活是跟着生产走的；……总之，生产决定一切，它决定中国

---

① 中共山东省委农村工作部、农业合作化史编写办公室编《抗日战争时期山东滨海区农村经济调查》，中共山东省委农村工作部、农业合作化史编写办公室，1989，第172页。

② 《生救工作中政策问题》，档案号：3－1－77，临沂市档案馆藏，转引自《莒南县土地改革研究1941—1951》，第155页。

③ 曾耀荣、鲜晓博：《从革命到建设：中央苏区指导思想转变分析》，《赣南师范学院学报》2013年第1期，第33页。

④ 张闻天选集编辑组编《张闻天文集》第3卷，中共党史出版社，1994，第185页。

⑤ 曾耀荣、鲜晓博：《从革命到建设：中央苏区指导思想转变分析》，《赣南师范学院学报》2013年第1期，第36页。

的命运，它决定人民生活的好坏。"① 1938 年 12 月 20 日中共中央在《新中华报》社论中提出，广泛开展生产运动，努力提高工农业的生产力，保证各个地区的物质供应。陕甘宁边区政府明确提出："经济建设方面，坚持发展生产，以改善人民生活，支持长期抗战的方针。"② 从陕甘宁边区开始，到各抗日根据地，从党政军学人员到全解放区的广大群众，逐渐开展大生产运动。③ "在土地问题解决以后，开展大生产运动，人民收入的提高，是有很大前途的。"④ 大生产运动的开展标志着中共中央把发展生产作为解决民生问题的主要任务。1943 年毛泽东提出，在有根据地条件下，不提倡发展生产并在发展生产的条件下为改善物质生活而斗争，只是片面地提倡艰苦奋斗的观点是错误的。⑤ "由于解放区基本上只有农村根据地而无城市，基本上的生产者是农民，当时军民生活所需要的大部分都是农产品，而且手工业和轻工业的原料也大部分来自农产品。因此，只有十分重视农业，才能抓住整个生产事业的重点，而取得大的成效。"⑥ 毛泽东认为，在各敌后根据地中开展大生产运动，包括公私农业、工业、手工业、运输业、畜牧业和商业，而应该以农业为主体。⑦ 同时，中共党内还批评了不注意农业而重视副业生产的错误倾向。⑧

三　农业贷款：中共解决民生问题的重要手段

既然中共强调把农业生产放在第一位，那么解决农业生产中存在的困难就成为它的主要任务。"中国整个的国家生命，是在农民，农民整个的生活要素，是在生产。但是农业生产的要素，大家都知道包括'土地'、'资本'和'劳力'，而在中国环境之下，……在这三种要素当中比较，我国农

① 《发展生产与发扬民主》（1949 年 9 月 13 日），张闻天选集编辑组编《张闻天文集》第 4 卷，中共党史出版社，1995，第 119 页。
② 《边区建设的新阶段》，甘肃社会科学院历史研究室编《陕甘宁革命根据地史料选辑》第 3 辑，甘肃人民出版社，1983，第 81 页。
③ 黄文主等：《抗日根据地军民大生产运动》，军事谊文出版社，1993，第 39—40 页。
④ 华北人民政府财政部编《一九四七年华北农村经济调查》，1949，第 8 页。
⑤ 《毛泽东选集》第 3 卷，人民出版社，1991，第 911 页。
⑥ 黄文主等：《抗日根据地军民大生产运动》，军事谊文出版社，1993，第 59 页。
⑦ 《毛泽东选集》第 3 卷，人民出版社，1991，第 911 页。
⑧ 华北人民政府财政部编《一九四七年华北农村经济调查》，1949，第 8 页。

民最受限制的就是'土地'与'资本'。"① 中共通过土地改革只暂时性地解决了农民土地问题，大多数贫雇农土地仍短缺，资本缺乏问题成了制约农民发展生产的主要因素。"农民所有资本太少，以致不能获得适当的土地，去作农场的基础。农作的工具，只能因陋就简；农产的品种，也将就使用，肥料不能施用，病虫不能驱除，生产怎么能够发达"②，"农民分了田，生活本当比较好，但他们因缺乏资本，缺乏肥料，且因人力不足，生产上不免要受到影响"③。中共领导人刘少奇也注意到这个问题，他在《关于土地会议各地汇报情况及今后意见的报告》中指出，在全国土地改革中综合各地农民要求，主要有土地、生产资本、保障农民民主自由权利及公开负担四大要求。④ "资本太少，农业生产不能发展；收入太少，农民生活不易维持。"⑤ 因此，解决农民生产资本问题就成了中共改善民生的主要目标。

近代乡村农民家庭生产剩余是非常有限的，发展生产资本主要依靠负债，传统乡村借贷来源主要是传统农业金融组织，其中私人借贷占有重要地位，而在私人借贷中，地主、富农占有比例较高。由于近代乡村社会不安定，地主和富农很忌讳别人知道他们有钱，所以他们极力避免财富外泄，因而往往拒绝向别人放款，即使愿意放款也不愿公开办理。⑥ 因而近代中国农民"不惟自己没有资本，就是向人家借用一点资本，也是不容易的"⑦。另一方面，中共在土地革命时期推行"废除一切债务"以及在抗日战争和解放战争时期实行"减租减息"的农村经济政策，不仅导致了地主、豪绅和富农追缴旧欠，而且还停止乡村借贷。在土地革命中"豪绅地主则加紧对农民的压榨，实行对农民的经济封锁——停止借贷，力催旧欠……"⑧。抗日战争和解放战争时期，中共实行的减息政策已经斩断了农民与传统借贷尤其是高利贷的联系，但不幸的是，农民对减息之后借不

---

① 乔启明：《农业贷款与农场投资》，农村教育改进社《新农村》第 16 期，1934 年 9 月 15 日，第 2 页。
② 杨开道：《农村问题》，世界书局，1932，第 67 页。
③ 龚楚：《龚楚将军回忆录》（下），明报月刊社，1975，第 347 页。
④ 白希：《开国大土改》，中共党史出版社，2009，第 135 页。
⑤ 杨开道：《农村问题》，世界书局，1932，第 68 页。
⑥ 陈翰笙等：《解放前的中国农村》第 3 辑，中国展望出版社，1989，第 62—63 页。
⑦ 杨开道：《农村问题》，世界书局，1932，第 67 页。
⑧ 中央档案馆、江西省档案馆编印《江西革命历史文件汇集：一九二九年》（一），1987，第 25 页。

到债的担心变成了事实，农民借贷停滞已经成为农家经济生活继续运行的障碍。① 因而"帮助刚分得土地的农民解决农具、耕牛、种子的困难，改善水利和交通条件，就是帮助农民得到土地后从各方面去解决他们的困难，改善农业生产条件，使得生产的大发展成为可能"②。为此，中共中央提出："政府应举行大量的农业贷款，以解决农民借贷的困难。"③ 1938 年到 1945 年，中共在各个抗日根据地陆陆续续设立了多所银行，包括晋察冀边区银行、北海银行、冀南银行、西北农民银行、江淮银行、淮北银行、淮海银行、大江银行、华中银行、浙东银行等。④ 为了发展经济保障供给，改善人民生活，各个根据地先后举办了农业贷款。1942—1945 年陕甘宁边区经由建设所和边区银行发放的农业贷款，1942 年为 366 万元、1943 年为 2780 万元、1944 年为 1 亿元，1945 年增至 5.99 亿元。⑤ 晋察冀边区银行的投资贷款额，1938 年为 11.3 万元、1940 年为 270 万元、1942 年为 161 万元、1944 年为 11366 万元、1946 年为 564317 万元。晋冀鲁豫边区 1939 年贷款额为 930 万元、1941 年为 4366 万元、1943 年为 28589 万元、1945 年为 108728 万元。1946 年农业、工业贷款两项就发放了 411000 万元，1947 年上半年这两项贷款又发放了 460000 万元。晋绥边区 1940 年 9 月至 1941 年 8 月贷款额为 20.1 万元、1945 年 1 月至 6 月为 5360 万元、1946 年 12 月至 1947 年 12 月为 125673 万元。山东、北海银行在山东解放区农业贷款分别为 1939 年 28 万余元、1942 年 1152 万元、1945 年 15617 万元、1948 年 23008979 万元。⑥

同时，中共还认识到"经济建设中的资本问题的解决，主要是吸收群众资本，把他们组织再生产的消费的与信用的合作社之内，应该注意信用

① 李金铮：《革命策略与传统制约：中共民间借贷政策新解》，《历史研究》2006 年第 3 期，第 122 页。
② 刘瑞龙：《川陕革命根据地经济建设的片段回忆》，中国人民银行四川省分行金融研究所编《川陕省苏维埃政府工农银行》，四川省社会科学院出版社，1985，第 112 页。
③ 《中共中央关于抗日根据地土地政策的决定》，甘肃社会科学院历史研究室编《陕甘宁革命根据地史料选辑》第 2 辑，甘肃人民出版社，1983，第 371 页。
④ 徐唐龄：《中国农村金融史略》，中国金融出版社，1996，第 246 页。
⑤ 徐唐龄：《中国农村金融史略》，中国金融出版社，1996，第 247 页。
⑥ 李金铮：《论 1938—1949 年华北抗日根据地、解放区的农贷》，《近代史研究》2000 年第 4 期，第 200—201 页。

合作社的发展，使在打倒高利贷资本之后能够成为他的代替物"。① 由于
"信用合作社是组织人民游资，发展人民生产的杠杆"②，中共在抗日根据地
和解放区大力提倡合作运动，鼓励建立信用合作社，为农民解决生产资金
问题。1944 年底，陕甘宁边区已经建立了 30 多个信用合作社，存款总额达
5 亿元，白洋 1 万多元，元宝 10 多锭，手镯 40 副。③ 陕甘宁边区组织的农
村信用合作社贷款对农村生产资金和农村副业的短期借贷的调剂具有重要
作用，即使信用合作社贷款是用于解决农村工资及生活资料，也直接或间
接地扶植了生产，发展了农村经济。④ 华中解放区工作委员会提出："解决
耕牛、农具、种子、肥料缺乏的基本办法，是以当地群众互济互助为主，
政府贷款为辅。"⑤ 在这种指导思想下，1945 年盐城区建立合作社 89 个、
1947 年建立 20 个、1948 年建立 18 个，1949 年重新组织合作社 45 个。各地
合作社在春耕中借贷种子肥料给无法播种的社员；在春荒中借出粮食和豆
本给困难群众做本钱进行运输或副业生产，合作社在帮助社员生产救灾上
取得了很大的成绩。⑥

　　中共明确规定，农业贷款的主要对象是那些生产资本缺乏的贫雇农和
手工业者，一方面贫苦农民没有土地或者土地很少，很难得到银行的信用，
获得农业贷款；⑦ 另一方面贫苦农民既是新民主主义革命的主要力量，又是
生产的主力军，而且他们还缺乏必要的生产资本和生产资料。⑧ 而在同等条
件下，抗属、军属、烈属、干属、复员军人、精简人员、战斗英雄、劳动

---

① 毛泽东：《中华苏维埃共和国中央执行委员会对第二次全国苏维埃代表大会的报告》（1934
　　年 1 月），中国人民银行四川省分行金融研究所编《川陕省苏维埃政府工农银行》，四川省
　　社会科学院出版社，1985，第 63 页。
② 陕甘宁财政经济史编写组、陕西省档案馆编《抗日时期陕甘宁边区财政经济史料摘编》第
　　7 编，陕西人民出版社，1981，第 339 页。
③ 《抗日时期陕甘宁边区财政经济史料摘编》第 7 编，第 337 页。
④ 《抗日时期陕甘宁边区财政经济史料摘编》第 7 编，第 338 页。
⑤ 《华中工委关于秋冬两季农业生产的指示》（1948 年 9 月 20 日），江苏省财政厅等《华中
　　解放区财政经济史料选编》第 5 卷，南京大学出版社，1989，第 95 页。
⑥ 《华中工委关于秋冬两季农业生产的指示》（1948 年 9 月 20 日），江苏省财政厅等《华中
　　解放区财政经济史料选编》第 5 卷，第 440—445 页。
⑦ 陈翰笙：《现代中国的土地问题》，中国农村经济研究会编《中国土地问题和商业高利贷》，
　　中国农村经济研究会，1937，第 32 页。
⑧ 李金铮：《论 1938—1949 年华北抗日根据地、解放区的农贷》，《近代史研究》2000 年第 4
　　期，第 185 页。

模范等，有优先贷款权。因为这些人是中共抗日战争、解放战争重要的战斗力量和依靠力量。从贷款上适当照顾他们，也可以起到稳定军心、鼓励先进的作用。然而随着土地改革的完成，地主富农的经济地位已降至贫雇中农甚至更低的水平，发动地富生产也成为解放区经济生活中的一项重要工作，因而中共农村根据地对农贷对象的要求发生了明显变化，农贷对象不再规定以贫雇农为主，而是包括地主、富农在内的一切积极从事生产的劳动人民。[①] "有的贫苦的地主、富农，确实不能维持最低限度的再生产的，也应贷给，这与各阶层团结互助也有很大好处。"[②] 在土地改革中被削弱的地主和富农成为农业贷款的对象时，反映了中共争取地主、富农的策略改变，客观上有助于生产发展和民生问题的解决。

结　语

20 世纪中国社会发展面临着社会革命和解决民生两大主题，而且两大主题相辅相成，并行不悖。孙中山在领导资产阶级民主革命中曾经提出："完全解决民生问题，不但是要解决生产的问题，就是分配的问题也是要同时注重的。"[③] 中共在领导农村革命中，解决民生问题是中共革命认同和政权认同的重要手段。在"革命史"研究范式下，人们在研究中共农村革命时，只注意到土地改革是中共动员农民的主要策略，而忽视了土地改革是解决民生问题的重要手段。土地革命主要目的是"改善群众的经济生活，使群众没有饭吃的有饭吃，没有衣穿的有衣穿，没有事做的有事做"。[④] 中共土地改革使大多数贫雇农分到了土地和其他生产资料，解放了潜在的生产能力，促进了生产发展。

（原刊《河北师范大学学报》2014 年第 1 期）

---

① 李金铮：《论 1938—1949 年华北抗日根据地、解放区的农贷》《近代史研究》2000 年第 4 期，第 185 页。

② 实业处：《一九四二年春耕贷款总结》（1942 年 10 月 25 日），魏宏运主编《抗日战争时期晋察冀边区财政经济史资料选编》第 4 册《财政金融》，南开大学出版社，1984，第 785 页。

③ 中山大学历史系孙中山研究室等合编《孙中山全集》第 8 卷，中华书局，1986，第 469 页。

④ 江苏省财政厅等编《华中解放区财政经济史料选编》第 1 卷，南京大学出版社，1987，第 57 页。

抗战后的平民教育运动

——以平教会华西实验区为中心

谢　健[*]

　　1936 年 6 月平教会总部迁到长沙，其乡村建设的重心开始逐步转向在四川、湖南两省的推广工作。1939 年因抗战全面爆发，平教会在湖南、四川的工作相继受挫，因此决意迁往重庆。平教会最初在重庆南岸办公，1939 年 10 月私立乡村建设育才院在重庆近郊的巴县歇马场开办后，即迁往该地。由此，平教会也将战时工作重点转移到对乡村建设高级人才的培养上。[①] 抗战胜利后，农村极度破败，特别是以四川省为中心的抗战大后方，更是因全力支持抗战而达到衰败的边缘。同时，国民政府为表彰四川省在抗战中的卓越贡献，特提出要将四川省建设为模范省。[②] 有此因缘，平教会于 1946 年在征得四川省政府和国民政府同意之后，于四川省的第三行政督察专员区设立了新的乡村建设实验区，称为"巴璧实验区"，1948 年扩大后改称为"华西实验区"[③]。

　　新中国成立后，因政治因素，学界对平教会及其主持的各个乡村建设实验区的研究处于停滞状态，华西实验区也逐渐在人们的视野中消失。从 1985 年晏阳初受邀回国参观访问开始，学界对晏阳初及平教会的相关研究开始增

---

　　* 谢健（1988—），重庆璧山人，历史学博士，西南大学马克思主义学院讲师，主要从事近代中国乡村史研究。

①《中华平民教育促进会成立经过、组织情形、工作计划、经费收支概况、会员名单》，档案号：0089－0001－00007，重庆市档案馆藏。

②《致朱季青》，《晏阳初全集》第 4 卷，天津教育出版社，2013，第 673 页。

③《为准中华平民教育促进会函请将第三区划为该会实习场所一案令抑遵照由》，档案号：0055－0006－00061，重庆市档案馆藏。

多。① 而其中华西实验区的相关研究因材料缺失，一直以来都为学界所遗漏。② 最近，重庆市璧山县档案馆在整理民国档案时发现了新中国成立初查封的华西实验区档案，经初步整理共计有四百余卷。这批档案对于研究华西实验区、平教会都有重要的价值。③ 本文拟利用该档案和其他相关资料对华西实验区平民教育的史实进行初步的梳理，并在此基础上对华西实验区和定县实验区的平民教育进行相关比较，进而对平教会主办的平民教育进行评价与反思。

一 传习处与示范校：华西实验区平民教育的基础工作

1946 年实验区成立之时，因人力、经费有限，实验工作并未全面展开。工作内容仅限于平民教育和组织机织合作社，最初的范围也仅在璧山县的四个乡，后扩大到璧山全县、北碚全区以及巴县的七个乡镇。④ 1948 年后受农复会资助，原计划全面推广，但因西南地区很快就迎来解放而未能实现。华西实验区的实验工作，首先实施的就是平民教育工作，以教育为出发点，着重实施乡村经济建设。

---

① 薛伟强：《晏阳初研究八十年》，《河北学刊》2006 年第 2 期。
② 目前对华西实验区的研究成果主要有：1. 著作方面涉及的主要有：璧山县委文史资料委员会编的《璧山县文史资料选辑（第 1 辑）》；四川省政协文史资料委员会、巴中县政协文史资料委员会编的《平民教育家晏阳初》（四川大学出版社，1990）；重庆市北碚区地方志编委会等编的《中国乡村建设学院在北碚》（西南师范大学出版社，1992）；吴相湘的《晏阳初传：为全球乡村改造奋斗六十年》（岳麓书社，2001）；詹一之、李国音的《一项为和平与发展奠基工程——平民教育之父晏阳初评介》（四川教育出版社，1994）；詹一之等编著的《科教兴农的先行者——晏阳初华西实验区》（内刊）、熊明安、周洪宇主编的《中国近现代教育实验史》（山东教育出版社，2001）；2. 论文方面公开发表的主要有：谭重威的《中华平民教育促进会华西实验区的乡村建设实验》（《四川师范大学学报》1994 年第 1 期）；谢健的《中华平民教育促进会在华西实验区的乡村建设实验》（《重庆交通大学学报》2013 年第 6 期）；谢健的《华西实验区乡村建设运动述论》（《北京教育学院学报》2013 年第 6 期）。此外，四川大学、西南大学的部分师生也在从事相关研究。
③ 张国圣：《重庆发现晏阳初华西实验区珍贵档案》，《光明日报》2012 年 11 月 12 日。
④ policy, program and budget: experimental area of the mass education movement in cooperation with the szechuan provincial goverment，档案号：0089 - 0001 - 00090，重庆市档案馆藏。

（一）社学区的划分与基层传习教育

华西实验区总办事处设有教育组，专责平民教育工作，因实验区工作展开之时教育组尚未正式成立，因此，其教育工作是先有基层工作，后有教育组的组织。实验区成立之后，根据工作需要，对所辖的行政区域进行重新划分：在原有县的区域设置办事处，共 11 个；县下分为若干辅导区，设区主任、干事、辅导员若干，全实验区计划设立 512 个辅导区；辅导区下又按人口、经济、地理等因素划分为若干个社学区，全区计划设四千个社学区，每区设民教主任一人。为完成教育活动，社学区内设置传习处，专责农民扫盲教育工作。①

社学区的范围为以 2000 亩面积或 200 户人口为单位划分出来的区域，它作为华西实验区的基层组织，不仅是实施平民教育的基础单位，也是实施乡村建设实验的基础单位。② 在区内实施包括教育、卫生、经济、自卫等一系列的乡村建设活动，因其既是一个实施基本教育的学区范围，又是一个基层合作社的业务范围，因此称为社学区。③ 由此社学区作用复杂，不仅仅限于开展教育工作，由于其教育与建设工作的连贯性，使得单独对教育的考察难以进行。因此，要考察实验区的教育情况，应着重对社学区内的传习处进行考察。

传习处是社学区内为完成平民教育而设定的。在社学区划分时，为顾及区内教育活动，每区基本涵盖了一所国民学校。每个国民学校分两部分：一部分为儿童部，注重儿童的教育，避免造成新文盲，教学上有半日制和全日制两种；一部分为民教部，由民教主任主持开设传习处，选拔导生进行传习教育。④ 传习处范围没有固定的要求，一般为一个或两个甲的单位。在实践中一般以人口多少为准。一个传习处招生人数一般为 20—40 人，每个社学区开设的传习处数平均为 10 处。⑤ 经费方面，因平教会经费有限，

---

① 谢健：《抗战后乡村建设的复兴：中华平民教育促进会华西实验区研究》，硕士学位论文，西南大学，2015。
② Education for Reconstruction，档案号：0089 - 0001 - 00053，重庆市档案馆藏。
③ 《什么叫社学区》，档案号：09 - 01 - 57，璧山县档案馆藏。
④ 《中华平民教育促进会华西实验区社学区教育经济农业卫生建设关系图》，档案号：09 - 01 - 136，璧山县档案馆藏。
⑤ 《开设传习处之过程》，档案号：09 - 01 - 115，璧山县档案馆藏。

实验区不负责传习处的开办经费。因此，其经费大多来源于当地士绅的捐赠或县政府少量拨款，而实际参与传习处教育活动的导生也属于义务职。[①] 正是这种工作的义务性质在一定程度上也造成了平民教育师资的缺乏。

招生与留生是传习处平民教育的两个主要问题。引起这两个问题的原因主要是农民对识字教育的重要性认识不够，同时大部分农民忙于生计，没有时间参加学习。与国民学校儿童部的目标不同，传习处的招生对象以15岁至45岁的青年和成人文盲为主，初步目的在于扫除文盲。[②] 传习处基本招生有两种：自由报名和强迫入学。两种方式各有利弊。自由报名参加者学习热情高涨，但持续时间不长，且人数较少；强迫入学者多勉强应付，效果不佳。[③] 因此，实验区将教育与经济相结合，用组织合作社、发放贷款来吸引农民参加教育活动。[④] 同时规定农民必须参加传习处教育，否则不能参加各种合作社。[⑤] 通过以上方法，大部分的农民参加了传习处的扫盲教育，但随着时间的流逝，留生仍为传习处的重要问题。和招生一样，除了依靠政治的强制力量，身处基层的民教主任强调要标本兼治，治标的办法：一是选择地方有威望的人为导生；二是提高导生待遇，包括物质和精神两方面；三是立即发放贷款。而治本的办法：一是稳定农村经济；二是健全地方农会组织。[⑥] 仔细考察一下这些办法，我们不难发现除治标的第一条较容易实现外，其余几条都难以办到。特别是立即发放贷款一条，从效果上看确实是调动农民积极性最有效的办法，但它与平教会的乡村建设理念完全相悖，这种行为属于"输血"而非平教会所提倡的"造血"，同时也与华西实验区的建设顺序——先教育后组社、贷款相违背，因此此条办法不可能实现。

传习处的扫盲教学周期为4个月，每年办理两期，在不影响农业生产的前提下每天上课2节，学习时间为2小时，所教授的内容为基本识字课使用

---

① 《为申请核发传习处设备费及经常费一案复知查照由》，档案号：09-01-08，璧山县档案馆藏。

② 《平教会华西实验区璧山县民教工作述要》，档案号：09-01-84，璧山县档案馆藏。

③ 《传习处的招生方式》，档案号：09-01-122，璧山县档案馆藏。

④ 《如何使农民入传习处》，档案号：09-01-138，璧山县档案馆藏。

⑤ 《华西实验区组社须知》，档案号：09-01-60，璧山县档案馆藏。

⑥ 《关于传习处学生人数减少问题》，档案号：09-01-115，璧山县档案馆藏。

的《千字文》。① 其他教材有以注重培养农民公民意识的《农民读本》,培养实际应用,讲解记日记、记账、书信格式、怎样立契约等内容的《民众应用文》,娱乐性的《民众歌曲》等。另外,补充教材方面有宣传合作社、减租退佃、水果保存、疾病防治等内容的《传习连环画》。② 此外,还有临时增加的教育内容,例如为实行特种传习教育,内容有机织合作社社员教育传习、农业生产合作社社员教育传习。在农业良种推广方面,有以植桐活动传习、种稻和推广南瑞苕活动教育传习等为内容的《改良稻种栽培须知》《油桐育苗须知》《甘薯良种南瑞苕》等教材。③

(二) 示范学校的设置与工作情况

按计划,在全实验区的四千个社学区中,每四个社学区中建立一所示范国民学校,以期对其他三所进行示范、辅导。④ 示范国民学校的设立直接的目的有三个:一是在建设计划中提到的示范表证作用;二是示范校在建设中起到领导中心的作用;三是对国民教育方案的实验。鉴于这三个目的,示范校的办理采取鼓励实验的原则、示范校坚持领导的原则、经济的原则以及整理其他国民学校的原则。在实际工作方面,示范校的工作和普通国民学校相同,也分为儿童部工作和民教部工作,重点也在于民教部的工作。但其整个工作的重点不在于实际上的农民扫盲教育,更多的是对所涵盖区域内的建设活动的指导。⑤ 同时,示范校还兼负完成社学区的调查统计工作、组织农业生产合作社并开展业务活动、组织专营业务合作社等责任。⑥

示范校的教学内容与普通传习处相同,其作用重在示范效应。除开展普通农民扫盲教育外,部分高级示范校为研究扫盲教育结束后的继续教育问题,还开办了成人教育高级班。开办高级班主要在于解决导生自身受教育程度不够、农民因忙于生计而无法继续学习等问题;同时高级民众传习

---

① 《中华平民教育促进会华西实验区传习处民众基本教育课程进度表》,档案号:9 - 01 - 08,璧山县档案局藏。
② 《〈传习连环画〉教学说明》,《乡建工作通讯》第 1 卷第 23 期。
③ 《教育工作报告》,档案号:0089 - 0001 - 00116,重庆市档案馆藏。
④ 《四川省第三行政区平教会华西实验区农村建设计划》,档案号:09 - 01 - 22,璧山县档案馆藏。
⑤ 《示范国民学校工作说明纲要草案》,档案号:09 - 01 - 24,璧山县档案馆藏。
⑥ 《本期示范国民学校工作要项》,档案号:09 - 01 - 136,璧山县档案馆藏。

班也注重对乡村建设人才的培养，研究改进传习教育，矫正传统教育与劳动脱节的情况。① 这些临时的高级民众学校的开办虽然仍是实验性、示范性、义务性，但是有向正规成人教育转变的趋势。②

二 平民教育的其他工作与扫盲成果

（一）教育组工作与特种教育形式

1. 教育组与平民教育工作

华西实验区在璧山设总办事处，工作人员上设置总办事处主任一名，下分六个工作组：教育组、合作组、农业组、水利组（水利工作队）、卫生组、编辑组，和三个工作室：秘书室、社会调查室、会计室。其中，教育组专门负责全区的教育事务。③ 因各组室成立时间不一致，因此其工作进度不一。以教育组来看，虽然教育组总揽平民教育工作全局，但教育工作却是在基层首先展开，迟至 1949 年 1 月教育组才制定出教育工作大纲和教育工作计划。根据工作大纲，教育组的工作又分为两个部分：一是推进华西实验区的成人教育工作；二是组织研究实验工作。④

推进成人教育方面，平教会主张教育工作乃是整个乡村建设的一环。总体目标仍为开发和培养农民的知识力、生产力、健康力和组织力，使其自发地用自己的力量改善生活及环境，奠定民主国家的基础。⑤ 内容上虽然具体名目与定县实验不一致，但是仍以四大教育为主要内容。实施办法上，只采取学校式教育的形式，分为：划分社学区，设置传习处，运用"即传、即习、即用"为一体的导生传习制进行扫盲教育；健全和调整已有的国民学校，将国民学校分为儿童部和民教部，在民教部设置民教主任，专责成人教育和社区建设等工作。

组织研究实验工作是教育组的另一重要任务。设置华西实验区的首要

---

① 《梓潼乡曹氏宗祠示范国民学校试办高级民众传习班计划》，档案号：09-01-103，璧山县档案馆藏。
② 《北碚管理局黄桷镇高级民众学校办理计划》，档案号：09-01-191，璧山县档案馆藏。
③ 《中华平民教育促进会华西实验区组织大纲》，档案号：09-01-22，璧山县档案馆藏。
④ 《教育组工作计划大纲》，档案号：09-01-54，璧山县档案馆藏。
⑤ 《教育工作计划》，档案号：09-01-54，璧山县档案馆藏。

目的就是要研究出一套适合于全国各地的、具有普遍意义的乡村建设方法。① 教育组的任务也不例外，其进行研究实验的工作主要有三项：一是设立研究实验乡，研究平民教育和新教育制度。1949 年 10 月平教会代理干事长瞿菊农在乡村建设学院主持召开华西实验区教育工作座谈会，决定由教育组选择一个乡作为教育研究实验乡，专门用来研究和实验华西实验区新的教育制度。随后实验区总办事处将北碚黄桷镇、巴县歇马场、璧山狮子乡三个乡划定为实验乡，先从各乡选两个社学区进行传习教育新试点的研究。② 二是为了加强对传习处已毕业学生的继续教育，教育组拟编印平民读物，并以组织同学会的形式加强毕业生的联系。三是设立示范国民学校，通过其示范校来引导普通国民学校农民的教育。1949 年 9 月召开的璧山、巴县师范校工作座谈会总结了示范校办学的经验。③

2. 特种教育之电化教育

平教会利用电化教育的方式对农民进行扫盲教育早在定县时期就已开始，1949 年 9 月华西实验区成立电化教育委员会，并下设影音施教队，该队分两部分，分别驻扎在实验区总办事处和乡村建设学院内。其主要工作分为三个方面：洗印实验区各项活动照片；摄制幻灯片；巡回各辅导区实施影音教育。④

同月中旬，影音施教队设备基本购齐，于 9 月 17 日晚首先在璧山总办事处进行电影试放映，内容以卫生教育为主，效果显著。此后又在璧山民众教育馆公映两次，吸引了当地不少民众观看。随后即在全区展开巡回施教活动。⑤ 10 月份施教队放映电影八次：五次在璧山县民教馆体育场，市民参加人数达一万余人；另外三次，一次是在城西乡来龙场，一次是在县参议会为到县参加行政会议的各乡参议员放映，一次为慰劳新兵。每次放映都加映幻灯片和宣传农地减租、机织合作社及各辅导区发放贷款等情形的短片，以加强各级人员对实验区工作的了解。⑥

① 孙则让：《华西实验区工作述要》，中华平民教育促进会华西实验区，1949。
② 《教育组十月份工作报告》（1949 年 10 月），档案号：09 - 01 - 166，璧山县档案馆藏。
③ 《教育组九月份工作报告》（1949 年 9 月），档案号：09 - 01 - 166，璧山县档案馆藏。
④ 《影音施教队即购备发电机，展开影音施教活动》，《乡建工作通讯》第 2 卷第 4 期。
⑤ 《影音施教队即巡回各区工作》，《乡建工作通讯》第 2 卷第 6 期。
⑥ 《教育组十月份工作报告》（1949 年 10 月），档案号：09 - 01 - 166，璧山县档案馆藏。

电化教育委员会的主要工作分为三个部分：一是制片部，制作有宣传合作社、减租、组织社田等内容的静态影片 7 部，另外与联合国教科文组织合作摄制卫生类静片 64 部；二是摄影放映部，主要为摄制乡建学院和实验区各种活动照片，进行广播和放映工作；三是实习部，主要是针对乡村建设学院乡村教育系学生实习"电化教育"，具体有制片实习、摄影实习、放映实习及广播实习等内容。① 此外，平教会还与联合国教科文组织配合，在实验区进行基础教育类的视听计划，工作范围主要集中在璧山和北碚两个地区。②

（二）战后平民教育成果的考核

1. 平民教育考核办法

华西实验区对传习处的导生传习成绩十分重视，在传习处扫盲教育成绩考核分为导生考核和学生考核，当然还包括对民教主任和驻乡辅导员的考核。考核内容为：（一）传习行政成绩，即招生、留生、传习处管理等问题的考核；（二）学业成绩，主要针对学生学习情况的考核；（三）传习处建设活动，即对学生参与社学区内建设活动的情况考核。③ 从考核内容来看，传习处的作用也不局限于对农民的扫盲教育，更多的是将教育与乡村建设相结合。

考核方式与考核程序方面，对以上三个部分的考核主要有调查统计、文字测验、口试、实地视察、月终报告等五个方法。考核程序相对而言烦琐而严密：（一）传习行政的考核，依次分为填写报表、审查、统计、汇报、视察、奖惩等几个阶段，分别由导生、民教主任、辅导区主任及总办事处完成；（二）学业成绩考核分为三个阶段，即月终检阅、期中检阅和期末检阅。④ 测验的内容则分为文字的测验和常识的测验。⑤ 检阅时，首先由民教主任根据各传习处修学情况，上报辅导区主任请求考试，其次是根据

---

① 《电化教育工作报告》，档案号：0089 - 0001 - 00044，重庆市档案馆藏。
② 晏阳初：《截止到一九四九年四月的工作进展报告》，《晏阳初全集》第 2 卷，天津教育出版社，2013，第 416 页。
③ 《传习教育成绩的考查》，档案号：09 - 01 - 57，璧山县档案馆藏。
④ 《教育工作报告》，档案号：0089 - 0001 - 00116，重庆市档案馆藏。
⑤ 《教育工作座谈会记录》（1949 年 10 月 5 日），档案号：09 - 01 - 73，璧山县档案馆藏。

各科内容确定考试内容，最后是评奖，各辅导区主任根据学生考试情况对优秀学生、优秀导生、优秀传习处分别给予奖励并上报名单。（三）传习处建设考核办法，分为厘定考核标准及评点、从实际活动中考核成绩、评奖等几个考核步骤。①

2. 平民教育的成果

华西实验区的扫盲教育从 1947 年 3 月在璧山地区开展工作开始到 1949 年 11 月止，一共开办了四期。第一期为 1946 年 3 月至 7 月，第二期为 1947 年 10 月至 1948 年 4 月，第三期为 1948 年 10 月至 1949 年 4 月，第四期为 1949 年 7 月至 1949 年 11 月。② 其中第一期开展的地区仅为璧山的四个乡，民教工作展开时还未划定社学区，传习教育的要求相对宽松。往后每期逐渐扩大范围，增加社学区、传习处的数量。

截止到 1949 年 4 月第三期传习教育结束时，平教会在璧山、北碚、巴县的西里等 7 个乡镇共划分社学区 461 个、设置传习处 1958 处，有导生 4232 人。在开展工作的这三个县局中经调查有文盲 93125 人，其中参加传习处接受教育的 53230 人。③ 到第四期时因正值西南解放时期，其中社学区增加 4 个、传习处增加 13 处，学生结业人数为 54188 人。④ 除此之外，从 1949 年 3 月起在铜梁、綦江、江北、合川等县的实验工作也相继展开，除设置辅导区、划分社学区外，其平民教育的具体情形因材料限制而不详。

三 继承与发展：平教会平民教育的演变

要考察华西实验区平民教育的情形，不仅要详细梳理其实施教育的机构、形式、成果等内容，更要将其放入到平教会活动的历史脉络中加以探究。平教会在从 1923 年成立到 1950 年被解散的二十余年时间中，先后在定县、衡山县、新都县、璧山县和四川省第三区等地开办多个平民教育和乡

---

① 《传习教育成绩的考查》，档案号：09 - 01 - 57，璧山县档案馆藏。
② 《教育工作报告》，档案号：0089 - 0001 - 00116，重庆市档案馆藏。
③ 《华西实验区璧山巴县北碚民教工作按期比较表》（1947 年 3 月至 1949 年 10 月），档案号：0089 - 0001 - 00116，重庆市档案馆藏。
④ 《璧山、巴县、北碚各辅导区所属传习处第四期学生结业人数统计表》，档案号：09 - 01 - 62，璧山县档案馆藏。

村建设的实验区。其中较为全面展现其平民教育和乡村建设理念的实验区为定县实验区和华西实验区。因此，将定县实验区和华西实验区的平民教育进行对比，我们可以发现平教会平民教育活动的延续性和创新性。

（一）教材的延续与演变

晏阳初发起的平民教育缘起于其在法国期间教授华工识字的个人经历，早在法国服务期间，晏阳初就开始研究编订平民教育课本，并打下一定的基础。[①] 1922 年 2 月，青年协会书局初版了晏阳初主编的《平民千字课》，这一版本成为后来众多平民教育教材的蓝本。在经历城市平民教育的热潮之后，晏阳初逐渐意识到农民才是平民教育的主要对象，平教会于 1925 年将组织调整为总务、乡村、城市、华侨四部，逐步重视乡村平民的教育。[②] 1929 年平教会全体成员迁往定县，由此定县平民教育实验全面拉开帷幕。

根据现有的史料和研究成果，平教会在定县实行平民教育时，应用的教材最主要的就是《农民千字课教学书》，分四册。这套书是为应定县平民教育需要而于 1930 年编订的。[③] 根据晏阳初主编的《平民千字课》演化出了平民、农民、士兵三种千字课本，农民、市民、士兵三种自修课本，《市民高级文艺课本》和《农民高级文艺课本》两种补充性教材。[④] 在对千字课本进行扩展的过程中，平教会原本还计划针对女文盲编订妇女千字课，后未实现。[⑤] 同时还计划为高级平民学校编订课本，分为平民文艺、公民常识、家政常识、农业常识、史地常识、平民笔算等种类。[⑥] 据当时的调查统计，定县平民教育中教材与学生用书有 22 种，乡村平民教育丛刊有 7 种，此外还有普及农业科学丛书、乡村社会调查、平民教育丛刊、平民读物等。[⑦]

---

① 吴相湘：《晏阳初传》，岳麓书社，2001，第 21 页。
② 汤茂如：《组织中华平民教育促进会总会的经过》，舒新城编《中国新教育概况》，中华书局，1928，第 184 页。
③ 《农民千字课·序言》，《晏阳初全集》第 1 卷，天津教育出版社，2013，第 526 页。
④ 宋恩荣、熊贤君：《晏阳初教育思想研究》，辽宁教育出版社，1994，第 130 页。
⑤ 徐秀丽：《中华平民教育促进会扫盲运动的历史考察》，《近代史研究》2002 年第 6 期。
⑥ 汤茂如：《定县农民教育》，撷华书局，1923，第 187—188 页。
⑦ 《定县平民教育农村运动考察记》，第 36—47 页。

相对于定县实验而言，华西实验区平民教育的主要教材仍为以识字为目的的千字课，但又不限于其范畴，各种补充教材则更为繁多，注重受教者兴趣、适应能力等原则。① 其中主要教材为《农民读本》《民众歌曲》《民众算术》《民众应用文》等，还有各种特种教材、合作社常识读本等。② 根据华西实验区制定的《传习处民众基本教育课程进度表》，与《农民千字课教学书》比较起来，《农民读本》内容更注重公民意识的培养，包含了对"中华民国"国情、三民主义、减租、税收等内容的介绍。③ 此外，为配合华西实验区的乡村建设实验，在平民教育过程中还有两种补充教材：一是传习连环画，通过单独画片的形式来传授某种知识或观念，如宣传合作的《大家要合作》《赵家坡组织合作社》《左明义参加机织合作社》《联社经理王大全》《张大年耕种社田》等。④ 宣传减租和柑橘保存的《怎样防止蛆柑》《黄家广柑出了名》《组织柑橘产销合作社》《实行农地减租》《地主不减租怎么办》等内容；⑤ 二是《传习报》，该报为旬刊，实验区内部发行，主要刊登实验区经济、教育、卫生各项建设活动动态。该报不仅作为各乡镇辅导员、民教主任了解实验区动态的载体，更重要的是作为传习处补充教材而存在。⑥

（二）教育思想与目标

就教育思想和目标来看，定县教育着重于四大教育，即文艺、生计、卫生、公民。以往的研究中仅强调其初级目标，即：认识基本汉字、理解所认汉字的含义、引起读书兴趣。⑦ 实际上，晏阳初对于四大教育还有一个高级目标，也分三个方面：养成自读、自习、自教的能力；灌输公民常识，培养"中华民国"国民应有的精神和态度；实施生计教育，辅助、指导、

---

① 《办理保校成人班实施要点》，档案号：09‐1‐71，璧山县档案馆藏。

② 《编辑组工作简明报告》，档案号：09‐1‐104，璧山县档案馆藏。

③ 《传习处民众基本教育课程进度表》，档案号：09‐1‐08，璧山县档案馆藏。

④ 《领取传习连环画凭条》，档案号：09‐1‐08，璧山县档案馆藏。

⑤ 《编辑组工作进度》（1949年1—12月），档案号：09‐1‐104，璧山县档案馆藏。

⑥ 《为通知本区〈传习报〉创办旨趣及发行和使用办法由》，档案号：09‐1‐161，璧山县档案馆藏。

⑦ 徐秀丽：《中华平民教育促进会扫盲运动的历史考察》，《近代史研究》2002年第6期。

改善平民的生活。① 纵然在高级目标中强调改善平民生活，平教会在定县实验区的工作内容仍以教育为重，将各种乡村建设实践置于教育之下，强调教育的启发作用。

相对而言，因华西实验区设立时的政治因素，其工作内容更多是以农村经济的恢复和发展为重点。从平教会为璧山县拟定的三年建设计划看，与其说是在实验原有的四大教育，不如说是在为复兴农村而进行四大建设，特别是经济建设。其中就连充实学校、注重成人教育也是以推进地方建设为目的。② 在解释社学区教育的含义时就明确了"通过教育，改造生活，完成建设"的目的。③ 实际上，根据平教会所制定的合作社章程，农民只有在参加完传习处的培训之后才有资格参加合作社。④ 这种规定不仅是强调平民教育在其中的基础作用，更突出了教育与建设的密切关联，将建设活动置于教育活动之上，以建设诱导农民受教育。然而，在这种情况下，平教会的教育目标虽然仍在于扫除农民文盲，增强农民合作意识，但对农民而言接受教育的目的则不全在于识字，或许更在于获得参加合作社之后的贷款。

（三）教育形式与导生传习制的作用

定县平民教育的实施方法在以往的研究中主要提及的为晏阳初所倡导的三大教育方式。此外，还有一种表证式的，意即不仅要讲授意义，还要实验，这种方式主要在生计教育中采用。⑤ 平教会在华西实验区的平民教育因重视程度不及定县实验时期，因此在教育形式上也很单一。事实上，从现有的档案材料来看，华西实验区的平民教育更多的是运用学校式教育，特别是其中的成人校和成人班。⑥ 其主要手段就是充实和改造国民学校，通过在国民学校中设置民教部和民教主任来完成平民教育。这与定县实验区相比，缺少了社会式和家庭式的教育形式。

---

① 《平民教育的真义》，《晏阳初全集》第 1 卷，天津教育出版社，2013，第 95 页。
② A Program of Rural Reconstruction for Bi-shan Hsien，档案号：0089 - 0001 - 00010，重庆市档案馆藏。
③ 《社学区教育、经济、卫生工作简释》，中华平民教育促进会华西实验区编印，1949。
④ 《璧山县蒲元乡荣家冲机织生产合作社章程》、《璧山县太和乡白沙岗农业生产合作社章程》，档案号：09 - 01 - 223，璧山县档案馆藏。
⑤ 晏阳初：《平民教育概论》，《晏阳初全集》第 1 卷，天津教育出版社，2013，第 89 页。
⑥ An Interim Report（January-July 1947），档案号：0089 - 0001 - 00008，重庆市档案馆藏。

民教主任和其领导的传习处在华西实验区的教育、建设活动中起到了非常关键的作用，但是其重点却已经脱离了单纯的教育、启发农民，更多的在于领导一个社区的乡村建设实践。正如随后的工作简述中所言，导生传习不仅是解决师资缺乏情况下普及教育的办法，也是一种培养乡村领袖的办法，更是一种通过传习完成建设的办法。① 这种情况我们可以以璧山县城北乡的三个社学区为例，该社学区开办时间早，属于璧山县第一辅导区管辖范围，辅导区区主任为傅志纯，辅导员兼示范校校长为黄开文。其工作进展如次：首先是调查，在划分完社学区后即调查本区内情况，根据情况决定组织农业社和何种专门合作社；其次是由辅导员与区内民教主任商议组社问题，随即由民教主任组织导生会议，辅导员列席向导生宣传组社的意义，导生回到传习处后向学生宣讲组社细节；再次是导生组织学生讨论组社，并商议合作社章程、申报程序、选举筹备人员等；最后由实验区批准成立合作社，登记社员和发放贷款等。② 这一过程中虽然仍强调教育在启发农民合作意识的作用，但是不可否认的是这一系列活动真正的重点在于乡村建设的实践。

结　语

随着近代乡村危机的日益加重，平民教育自 20 世纪初兴起以后，一直被当作挽救乡村危机的重要方法之一。同时，由乡村平民教育延伸出来的乡村建设运动也在 30 年代初达到高潮。随着抗日战争的全面爆发，虽然全国大部分的乡村建设实验区受到破坏，但是乡村建设活动却并未因此而消失，反而在西迁过程中得到了整合。抗战胜利后，晏阳初领导的平教会实现与政府合作，在四川省的第三区办起了民国史上最大的乡村建设实验区——华西实验区，这个实验区的实验活动基本上延续和发展了定县时期的实验，并在教育和经济方面取得了突出的成就。

农村的平民教育是乡村建设的基础，这是平教会自 1929 年迁到定县开始实施农民平民教育后的一贯信仰。这种基础通过两个方面来实现：一是

---

① 《平教会教育工作简述》，档案号：0089 - 0001 - 0011，重庆市档案馆藏。
② 《示范国民学校及示范社学区视导报告》，档案号：09 - 1 - 73，璧山县档案馆藏。

提高农民文化水平，使农民建立起乡村建设的基本意识，增强农民自主意识、建设意识；二是树立农民的信心，传播平民教育思想，消除农民抵触情绪。虽然平教会对华西实验区平民教育的投入没有定县时期那么大，但是其仍具有基础性地位。同时，在实践中，农民也对平民教育经历了"不信任→信任→参与→积极活动"四个阶段，这从侧面也充分反映出华西实验区乡村建设的完整历程。实际上，在整个华西实验区的乡村建设过程中，民众的心理都经历了这样的历程。

通过对华西实验区平民教育的详细考察，并将其与定县实验区进行比较，我们还可以发现华西实验区的平民教育存在着以下特点：一、定县时期三大教育方式仅剩一种，即学校式教育。同时，十分重视导生传习制的应用；二、教育与建设联系更加密切，因政治因素的存在，可以进一步认为平教会工作的重心已经由平民教育转向乡村建设，但这种转移是以教育为基础的。此外，在华西实验区的工作中平教会与政府的关系同样值得注意，但可以肯定的是，平教会这种自抗战爆发初期在湖南、四川等地与政府合作的行动不仅没有妨碍其学术独立的立场，反而使其领导的乡村建设运动影响更为巨大。

（原刊《西华师范大学学报》2016 年第 4 期）

社会认同视野下的近代华北
乡村建设工作者群体

——以定县、邹平为中心

任金帅[*]

从构成要素来看，乡村建设工作者群体（以下简称工作者群体、工作者）是为乡村建设运动的主体力量。伴随着 20 世纪二三十年代乡村建设运动的迅速发展，一个以宗旨目的上的统一、事业内容上的一致、情感价值上的相近等为内聚力的工作者群体逐渐形成。为实现救济农村、复兴民族国家的目的，群体成员在不同岗位上承担起贯彻乡村建设理论、路线，推进诸如社会调查、乡村教育、农业经济、医疗卫生等工作的重任，可谓运动的骨干与灵魂。不过，群体成员中有相当一部分是下乡参与建设事业的知识分子，面对的是生活环境以及职业等的巨大转变。他们的社会认同，即对自身身份、工作的理解与体验是建设事业能否得以顺利展开的关键因素。由此，本文拟从社会认同的角度出发，探讨工作者的心理、工作状态以及对乡村建设运动发展与走向的影响，将是对乡村建设运动研究的有益补充[①]。

---

[*] 任金帅（1986—），河南禹州人，历史学博士，河南科技大学马克思主义学院讲师，主要从事中国近代乡村史研究。

[①] 自乡村建设运动伊始至今，相关研究成果层出不穷，并集中在"思想史"、"运动史"与"制度史"的范围，对于工作者群体的关注则相对较少。其中较具代表性的成果主要有李德芳的《试论南京国民政府初期的村治派》（《史学月刊》2001 年第 2 期），曹天忠的《1930 年代乡村建设派别之间的自发互动》（《学术研究》2006 年第 3 期），李晔和李振军的《留美知识分子与 20 世纪 30 年代的中国乡村建设——以晏阳初在河北定县的实验为例》（《中国农史》2007 年第 2 期），冯杰的《博士下乡与"乡村建设"——以 20 世纪二三十年代河北定县平教会实验为例》（《河北大学学报》2007 年第 5 期），等等。从总体来看，目前对乡建工作者群体的研究尚处于初步阶段，关注点多在知识分子下乡、乡建派别互动等问题上，未能深入到群体内部，对群体的数量、构成、特征、活动及生活、工作状态进行揭示。本文主要围绕乡建工作者群体的社会认同状态及发展演变展开讨论，以期有助于乡村建设运动研究的拓展与深化。

一 "乡村建设必有前途"：工作者社会认同的自我建构

认同是一种"内化"与"异化"并存的心理过程，即个体将他人或群体的价值、标准、期望与社会角色内化于自我行为及概念之中，同时对"我（们）"、"你（们）"和"他（们）"进行分类与比较。认同可以被区分为个人认同与社会认同，前者是指个体以自我为参照而进行的对自我特点的描述，后者则指个体认识到自我属于特定的社会群体、类别，同时也认识到作为群体成员带给自身的情感和价值。对于乡建工作者而言，个人认同与社会认同往往并存，但作为社会运动、社会群体中的一员，其所存在的社会认同更为彰显，一方面表现为对自身身份、职业的理解与体验，另一方面则表现为对群体边界的想象与划分①。

20 世纪二三十年代农村问题不断凸显并从单纯的经济凋敝转变为空前的生存危机，救济农村的呼声也因之高唱入云。倡导与动员知识分子下乡贡献力量的言论不绝于耳，一时成为舆论所向，"到田间去，乃中国社会上最时髦的一句口头禅"。② 而此时在邹平、定县等地应运而生的乡村建设运动具备较为系统的建设方案与事业内容，提供了乡村工作的岗位与平台，吸引着众多知识分子自愿参与其中。就对自己身份、职业的理解与体验而言，充任乡建工作者角色的下乡知识分子中有相当一部分怀有振兴乡村、复兴民族的真志，对乡村建设事业有着相当的兴趣与热忱，并立足于对历史、社会环境的理解以及工作体验主动建构社会认同。

按山东乡村建设研究院（以下简称研究院）招生办法，研究院训练部学生结业后下乡主持乡农学校、乡学村学等农村新组织，成为正式的乡建工作者。这些学生对乡村建设工作有着自己的认识，如研究院训练部学生马奉玉就在下乡前的演讲中表示，唯有乡村建设才是抵御外敌、振兴国家

---

① 〔英〕Richard Jenkins：《社会认同》，王志弘、许妍飞译，巨流图书有限公司，2006，第 7 页；周晓虹：《认同理论：社会学与心理学的分析路径》，《社会科学》2008 年第 4 期，第 50 页。

② 熊今悟：《都市社会之形成及其病态》，《社会半月刊》第 1 卷第 5 期，1934 年 11 月，第 46 页。

民族之路，进而号召同学发深心大愿承担起乡村建设的责任，"我们是正负着了建设乡村的责任，我们正是要准备下乡组织民众的人们，我们的使命是若何的大，国家将亡匹夫有责，在这国难临迩，我们应将更进一步的努力！"[1] 为贺新年，魏家庄乡农学校教员及高级部学生共同排演了《下乡》一剧，讲述一名大学生毕业后没有找到适当工作，终日奔走于权门却一无所获。在遭到旅店店主讥刺后，觉悟教育制度的错误以及人才集于都市而乡村凋零的弊害。后到某县公署求谒县长，而县长在种种困境下也意识到国家衰弱根源于乡村被破坏，要复兴民族国家必须联合各界共同下乡工作。于是，县长辞职与农工商学共同下乡[2]。该剧之目的在于呼吁知识分子下乡，所表达出的无疑也是编剧者对建设事业的认同。

平教会骨干成员很多是被晏阳初的个人魅力及平教理论吸引而来，如傅葆琛、瞿菊农、陈筑山、熊佛西、陈志潜、李景汉等。他们大都是曾留学或在国外从事研究的高级人才，为寻求振兴农村的方法而放弃城市优越的生活与工作条件，进驻定县的乡村开展实验。成员之间可谓志同道合，整个团体也因之具有较强的向心力及凝聚力，正如参观者之感言："此次第一使我注意的，是平教会诸位领袖的牺牲与合作的精神。这精神招徕了许多位志同道合的人才……把平教会的几十位同志融成一体，使他们彼此相视如兄弟骨肉。"[3]

群体成员中普遍存在的对群体的区别与分类也是社会认同的一种表现。一个群体的相似性总是同它与其他群体之间的差别相伴而存在的，只有通过界定这种差别，相似性才能被识别。对于"谁是自己的同志"这一问题，工作者有着自己的区分。最具代表性的是1932年初研究院同人许之华所著之《开头向农友谈的一段话》。该文清楚地展示出工作者脑海中存在的"群体边界"：在生活上，空喊"下乡去"的人被描绘为"日常穿洋服，著革履，油头粉面，翩翩然好像些王孙公子"，"素以特殊阶级自居，临乎民众

① 马奉玉：《对付日本唯一的路子！》，《乡村建设》第 1 卷第 11、12 期，1932 年 1 月，第 14—15 页。
② 蓝梦九：《第四区乡农学校工作报告》，《乡村建设》第 1 卷第 21—30 期合刊，1932 年 7 月，第 61 页。
③ 衡哲：《定县农村中见到的平教会事业》，《独立评论》第 51 号，1933 年 5 月，第 23—24 页。

以上，作威作福"，而工作者则"投身与农友之中，同化于农友之内，和农友同甘共苦，同生活，本着吃苦耐劳的精神，以尽我们建设乡村的天职"；在工作内容上，一般的民众领导者"不了解社会心理，不明乡村状况"，"一味蛮干横闹"，而工作者则是"随时随地观察农友的痛苦和要求，以求得深切的了解和解决方法"①。这种比较无疑是对群体边界的想象，彰显着工作者这一角色所具备的特质，即站在农村、农民的立场，深入乡村开展建设事业，为民众解决问题、谋求利益，最终达到救济农村、复兴民族国家的目的。

文本表达虽不等同于真情实感，但也不尽是个人编造。无论是对实际工作的理解与体验，还是对群体边界的想象与区分都体现出群体成员中存在着一定的社会认同。基于社会认同，很多工作者对待建设事业往往态度端正、信心饱满，如最早在邹平进行社会调查的杨庆堃、周振光所言："一个青年人，当他能将他的力量与生命贡献给工作以后他便感到无限的慰藉，因为在不绝的尝试的程途上，他已经尽了他的责任。"② 这对于乡村建设运动的发展而言无疑是一种有力的保障。而研究院、平教会等乡建团体、机构也致力于通过多种路径进一步加强工作者的社会认同，提升精神意志以及群体凝聚力以利于建设事业的开展。

二 制度安排与象征塑造：强化工作者社会认同之路径

社会认同同时存在建构性与被建构性。对自身身份、工作的理解体验以及群体边界的划分体现出的是工作者所进行的主动的自我建构，而邹平、定县等地的乡建领袖也意识到社会认同的重要意义，采用制度安排、象征塑造等方式从外部建构工作者的社会认同。

（1）制度安排。早在研究院开办之初就议定有"巡回导师"制度，"第一届学生毕业后，回县工作，应派巡回导师四员，视察指导，每员月薪120

---

① 许之华：《开头向农友谈的一段话》，《乡村建设》第 1 卷第 21—30 期合刊，1932 年 7 月，第 26—27 页。

② 杨庆堃、周振光：《邹平社会调查工作报告》，《乡村建设》第 1 卷第 11—12 期，1932 年 1月，第 14 页。

元，连同旅费每月准增经费八百元"①。随后，本着"训练本为服务而训练，研究亦为服务而研究"的宗旨与目的，研究院成立了"乡村服务指导处"，设主任 1 人，由研究部主任兼任，总理一切事宜。主任以下分服务指导、实验、教材编审、旬刊编审、书记五系。其中服务指导系由院务会议推请巡回导师 2 人，由处主任指派巡回指导员（由研究部同学担任）若干人，亲赴各县巡回指导。先后任巡回导师一职的有徐晶岩、时济云、武绍文、高赞非以及陈亚三等人。此外，研究院的其他导师如杨效春等也常下乡考察各处乡农学校，目的首先在于同工作者联络感情、共勉共励，其次在于了解实际工作情形，并就能力所及予以帮助②。巡回导师制度及导师下乡活动可以说营造了一种"导师在场"的状态，一方面可以督促、激励工作者开展乡建事业，另一方面则可以为工作者提供帮助，增强其信心。

"朝会"是研究院另一项旨在对学生进行精神训练的重要制度，"勤恳向上的提振，与深厚精神的启迪，则多要靠此每日的朝会"③。朝会开始于每天清晨，全体学生均需参加，主要由梁漱溟讲述心得体会，在其任研究部主任期间（从 1931 年夏至 1934 年夏）几乎没有间断。朝会所讲主题并不固定，包括治学、修养、人生、社会、文化等方方面面，或是梁漱溟自己的心得，或是有感于学生的为学为人，对时事的感触与理解也在所讲之列。从保存下来的具体讲话内容来看，总体上偏重于精神层面的启发与鼓舞，促使学生反省自身、振奋精神，为乡建事业尽心尽力，如《发心与立志》一讲中所言："惟有愿力才有大勇气，才有真精神，才有真事业……我们只有努力自勉，才能完成我们伟大的使命！"④

（2）塑造群体象征。象征物与社会认同的形成之间有着密切的关系，如旗帜、服装、徽章等往往是一个群体、机构的标志，彰显特色并体现着精神风貌，也是与其他群体进行区分的重要标识。研究院与平教会均有着各自的具体象征物。在 1931 年冬研究院初次分派学生下乡试办乡农学校时，

---

① 《省政府训令本院招生令文》，《乡村建设》第 1 卷第 19、20 期合刊，1932 年，第 23 页。

② 杨效春：《写给乡村工作的朋友》，黄麓乡村师范，1935，第 91 页。

③ 季良：《新兴的一种师范教育——乡村建设师范学校》，《乡村建设》第 6 卷第 11、12 期合刊，1937 年 3 月，第 5 页。

④ 中国文化书院学术委员会编《梁漱溟全集》第 2 卷，山东人民出版社，2005，第 48—49 页。

第二区乡农学校教员就为乡校制作了校旗，以鲜明的图案象征乡农学校的意义，"上绿下黄。绿象乡农，黄象土地，绿象和平，黄象富裕；以求乡村太平富足之意。绿上有红圈，圈内有二字，示二区乡农之活动与团结"①。平教会同样有着自己的"平"字徽章，代表着平民精神，"一到了考棚（实验区办公处）的大门，抬头就看见约摸三尺丁方的一个大大的'平'字，高揭门楣！我知道这就是平教会底商标了。许多出版物的封面上，都印着红色的'平'字，会里办事人的衣襟上也都挂着'平'字的徽章，处处是平，无往不平"②。平校毕业生也有着自己的标志，"有的身上还带着一块黄布做的徽章，问起来，方知道他们都是平民学校卒业同学会的职员"③。

除物的象征外，还有精神的象征，最具代表性的就是平教会会歌——《平教同志歌》。此歌是晏阳初按照古曲《苏武牧羊》填写而成，其词如下："茫茫海宇寻同志，历尽了风尘，结合了同仁。共事业，励精神，并肩作长城。力恶不出己，一心为平民，奋斗与牺牲，务把文盲除尽。男男女女，老老少少，一齐见光明。一齐见光明，青天无片云，愈努力愈起劲，勇往向前程。飞渡了黄河，踏过了昆仑，唤醒旧邦人，大家起作新民，意诚心正，身修家齐，国治天下平。"④歌词慷慨激昂，令人振奋，甚至远在西南的教育家吴太仁也将其列为四川江津县立简易乡村师范学校校歌，以之鼓舞学生"一心为平民"，做一个"真心救民的大丈夫！"⑤平教会职员开会前必先齐唱一遍《平教同志歌》，而在实验区有了无线电广播后也播出此歌以及其他歌曲，广播时鸣锣通知村子里的民众来听，同学会会员则从旁领导民众学习、演唱⑥。这即是平教会成员心声的表达，也增进着成员的社会认同。

塑造人物象征也是对工作者进行激励的一种方式。研究院同人王湘岑

---

① 杨效春：《第二区乡农教育实施报告》，《乡村建设》第 1 卷第 21—30 期合刊，1932 年 7 月，第 21 页。

② 谢扶雅：《"平"底哲学——到定县后底一个感想》，《民间》第 2 卷第 24 期，1936 年 4 月，第 1 页。

③ 衡哲：《定县农村中见到的平教会事业》，《独立评论》第 51 号，1933 年 5 月，第 20 页。

④ 宋恩荣编《晏阳初文集》，第 393 页。

⑤ 陈思平：《记吴太仁先生》，中国人民政治协商会议四川省江津市委员会文史资料委员会编《江津文史资料》1997 年第 17 辑，第 147—148 页。

⑥ 晏阳初：《平民教育运动的回顾与前瞻》，《晏阳初全集》第 2 卷，第 286 页。

就将泰州学派代表人物韩乐吾视为乡建模范人物，认为其能够不为境遇所扰而奋发向上，并以倡导化俗为己任，"实永可作吾辈青年之模范"，遂成文《一个乡村运动的模范人物韩乐吾》。文中对韩乐吾的生平、作为及人格精神进行介绍与赞扬，并呼吁工作者要以其为楷模，不因物质困难而退缩，不因境遇黯淡而灰心，能够树立为社会、国家尽责之真志，"假使今日之中国，每省之中，能得若先生者四五人，则乡村建设之运动，自能树之风声，蒸蒸日上，而不难达于成功之境矣！吾甚愿作乡村运动之同志，皆能修养成若先生之精神人格也！"[1]

尽管很少有精确的材料能说明这些措施在多大程度上塑造与强化着群体成员的社会认同，但起着积极的作用应毋庸置疑，主要表现为褒义的评价与印象在成员之间传播，如工作者所言："我们的目的远大，我们的方法切实；我们的态度磊落。同志们，坚决咱们的信念吧，乡村建设运动，实是救国的正途，真从这里作起，才能给中国民族寻得出路，才能苏醒将亡的中国。"[2] 类似的言论常见于乡建实验区各类出版材料及日常讲话中，有利于增进整个群体的凝聚力与向心力。而在此基础上，工作者灵活运用群际关系适应策略，协调与其他社会群体的关系，谋求乡建事业以及自身更好的发展空间。

三 批评与自我批评：基于社会认同的 群际关系适应策略

乡村建设运动在 20 世纪二三十年代成为社会运动之主潮，到邹平、定县等实验区进行参观考察的团体与个人络绎不绝，所作评价也褒贬不一。总体上，知识界、教育界人士大多倾向于赞扬或持理性中立的态度，但乡建团体、机构在与其他同样致力于谋划农村乃至整个国民经济发展道路、理论、措施的团体之间则存在着潜在"竞争"关系，如与推行地方自治的国民党之间存在乡村控制之争，与致力于新民主主义革命的共产党、力主

---

[1] 王湘岑：《一个乡村运动的模范人物韩乐吾先生》，《乡村建设》第 2 卷第 5 期，1932 年 9 月，第 9 页。

[2] 清居：《给乡村运动者第二封信》，《乡村建设》第 2 卷第 3 期，1932 年 8 月，第 44 页。

"全盘西化""工业化"等学派之间存在着路线之争等。再者，乡建工作者自视与其他社会群体不同，在理论思想及实践活动中遵循着与乡村工作内容、性质相符的"农民化"等角色规范。这不免与其他社会群体在行为规则、情感价值等方面存在差异，不容易形成有效交流，进而陷入格格不入、互不理解的状态①。在这些因素作用下，工作者的处境并不乐观，尤其是与一些异质群体的关系相对紧张，影响着建设事业的开展及自身的社会认同。为此，工作者也在积极调整群际关系适应策略，缓和紧张关系并提升群体的社会地位，维持与增进社会认同。

（1）表明虚心接纳批评的态度，呼吁外界多给予建设性的批评，并"以工作答复批评"。

平教会深知工作者常驻乡间，活动范围较小，视野也相对狭窄，因而对于外界的批评表示欢迎与虚心接纳，"我们需要同人对于各地农村工作的相互批评，和外间对于农村运动有兴味而并未加入农村工作者的批评……使各地工作的同人知所警惕，知所参考"②。本着这一态度，平教会对于批评并不做过多辩解，只是呼吁外界能更多给予善意的批评与有益的建议，并以之为参考材料，促进建设事业的发展。瞿菊农的回应代表着平教会的这一般切期望。1936年瞿菊农连续发表《乡村运动的自省与对与社会的要求》以及《以工作答复批评》等文章，指出尚处于初期阶段的乡村建设运动必然存在着认识不够、准备不足等问题，要取得成功不仅要靠工作者的努力，还需要社会各界尤其是知识分子多提供善意的、建设性的批评与意见。同时号召工作者应埋头苦干、贡献力量，用工作成绩来回应批评，"批评与责难正足磨励我们，鞭策我们，一点一滴的向上累积，一步一步的向前进行。同情的批评我们欢喜承受，破坏的批评，亦可以作为我们自身检讨的材料……我们要以我们的工作，答复一切的破坏的批评"③。

作为研究院、平教会机关刊物的《民间》与《乡村建设》为适应乡村建设不断深化发展的趋势也积极调整刊物内容，增加批评与自我批评的内容，促进对工作的反省与检讨，以期减少工作阻力、改善工作体验。《乡村

---

① 编者：《编辑后记》，《乡村建设》第4卷第16、17期合刊，1935年2月，第62页。
② 编者：《发刊词》，《民间》第1卷第1期，1934年5月，第1页。
③ 瞿菊农：《以工作答复批评》，《民间》第3卷第2期，1936年5月，第4页。

建设》在 1936 年第 1 期开辟新专栏"乡运者的话","希望站在乡运尖端，担负艰钜的下层工作同仁，热情的赞助：将自己有用的经验，亲切的感触，真实的工作情况，困心衡虑的难题，及对整个乡运或一地工作的主张或批评，不时的写出交敝刊发表"①。紧接着第 7 期再次表明将言论限制降到最低，立足于"一个全国性的运动立场上"刊登有关乡建运动的批评与建议，"没有'自我批判'则不能认识过去的错误，了解自己困难的来源，及找出前途正确的路线与成功的方法"②。《民间》也从第 3 卷起开始侧重发表"从事农村运动者和一般社会人士对于农村工作的意见和批评"③。

（2）对"破坏的批评"进行积极抗争，同时强调工作者的职责以提高社会地位。

在对乡村建设运动的批评中不乏善意的建议性批评，也有本着打压等目的而出现的燕树棠、张博泉式的诋毁性评论④。面对这些诋毁性的评论，工作者也积极进行抗争。1936 年 4 月陈序经发表《乡村建设运动的将来》一文，认为除了青岛以外的乡村建设运动已有不少失败或即将失败，而工作者不具备复兴乡村的动机与能力，虽下乡也只不过是"吃乡建饭的新阶级"。面对该文的全盘否定，《民间》一方面少有的连续刊载《众目睽睽下的乡村建设》等文章进行抵制，"我们不希望运动以内的同人畏惧，也不希望运动以外的君子讥评，欲希望在国家民族将来福利的共同目标下设法解决"⑤。一方面再次重申工作者不能放弃"国民应尽的天职"，应从自身的职业出发做出贡献，"农村工作者也和其他职业的工作者一样，他们可以从职业的观点，发挥其他职业的工作者所不能看到的对于国家民族的意见"⑥。对职责的重申与强调既是对诋毁性评论的反驳，彰显工作者的存在意义与价值，也是对工作者的鞭策与激励，有助于群体社会地位的提高。

（3）重构评判标准，重评工作成绩。

外界对定县、邹平等地乡建事业的评价往往不是从乡村建设本身的宗

① 《本刊"乡运者的话"征稿启事》，《乡村建设》第 6 卷第 1 期，1936 年 8 月。
② 《编者谈》，《乡村建设》第 6 卷第 7 期，1936 年 11 月。
③ 编者：《卷头语》，《民间》第 3 卷第 1 期，1936 年 5 月，第 1—2 页。
④ 燕树棠：《平教会与定县》，《独立评论》第 74 号，1933 年 10 月，第 6 页。
⑤ 《"乡村建设运动的将来"》，《民间》第 2 卷第 24 期，1936 年 4 月，第 14 页。
⑥ 编者：《卷头语》，《民间》第 3 卷第 1 期，1936 年 5 月，第 2 页。

旨与目的出发，而常以自身的理想或愿望为标准，由此产生的偏差导致批评指责不断。为此，工作者也努力建构另一套评判标准，重新评定工作成绩，以期减少因不理解等原因而产生的无谓批驳。如孙伏园在 1937 年初指出定县农村工作的真正成功应从两个方面看：一方面定县的卫生保健等制度以及人才的养成是一种成功；另一方面定县的实验工作使农村问题得到越来越多的关注。在这一新评价体系中，孙伏园不仅将具体的事业成绩作为标准之一，也注重人才养成与社会风气转变等方面的贡献，使评价标准更加多元化，也更符合乡村建设运动的宗旨与目标，并由此呼吁社会人士应在深入考察后再进行审慎的评判，"农村工作的重要，我们并不希望人们因耳食而感得；同时我们也不希望人们但凭耳食的材料反对农村工作；这种粗心的或大意的赞成者和反对者，实在都是农村工作的障碍"①。

群际关系不仅影响着不同群体彼此之间的认知与理解，也关系到彼此之间的行为：良好的群际关系有助于形成交流与合作，反之则使歧视与偏见成为常态。在政局诡谲、思潮涌动的 20 世纪二三十年代，具有独特思想指向与宗旨目标的乡村建设运动及工作者群体一经产生就面临着不同社会阶层、群体以及组织的考量。出于特定的立场，外界的理解与评价呈现多元，其中存在不少批评与指责，使群际关系在一定范围内显得相当紧张。为缓和群际关系，工作者通过运用虚心接纳建设性批评、抵制破坏性批评、重构评判标准以及强调群体成员的职责与价值等多种适应策略，获得了更多的理解与支持，提高了群体社会地位，全国乡村工作讨论会中非乡建团体与会人数逐年的增加可谓一份明证。同样重要的是，群际关系的缓和对于群体成员社会认同的维持与增进也起着积极的作用。

四　理想与现实的差距：工作者社会认同的
困境与消解

基于对乡村建设运动的认知以及外部认同塑造等的影响，工作者对自身身份普遍存在一定的认同。但在现实中，社会认同往往是复杂的、多维的，"对同一个体而言，很少存在绝对的认同和绝对的不认同……在某种程

---

① 孙伏园：《谈谈定县的农村工作》，《文化建设》第 3 卷第 4 期，1937 年 1 月，第 76 页。

度上认同又是矛盾的和背离的"①。不可否认，有相当数量的工作者如堵述初、公竹川一般始终抱有信心与热诚，"乡村建设有没有前途呢？……对于这问题的答案，我是肯定的"②。但也有很多工作者的社会认同存在困境并逐渐凸显，即认同改造、建设乡村的重要性，但不一定完全认可所身处的乡建团体的理念与方法，究其原因如下。

其一，部分工作者的动机、抱负与乡村建设理论、路线并不若合符节。尽管 20 世纪二三十年代参与乡村建设运动之士众多，但动机相当复杂，有的是为了实现民族国家的救亡图存，有的是出于谋求生路的考虑，也有的仅是出于好奇、投机等心理，而梁漱溟、晏阳初等人的乡村建设理论、方法并不一定与他们的认识相同。如山东金乡县人秦丹亭是一位受共产党影响而走上革命道路的青年，曾秘密成立青年团并任团长及农协常委。后在县国民党党部及县长的压力下被迫停止农民活动，继而考入济宁乡村服务人员训练处，希望能够获得实现理想的机会。在训期间，他虽学习梁漱溟的理论，但并不认可梁漱溟所持的"中国走西洋的路子不行，走共产党和国民党的路子也不行，只有走乡村建设的道路才能救中国"等观点。训练结束后，他到鸡淑乡乡农学校任职，继续用斗争的方式领导农民对抗土豪劣绅，直到 1937 年因被通缉而逃离③。作为一名倾向于用革命手段改造乡村的青年，秦丹亭认为救济乡村是必须的，虽在没有选择的情况下充任了乡建工作者，却并不完全信奉所属乡建团体的理论方法，工作者所存在的社会认同困境在其身上得以鲜明体现。

其二，工作的开展遭遇困难，无法找到出路，造成工作者信心的动摇。改造濒临破产的乡村社会绝非易事，随着乡村建设事业的深入发展，"关于乡村建设的思想、理论、实际工作、学术研究，各方面的问题，越来越深刻严重"④。然工作者仅受过短暂的训练，常因自身知识能力不足而无法顺利展开建设事业，进而陷入"迷茫"状态。如在滨县办理乡农学校的训练

① 郭星华等：《漂泊与寻根：流动人口的社会认同研究》，中国人民大学出版社，2011，第 152 页。
② 《乡村建设必有前途》，《民间》第 4 卷第 1 期，1937 年 5 月，第 20 页。
③ 秦丹亭：《参加金乡县乡村建设活动的情况》，《梁漱溟与山东乡村建设》，山东人民出版社，1991，第 304—305 页。
④ 《编者的话》，《乡村建设》第 5 卷第 1 期，1935 年 8 月，第 1 页。

部学生刘士衡就认为自己不仅在知识方面不足以指导农民，所从事的事业又很琐碎，因而用"很不值得说"来表达对工作的看法，对于导师王静如的劝导也"不十分留心"，显示出对自身的失望与怀疑①。

更为重要的原因则来自客观环境的掣肘，梁漱溟等人视乡村建设运动为一种社会运动，极力回避政治强制力，也只能在现行的体制内谋求空间。出于整合乡村社会、维持统治的考虑，国民政府对乡村建设运动表示了一定的认可与支持，却是有限的。如一方面虽通过一系列法案规定了县政实验的组织原则，但在如何使实验区范围内的建设事业及工作者融入现行体制方面没有进行足够妥善与周密的安排。在由政府各部署参加的乡村建设方案第二次讨论会上曾拟有决议尝试解决这一问题："（一）乡村建设所需人才，如农业推广、农村经济、乡村卫生等类，得酌量情形予以登记……（四）各项乡村建设人员与县市政府之关系，除公布之法规已有规定者外，由主管部署与内政部商订之。"② 但类似的倡议始终停留在书面，导致各乡建团体、机构常遭遇不能"备案"的尴尬境地，甚至不能为建设事业进行针对性的工作规划及人才培养。

从另一方面说，尽管国民党高层表示了支持，但地方政府或由于"不解其意"或有意抵制，常不予积极配合。在通过《各省设立县政建设实验区办法》后不久，内政部又通电各省阐述《实验区办法之根本精神》，要求各省政府及各厅予以支持。但通电归通电，地方政府依然我行我素，对建设事业的抵制与破坏屡见不鲜。在实际工作中，工作者被限制、打压甚至"污名化"的现象几如家常，晏阳初对此颇感痛心："不但地方上的豪绅，就连县政府的县长科长都不放心，都起来反对。因此怀疑、恐惧、造谣，对我们加上许多'帽子'，用种种方法想破坏我们的工作。"③ 这不仅制约建设事业的发展，也动摇工作者的社会认同。

其三，来自外界尤其是代表着共产党观点及立场的中国农村派的批判也影响着相当一部分工作者。基于对革命道路的思考与认识，中国农村派

① 王静如：《与刘士衡同学的谈话即以介绍给在乡的诸同学》，《乡村建设》第 2 卷第 30 期，1933 年 5 月，第 15 页。
② 《会拟彭学沛等提议促进乡村建设方案意见》，档案号：17 – 21 – 088 – 02，台湾近代史研究所档案馆藏。
③ 《平民教育运动的回顾与前瞻》，《晏阳初全集》第 2 卷，第 294 页。

一开始就坚决反对"改良主义"的乡村建设运动，并将作为"改良主义"策动者与执行者的工作者群体整体打上"乡村改良工作者"烙印加以批判①。不过，工作者中有很多是为复兴乡村计而参与建设事业的青年知识分子，这使得部分中国农村派学者看到这一群体是一股可以被改造、吸收的力量，"无论如何，我们决不应当忽视在这些乡村改良主义团体中，是有着几千几万有良心的青年，他们主观上是企图改造乡村，改造中国，他们不是为着掩护地主资产阶级，甚至不是为着个人的金钱或地位，而是为着追求光明，追求自己的空洞的理想，而在这里艰苦地工作着"②。

面对1935年后中日民族矛盾的急剧上升，共产党及时调整革命策略与任务，力主建立统一的民族革命战线。与之相适应，中国农村派也开始着手构筑农村工作的联合阵线，对工作者的态度也随之从单纯批判转变为区分对待、努力争取③。薛暮桥对此进行了最好说明，他指出乡村改良工作与工作者应进行区分对待，批评乡村改良主义工作并不意味着鄙视或者反对各地的乡村工作者。相反，在精诚团结、共赴国难这个原则之下十分欢迎与包括奉行改良主义者在内的任何乡村工作团体和乡村工作人员进行合作，"这是因为我们知道中国大多数的乡村工作人员并不会死守着改良主义；而且我们相信，在民族危机最严重的今日，任何乡村工作团体只要真为民族前途着想，都有可能起来参加抗敌救亡运动的缘故"④。

中国农村派对工作者态度的明显转变，得到后者尤其是各实验区内为培养人才而开办的乡村师范类学校学生的积极响应。出于改造社会、改变自身命运的强烈诉求，这些出身基层的优秀学生反对国民政府对日妥协退让，对共产党等所倡导的抗敌救亡、民主政治等政策则表示欢迎，正如1936年插班到邹平乡师的杨殿陛所言："当时在我们这些同学中，'共产主义'、'社会主义'、'阶级斗争'、'暴力革命'，已是经常在私下谈话中出

---

① 李紫翔：《农村建设运动应有的转变》，《中国农村》第2卷第4期，1936年4月，第26页。

② 薛暮桥：《给刘少奇同志写的报告——关于白区乡村和中国农村经济研究会的工作问题》，中国人民政治协商会议全国委员会文史资料研究委员会编《文史资料选辑》第84辑，文史资料出版社，1982，第9～10页。

③ 《乡村运动联合问题特辑》，《中国农村》第2卷第10期，1936年10月，第28页。

④ 薛暮桥：《反对？联合？投降？》，《中国农村》第3卷第4期，1937年4月，第16页。

现的名词了。"① 而农村工作联合阵线的提出则指明了农村工作的新出路，吸引着越来越多的工作者，"许多做过了多年乡村改良主义工作，碰了不少次壁，因《中国农村》和其他刊物之批评，而对于自己向来所走的路发生了怀疑的人们，现今正在彷徨中，在十字路口观望着，他们向《中国农村》问讯，要后者指示他们方向。"② 在比较与评价中，部分工作者的社会认同渐趋消解，放弃所秉持的乡村建设理论，转向中国农村派及共产党以寻求新的救国理论与农村工作方案。

总 结

"大凡一种运动的产生都不是偶然的。时代的需要与环境的逼迫是一种运动所以能相当的引起一部分人的努力与一般社会的认识的原因。"③ 乡村建设运动的兴起同样是近代以来乡村危机不断凸显的时代产物，投身其中的工作者也多少都怀有振兴民族国家的热忱。然而在华北地区十年左右的乡村建设工作虽取得一定成效，但无疑没有实现救济农村、复兴民族的预期目标与历史使命，部分工作者的社会认同困境也在多种因素作用下不断凸显。

这种状态并非不为人知，不管是运动外的旁观者抑或乡建同人都认识到很多工作者因理想与现实的巨大落差而处于一种"烦闷"的状态，"尽准备着苦干与硬干的精神与毅力，而事实上的推展，仍是困难横生，如乡村豪绅土劣的从中作梗或积极破坏，农民自身的不觉悟，农村经济生活的破产，凡此等等，都足以引起工作者的消极烦闷。"④ 但部分领袖却认为解除"苦闷"的唯一方法就是"行动"，同时还一味强调工作者应在实践中时刻反省自身⑤。这不仅于事无补，反而助长了怀疑与失望心理，进一步消解工作者的社会认同。

---

① 杨殿陞：《革命的起点》，政协邹平县委员会编《邹平文史资料选辑》1996 年第 7 辑，第 8 页。
② 孙冶方：《为什么要批评乡村改良主义工作》，《中国农村》第 2 卷第 5 期，1936 年第 5 月，第 22 页。
③ 瞿菊农：《以工作答复批评》，《民间》第 3 卷第 2 期，1936 年 5 月，第 1 页。
④ 孔凡定：《农村工作的一点感想》，《合作青年》第 1 卷第 6 期，1937 年 4 月，第 24 页。
⑤ 马仲安：《乡村运动与乡村运动者》，《乡村建设》第 2 卷第 9 期，1932 年 10 月，第 10 页。

进入 1935 年后，中华民族面临生死存亡，抗战救国也随之成为无可争议的时代诉求。反观乡村建设运动不仅不高扬反帝反封建旗帜，甚或有与封建势力"勾结"之嫌，更显得极不合时宜。而中国农村派为救亡图存而提出的乡村工作联合阵线理论及其诠释，在国难日亟的环境中占据道义及话语上的主动权，"一切乡村工作青年今后只能在下面的两条途径中选择一条：或者是踏上民族解放战线充当反帝反封建的战士，或者是继续在改良主义守旧主义的麻醉之下继续充当江湖庸医的助手。"① 对于一部分工作者来说，中国农村派的理论及共产党领导的革命运动更能满足时代要求，并在对群体的比较中，脱离旧属团体而加入其中。

随着七七事变后抗日战争的全面爆发，华北大部分乡村建设实验区如邹平、定县等地失去了继续开展建设事业的环境，而工作者群体也在局势的剧烈变动中产生分化：一部分工作者转移到后方继续从事建设事业，也有不少来不及转移的工作者就地加入国共两党领导的抗日救国活动。与此同时，还有一部分工作者在对以往所从事的乡村工作的总结与反思中，转变理念，"奔向延安"，转而从事新民主主义革命事业，为中国革命的胜利继续贡献力量。

进入 21 世纪后，在思想指向以及实践行动层面，新农村建设均成为"我国现代化进程中的重大历史任务"，十八大更是将以"城乡发展一体化"为手段推动"三农"问题的解决列为国家经济建设的"重中之重"，并进一步构建更为完善、系统的农村建设方案。然而，所有方案的落实也需要依靠新时期的"乡村建设工作者"。无论是培养乡村内生性力量，还是输送人才到乡间作为城乡之间的桥梁中介，如何塑造与强化他们的社会认同，依然是一个值得思索的命题。

---

① 平心：《乡村工作青年的出路和任务》，《中国农村》第 2 卷第 8 期，1936 年 8 月，第 16 页。

城乡关系视域下的杨村乡村
建设实验（1931—1937）

安　宝　熊亚平[*]

　　近代以来，随着中国工业化、城市化的持续推进，城乡关系发生了前所未有的剧烈变动，受到学界的较多关注。检视已有成果可以发现，从城市史视角研究近代城乡关系的论著已然不少，但从乡村史特别是乡村建设史视角进行探讨的成果相对较少[①]。摁诸史料又可以发现，在 20 世纪二三十年代的 1000 多处乡村建设实验中，有一些分布在临近北京（平）、天津等大城市的村镇，并与大城市之间有较多的交流与合作。这些交流与合作从一个方面体现出近代中国城乡关系的变动。由河北省立实验乡村民众教育馆（以下简称"河北省立乡村民教馆"）于 1931—1937 年在临近京、津两大城市的武清县杨村进行的乡村建设实验，是其中的一个典型。

　　主持杨村实验的河北省立乡村民教馆滥觞于 1928 年。这一年，是民国史上的一个重要年份。国民党军队通过"二次北伐"，占领平津地区，在形

---

*　安宝（1981—），辽宁大连人，历史学博士，天津医科大学马克思主义学院副教授，主要从事中国近代社会史和抗战史研究；熊亚平（1976—），陕西丹凤人，历史学博士，天津社会科学院历史研究所研究员，主要从事华北区域史研究。

①　相关研究成果主要有：张利民的《城市史视域中的城乡关系》（《学术月刊》2009 年第 10 期），任吉东的《近代城市史研究中的城乡问题探微》（《武汉大学学报》2017 年第 1 期），任吉东的《城市史视域下的中国近代城乡关系研究述评》（《理论与现代化》2012 年第 5 期），蔡云辉的《城乡关系与近代中国的城市化问题》（《西南师范大学学报》2003 年第 5 期），戴鞍钢的《近代中国城乡经济关系演进述论》（《安徽史学》2013 年第 3 期），梁心的《现代中国的"都市眼光"：20 世纪早期城乡关系的认知与想象》（《中华文史论丛》2014 年第 2 期），荆蕙兰的《近代东北城市化视域下城乡关系及其变动》（《历史教学问题》2013 年第 1 期），柳敏的《近代中国城乡关系研究及其展望》（《青岛农业大学学报》2012 年第 2 期），林涓、冯贤亮的《民国江南的城乡关系及其乡土性》（《江苏社会科学》2013 年第 1 期），等等。

式上统一完成全国统一。政局的相对稳定，成为国内各界又一次将目光由"革命"转向"建设"的重要契机。在此之前，孙中山曾于1912年民国成立后，撰写了大量著作，力倡建设，但因政局多变而效果不彰。1928年以后，不仅执政的国民党以孙中山三民主义思想的继承者自居，反复倡导建设，而且积极投身于乡村建设的卢作孚、梁漱溟、晏阳初等人，也或多或少地受到孙中山民生主义思想的影响。加之20世纪二三十年代，中国乡村危机日渐凸显，"农村经济之日趋衰落，乡民生计之日趋穷困"，① 于是一场声势浩大的乡村建设思潮及其实践应声而起。具体到河北省立民教馆主持的实验，可以看到，尽管北方政局一度因"二次北伐"和国民党新军阀的混战而有所动荡，但直到1937年前总体上仍比较稳定，虽然河北省立乡村民教馆也曾六易馆长，但实验活动并未受到实质性的影响。其间，北平大学区扩充教育处于1928年计划设立民众教育馆作为实施民众教育的中心。最初计划设在北平西山温泉村，后于1930年2月14日在北平和天津之间的黄村正式设立。1931年又移设于距天津约60里的杨村镇②，并开始进行多种实验活动③。其间，河北省立乡村民教馆的主事者提出了"以生计教育为中心"的思想，并努力将其贯彻于实验区工作之中。由于杨村实验区与京、津两大城市的高校和教育机关进行交流与合作，并取得明显成效，因此能够从一个方面展现乡村建设对城乡关系的影响。鉴于现有成果对乡村建设实验中的城乡关系问题着墨不多④，本文从城乡关系视域⑤出发，在考察杨村乡村建设实验的思想认识基础和实践工作的基础上，总结其主要特征并揭示其对近代中国乡村建设和当代中国乡村振兴战略推行的启示意义。

---

① 《省立实验乡村民教馆主张农业贷款力求普遍》，《益世报》1935年5月12日。
② 河北省立实验乡村民众教育馆：《河北省立实验乡村民众教育馆概况》，河北省立实验乡村民众教育馆，1932，第1页。乡村工作讨论会编《乡村建设实验》（影印民国版）第3集，上海书店，1992，第267页。
③ 河北省立实验乡村民众教育馆：《河北省立实验乡村民众教育馆概况》，第4页。
④ 与本文直接相关的两篇论文，亦聚焦于河北省立实验乡村民众教育馆的教育活动，而未涉及乡村建设和城乡关系等论题。参见左秋玲《河北省立实验乡村民众教育馆生计教育探析》，《河北广播电视大学学报》2018年第1期；罗文、宋永林《民国时期的河北省立实验乡村民众教育馆述论》，《河北广播电视大学学报》2019年第2期。
⑤ 城乡关系的内涵十分丰富，本文主要关注的是杨村实验区与京津两大城市教育机构、实业机关等在教育合作、人员往来等方面的交流与互动。

一 "以生计教育为中心"：杨村实验的
思想认识基础

在时人尤其是民众教育家看来，"生计教育"① 是民众教育中极为重要的方面。"在这经济恐慌，民生凋敝的中国，办教育的目标当然是本着提高人民生产技能，开拓大众的生活出路。""因此民众教育中的'生计教育'，已成了众矢之的，主要的教育目标了。"② 作为一家省立民众教育馆，河北省立乡村民教馆亦将生计教育视为分内之事。"凡我民教同志，均认为提倡生计教育，改良农民生计，实为今日之急务；且本馆位置乡村，对象均为农民，对于改善农民生计，增加生产，负有极大之使命，故本馆以往工作，对于生计教育之实施，不遗余力，对于农民，积极倡导。"③

早在杨村实验区创办之初，河北省立乡村民教馆便开始重视生计教育。1932 年 12 月以前，时任馆长孙希橤自称："余既到馆，自不得不于可能范围以内，求所以解决上述根本困难之方，因拟扩充生计部，于增加生产上努力，聊以助民众解决食粟问题，冀其稍有受教育之机会焉。"④ 当时在馆任职的刘振谦也强调："生计教育之意义在灌输科学上的常识与技能。以改善生活的方法，提高经济的地位……因为改善民众生活，提高乡村经济是

---

① 有民众教育家认为，所谓生计教育，"实不外改良农业，增加生产"。也有民众教育家指出，对于一些常识和经验而言，"恐怕'老农'与'老圃'的经验，要驾乎办教者之上。"因此在乡村提倡生计教育"不要做这种班门弄斧的空泛理论的宣传，以致失掉民众的信仰。最好是注意他们的问题的解决；如肥料的发明，新种子的介绍，土质的改良。饲养的新方法，这是关（于）种植一方面的，其次指导民众组织运销，贩卖，及消费各种合作社，也是乡村中最需要的组合"。参见河北省立实验乡村民众教育馆《河北省立实验乡村民众教育馆两年来实验报告》，河北省立实验乡村民众教育馆，1936，第 6 页；《民众教育中的"生计教育"》，《庸报》1935 年 9 月 25 日。
② 《民众教育中的"生计教育"》，《庸报》1935 年 9 月 25 日。
③ 此段文字虽然出自 1936 年出版的《河北省立实验乡村民众教育馆两年来实验报告》第 32 页，但是"故有今年黄庄短期生计训练学校（1934 年 11 月 21 日开学——引者注）之实现焉"一句可知，河北省立实验乡村民众教育馆在胡勤业、王镜铭等人到馆任事前，已比较重视生计教育。
④ 《序言》，河北省立实验乡村民众教育馆：《河北省立实验乡村民众教育馆农业展览会特刊》，河北省立实验乡村民众教育馆，1932，第 1 页。

本馆努力的目标，也是我们添设生计部的唯一主旨。"①

显而易见，以上言论还仅停留在重视生计教育的层面。直到1934年胡勤业就任馆长、王镜铭任秘书以后，才正式表述了"以生计教育为中心"的思想认识。

第一，胡勤业、王镜铭等人明确提出民众教育工作应"以生计教育为中心"。到馆任职后，胡勤业即与王镜铭、曲直生、李华民等商定了一个原则，即"民众教育应当以生计教育为中心"②。1935年5月，河北省立民教馆曾投书《益世报》称"敝馆同人服务乡村……乃确定生计教育为敝馆工作重心"。③ 1936年2月，胡勤业强调"今后应当以生计教育为中心，以发展国民的经济"。④ 1936年7月前，胡勤业曾多次强调要"以生计教育为中心"："笔者年来主张民教工作，应以生计教育为中心，先解决了国民的生计，然后其他教育，才能有输入的机会。"⑤ "今后在国难日趋严重的时候，吾国民众教育，应当走上左列的途径：（一）注重国民经济建设，以生计教育为中心……"⑥

胡勤业和王镜铭等人的"以生计教育为中心"的思想，是在检讨晏阳初等人的平民教育思想和理论基础上提出的。他们认为晏阳初等人在乡村问题的认识和平民教育的施教方法上存在错误：他们认为在乡村问题认识上，"乡村问题，不是愚穷弱私的四个问题，而是贫穷的一个问题"⑦。在施教方法上，"人类生活既没有划清阶段，而强规定某一个时期受文艺教育，某一个时期受生计教育，公民教育"。在中国乡村"如欲农民识字，应当与农事改良同时并进，教育劳动打成一片"；"公民教育离开生产教育亦是枯

---

① 刘振谦：《农业展览会的收获》，河北省立实验乡村民众教育馆：《河北省立实验乡村民众教育馆农业展览会特刊》，第5页。

② 王镜铭：《乡村民众教育的新路线——合作中心的乡村民教》，河北省立实验乡村民众教育馆：《河北省立实验乡村民众教育馆两年来实验报告》，第205页。

③ 《省立实验乡村民教馆主张农业贷款力求普遍》，《益世报》1935年5月12日。

④ 《乡村民众教育专家：胡勤业先生访问记》，《益世报》1936年2月12日。

⑤ 胡勤业：《考察各省民教的经过及感想与改进本省民教的管见》，河北省立实验乡村民众教育馆：《河北省立实验乡村民众教育馆两年来实验报告》，第237页。

⑥ 胡勤业：《对于民众教育之感想与展望》，河北省立实验乡村民众教育馆：《河北省立实验乡村民众教育馆两年来实验报告》，第249页。

⑦ 王镜铭：《乡村民众教育的新路线——合作中心的乡村民教》，河北省立实验乡村民众教育馆：《河北省立实验乡村民众教育馆两年来实验报告》，第207页。

燥无聊"；卫生教育及艺术教育虽然很重要，但也要适应农民的生产状况，"应当以促进劳动为鹄的"①。

由此，胡勤业和王镜铭等人认为民众教育不应再追随定县路线，而应当改弦更张，另谋新的道路，"乡村最大问题是贫穷，乡民的迫初（切）需要不是平民千字课，亦不是无线电，电影，而是使未穷者变富，穷不至使其更穷，读书，享乐的教育比不上穿衣吃饭的教育重要，衣单食缺的民众，很难有受教的可能，所以乡村民教工作，应当努力救贫运动发展农民生计，以生计教育为中心，改良农业，增加生产，其他文艺，公民教育在接间（间接）的促进生产，充裕生计，这样乡村民众教育才能走上新的坦途！"②

第二，胡勤业等人认为生计训练是"以生计教育为中心"的一项必要工作。"本馆以生计教育为工作之重心，故生计训练认为必要。"③"故本馆对训练工作异常重视。去岁秋后农暇，即积极在本馆实验区中心村下朱庄试办短期生计训练学校……是故本馆对于此项工作，更当自行策励，努力发展，故有今年黄庄短期生计训练之实现焉。"④

第三，胡勤业等人将农产展览会视为"生计教育实施最要方法"⑤。他们指出，由于河北省立乡村民教馆1935年度的工作是以生计教育为中心的，因此第四届农产展览会"较比往年更为重要。因为生计教育的重要目标，在乡村不外改良农业，增加生产，其方法一为将旧有优良耕种方法，加以推广，一为将新的科学生产技术引进乡村，欲达此目的，第一步方法，必赖于农产展览……在农村衰落的今日，在本馆以生计教育为中心的现在，本届农产展览会，自更有重要的意义了"⑥。

第四，胡勤业、王镜铭等人认为，实施"以生计教育为中心"应提倡

---

① 王镜铭：《乡村民众教育的新路线——合作中心的乡村民教》，河北省立实验乡村民众教育馆：《河北省立实验乡村民众教育馆两年来实验报告》，第207—208页。
② 王镜铭：《乡村民众教育的新路线——合作中心的乡村民教》，河北省立实验乡村民众教育馆：《河北省立实验乡村民众教育馆两年来实验报告》，第209页。
③ 乡村工作讨论会编《乡村建设实验》第3集，第269页。
④ 河北省立实验乡村民众教育馆：《河北省立实验乡村民众教育馆工作现况》，河北省立实验乡村民众教育馆，1935，第7页。
⑤ 河北省立实验乡村民众教育馆：《河北省立实验乡村民众教育馆两年来实验报告》，第36页。
⑥ 河北省立实验乡村民众教育馆：《河北省立实验乡村民众教育馆两年来实验报告》，第36—37页。

合作。"关于救济农村的方法，胡先生认为最基本的方法是从合作入手。"①"在农村经济极端枯竭的现阶段内，合作事业实为挽此狂澜的要着。现在一般民教机关，鉴于过去专重语文教育扫除文盲等工作的错误，狭隘与空虚，故群相掉过头来，走入注重生计教育的正途。合作社为生计教育的重要部门，更为救济农村金融的必要步骤，民教机关遂以指导民众组织合作社并与以合作教育的训练，为主要的工作，得此新的门径与途径，民教事业前途增了不少的光明。"② 因此，生计部工作"以后拟着重在植棉推广，及合作社组织"③。

第五，胡勤业、王镜铭等人强调以"以生计教育为中心"的民众教育是完成乡村建设、实现民族复兴的重要环节。在杨村实验区成立之初，主事者们已开始强调其工作对于民族复兴的意义。如刘振谦就指出应将农产展览会由杨村推及县、省以至全国，"尤其是全国教育馆整个民众及各级政府——也如此今天明天今年明年的不断的研究努力，不难使农业上有了改良，生产数字上有了增加，人人有余粮，家家有积粟，乡村经济有了余裕，国家财政有了办法，我们总理的民生主义才得实现，中华整个民族的危机厄运，才得挽回"④。

胡勤业、王镜铭等人就职后，对民众教育与乡村建设、民族复兴之间的关系进行了更深入的思考。1935年1月，胡勤业、王镜铭等人指出："由'乡村建设，以复兴民族'，已成目下民教工作一致的趋向"；"本馆今后的设施，拟决定贯澈此旨，用最大的努力，向前迈进，以树立吾民族百年复兴大业的基础。"⑤ 1936年7月前，胡勤业又强调："中国民众，自来如一盘散沙，欲求民族复兴，必须将此种漫散无团体的民众，加以组织训练，此民众教育内应有的事业。"⑥ "民教的实质，实为救民救国的要策，尤其在

---

① 《乡村民众教育专家：胡勤业先生访问记（续）》，《益世报》1936年2月15日。
② 胡勤业：《站在农村经济的立场上研究师范教育与民众教育之合一性》，河北省立实验乡村民众教育馆：《河北省立实验乡村民众教育馆两年来实验报告》，第219页。
③ 河北省立实验乡村民众教育馆：《河北省立实验乡村民众教育馆工作现况》，第3页。
④ 刘振谦：《农业展览会的意义》，河北省立实验乡村民众教育馆：《河北省立实验乡村民众教育馆农业展览会特刊》，第3页。
⑤ 河北省立实验乡村民众教育馆：《河北省立实验乡村民众教育馆工作现况》，第1页。
⑥ 河北省立实验乡村民众教育馆：《河北省立实验乡村民众教育馆两年来实验报告》，第218页。

此国难当头的非常时期，'唤起民众'与'复兴民族'，在在为民众教育所有事……"① 由此，胡勤业、王镜铭等人提出，应进行"民教中心之乡村建设"②。"今日的民众教育，已不是过去的通俗教育，也不是单纯的识字教育，而是整个民众生活的改造，已尽与乡村建设合流，在以教育力量去完成乡村建设"③。"民教中心之乡村建设"的目标，应在于"经济上求其能自给自养，政治上能求其自卫自治，教育上能求'人人受教''村无不学'，使教养卫三者同时并进，以实现由乡村建设以达民族复兴"④。

综上所述，河北省立乡村民教馆的主事者，特别是胡勤业、王镜铭等人发扬民众教育重视生计教育的传统，从其对中国乡村根本问题的认识出发，在检讨定县路线的基础上，从生计教育的重要性、生计训练的必要性、生计教育的实施方法、促进和提倡合作等方面，阐述了其对生计教育的见解，最终提出了"以生计教育为中心"的思想。这一思想中所蕴含的"救乡要先救穷，救穷则要重视生计教育，发展乡村经济"等认识，以及对合作组织与合作训练等的强调，不仅突出了"生计"的重要性，契合了当时的中国乡村经济衰败的现实，而且与梁漱溟、晏阳初等乡村建设主要倡导者的某些思想认识具有一致性。虽然"以生计教育为中心"的思想对读书、文艺等教育有一定程度的轻视（但并非无视），但由于其不仅涵盖多方面内容，而且符合胡勤业强调的"先富后教之宏旨"，因此对杨村实验具有重要的指导意义。

二 秉承"宏旨"与因地制宜：杨村实验的实践工作

河北省立乡村民教馆成立后，由于"两次迁移，诸端迄未就绪"⑤，加之"五年间六易馆长，人事变迁，如此频繁，工作实施，自难见效"，因此杨村实验的成效一度比较有限。直到胡勤业、王镜铭等人就职后，在"以

---

① 河北省立实验乡村民众教育馆：《河北省立实验乡村民众教育馆两年来实验报告》，"序"，第 2 页。
② 河北省立实验乡村民众教育馆：《河北省立实验乡村民众教育馆两年来实验报告》，第 166 页。
③ 河北省立实验乡村民众教育馆：《河北省立实验乡村民众教育馆两年来实验报告》，第 161 页。
④ 河北省立实验乡村民众教育馆：《河北省立实验乡村民众教育馆两年来实验报告》，第 166 页。
⑤ 河北省立实验乡村民众教育馆：《河北省立实验乡村民众教育馆概况》，第 1 页。

生计教育为中心""以合作为中心"等共识的指导下，一方面"本先富后教之宏旨，从救穷救愚做起"，另一方面"寓一切教育于经济建设之中，并就本地社会需要，因地，因时，因人，因事制宜的实验各种教育建设"①。杨村实验区的实践工作由此进入新阶段，并在多个方面取得了比较明显的成效。

在胡勤业、王镜铭等人到任之前，杨村实验区开展的主要工作有租种实验农田、举办农业展览会、国货展览、试办短期生计训练学校、成立合作社等。其中，实验农田种植美国黄凤格玉蜀黍、意大利白玉蜀黍、耐旱红玉蜀黍、美国长绒棉等9种作物，"以资实验改善"。农产展览会于1932年10月22—25日举行第一届，共展出各类产品223份②，"经过成绩亦极佳良云"③。1933年10月30日举办第二届，共展出各类产品416份④，"陈列特产甚多，成绩可观"⑤。国货展览会由河北省立乡村民教馆与国货陈列馆共同举办，1934年3月10日在杨村开幕，会期5天，"各县应征展览之农林矿产工业出品甚多，津市厂商参加者计有国货售品所等十一家，各类出品，除分别陈列，欢迎乡民参观外，并附设临时竞卖场，廉价出售国产物品"⑥。短期生计训练学校在下朱庄村，1933年秋后开始试办，有入学农民26人，"均系成年粗通文字者，训练二星期，结果颇为良好，所授课程，如农村合作，农业常识，公民训练，农民自卫等，亦切合农民需要。"⑦1933年冬，下朱庄村民因受短期生计训练班影响，感觉有必要成立合作社，于是在乡村民教馆指导下呈请武清县政府立案，1934年5月获得许可证⑧。

河北省立乡村民教馆奉命改组后，因胡勤业、王镜铭等人"用人尽征专才，工作务求实际"，于是其实践工作"乃能走入新的途径"⑨。到1935

---

① 河北省立实验乡村民众教育馆：《河北省立实验乡村民众教育馆工作现况》，第2页。

② 河北省立实验乡村民众教育馆：《河北省立实验乡村民众教育馆两年来实验报告》，第54页。

③ 《武清农品展览》，《大公报》1932年11月1日。

④ 河北省立实验乡村民众教育馆：《河北省立实验乡村民众教育馆两年来实验报告》，第54页。

⑤ 《杨村展览参观记陈列特产甚多成绩可观》，《大公报》1933年10月31日。

⑥ 《冀乡村国货展览会今日在杨村开幕》，《大公报》1934年3月10日。

⑦ 乡村工作讨论会编《乡村建设实验》第3集，第269—270页。《河北省立实验乡村民众教育馆两年来实验报告》，第32页。

⑧ 《各部事业摘要》，河北省立实验乡村民众教育馆：《河北省立实验乡村民众教育馆工作现况》，第3页。

⑨ 乡村工作讨论会编《乡村建设实验》第3集，第269页。

年1月，生计、健康、教学、阅览、讲演各部及调查委员会等部门的工作均有不同程度的进展。其中，生计部主要工作有五项：一是指导成立和筹备合作社。下朱庄消费合作社于1933年冬倡议，1934年5月获得许可证，12月12日召开成立大会；小顿邱信用合作社由该馆派员指导筹备成立，已征得社员20人；黄庄信用合作社亦由乡村民教馆指导筹备成立，已草拟简章，征集社员，"不久当可正式成立也"。二是于1934年10月22日举行第三届农产展览会①，农民送展产品共计600份②。三是在实验农场进行种植实验。四是组织表证农家，"先推广炭酸铜粉，预防谷子，高粱，麦子等之黑疸病方法，已资表证"。五是办理黄庄短期生计训练学校。因下朱庄短期生计训练学校效果良好，受到省教育厅肯定，于是决定再开办黄庄短期生计训练学校，1934年11月21日开学，12月5日结业。

到1935年10月，杨村实验区工作又取得了以下主要进展：一是落实重划实验区的计划。二是继续提倡合作社，"计先后成立之合作社凡十五处（连消费合作社一处，共十六处）"。三是农业推广，除试验美国脱字棉和短期生计训练学校外，该馆农场与燕大作物改良试验场合作社表证谷种。四是筹备第四届农产展览会。五是提倡教育，开办短期小学4班，学生70人；青年班1班，学生20人；特约民众学校4班，学生90余人。另有毕业同学会、巡回文库等。六是乡村卫生建设，除保健所外，提倡乡民体育，组织国术会，"计先后成立国术会凡三处"，1934年12月曾"派员赴各村举行检阅"。七是建立乡村自卫组织，1935年8月9日成立杨村自卫团，有团丁30余人；同年8月12日，以柳河村为中心，联合辛庄、大小王庄、大小高庄、下朱庄等七村组织联合自卫团。八是开展社会调查，有实验区四十村庄概况调查、杨村糕干工业调查、民间娱乐调查等③。

时至1936年7月，在杨村建设实验的各项实践工作中，生计组的工作最能体现"以生计教育为中心"的思想。其具体内容包括合作指导、农事

---

① 河北省立实验乡村民众教育馆：《河北省立实验乡村民众教育馆工作现况》，第1—2页。

② 《本馆各届农产展览会表》，河北省立实验乡村民众教育馆：《河北省立实验乡村民众教育馆两年来实验报告》，第54页。

③ 乡村工作讨论会编《乡村建设实验》第3集，第267—271页。河北省立实验乡村民众教育馆：《河北省立实验乡村民众教育馆两年来实验报告》，第85—86页。《杨村民教馆检阅实验区国术团体》，《益世报》1935年1月10日。《杨村民教馆一年来工作概况》，《益世报》1935年9月20日、9月22日、9月23日、9月27日、9月29日。

试验、农业推广、农产展览等。在合作指导方面：一是指导各村成立合作社，其中，大顿邱村信用合作社 1936 年 6 月有社员 31 人，小顿邱村信用合作社有社员 30 人，大张庄信用合作社有社员 22 人，小张庄信用合作社有社员 21 人，西白驹场信用合作社有社员 23 人，西梁庄信用合作社有社员 29 人，东洲信用合作社有社员 30 人，杨村信用合作社有社员 67 人①。二是于 1935 年 11 月起在各村合作社举办合作训练班，"灌输社员以合作之知识，指示其进行途径"，到 12 月 29 日已有 7 个村庄举办合作训练班。在农事试验方面，主要工作有继续与燕大作物改良试验场合作试验谷种，表证金字棉并大批推广，黑穗病预防表证等。在农业推广方面，与河北棉产改进会合作推广金字棉种，于 1936 年春在杨村镇、梅厂镇、大良镇等 54 个村镇推广金字棉 6671 亩，使用棉种 667 袋 66719 斤。在农产展览方面，由于将农产展览视为"生计教育实施最要方法"，因此继续举办。1934 年 10 月 22 日举办第三届农产展览会，展出农民送陈的农产品 600 份；1935 年 10 月 20 日举办第四届农产展览会，展出农民送陈的农产品 823 份②。

此外，民众训练是河北省立乡村民教馆的"首要工作"，由"民众组织训练委员会""以专责成"。到 1936 年 7 月前，该委员会所组织的民众团体有信用合作社、民校毕业同学会、农友读书会、妇女读书会、国术会、青年训练团、乡村建设委员会、农民自卫团等。家事教育实验也是一项具有特色的工作。实验区位于下朱庄，由乡村民教馆与天津河北省立女子师范学院合办。"施教的目标，是以现代农村作背景作根据地，从事研究出一种方案，来教导一般乡村妇女治家的智能。""希将来建设一种模范新村。"1936 年 4 月 12 日开幕后，首先成立了妇女职业补习班和短期小学班，前者有学生 18 名，后者有学生 40 名；接着组织了主妇会和少女会，分别有会员 40 人和 30 人；继而筹办妇女民众学校、助产讲习会、保育讲习会、家庭传习会等。

1936 年 7 月以后，河北省立乡村民教馆在杨村等地的实践活动中，见

① 《河北省立实验乡村民众教育馆实验区信用合作社概况统计表》，河北省立实验乡村民众教育馆：《河北省立实验乡村民众教育馆两年来实验报告》，第 134—135 页。
② 以上参见河北省立实验乡村民众教育馆《河北省立实验乡村民众教育馆两年来实验报告》，第 17—54 页；《冀实验乡村民教馆指导各村合作社经过（续）》，《益世报》1936 年 3 月 31 日；《杨村省立民教馆定期举行农展会》，《益世报》1935 年 10 月 17 日。

诸报端者主要有以下几项：一是推行民众教育，试验政教合一推行民众学校办法，与武清县政府合作，由其下令各村小学校限期成立民校，指导教法由乡村民教馆负责，各民校补助费由县政府和乡村民教馆分别筹措，到1936年11月15日前后已成立民校30处，有学生500余人。1937年春季又在东庄等15个村庄筹设民校15处①。二是训练师资，于1937年3月21日招考民教师资18人（一说20人），3月29日开班训练，聘请北平师范大学校长李云亭等10余人按期到馆讲演。4月19日前训练结束，"即派往各民校任教"②。三是推广植棉事业，由正定华北农村生产建设试验场运来正脱十七号棉种2500斤，"已推销完竣"；由霸县运来棉种8万斤，"即贷给附近碱地业户试种"③。四是于1936年10月27—29日举办第五届农产展览会，展品有四乡农民送陈的农产品800余份，工艺品200余份，杨村士绅杜巨波送陈的昆虫标本200余份，河北省棉产改进会天津指导区、山西省立农业专科学校、北平市立农事试验场、河北省第一农事试验场、天津广智馆、河北博物院、河北省立女师学院、保定师范学校、武清县农事试验场、保定农学院等农事机关送陈的工艺品和谷菽、瓜果300余份④。

综观这一时期尤其是胡勤业、王镜铭等人到任后杨村实验区的实践工作，可以清楚地看到，举办农产展览会、进行农事试验和农业推广、进行生计训练、实施合作教育（合作训练）等，大体能够体现民众教育"先富后教之宏旨"。与此同时，渐次成立合作社组织、积极推广植棉事业，以及利用临近京、津两大城市的地缘优势与政府机构、高等院校、学术研究机构、其他民众教育机构等的多方面合作，又体现出"因地，因时，因人，因事制宜"的一面。在此过程中，胡勤业、王镜铭等人提出的"以生计教育为中心""以合作为中心"及其与乡村建设、民族复兴之间关系的认识等，得到了较好的贯彻，从而使杨村实验具有了一些不同于其他乡村建设实验的特征。

---

① 《杨村推行民众教育》，《大公报》1936年11月18日。《杨村民教馆工作甚紧张》，《大公报》1937年4月19日。

② 《杨村民教馆师资训练班于昨日开班将请李云亭等讲演》，《大公报》1937年3月30日。《杨村民教馆工作甚紧张》，《大公报》1937年4月19日。

③ 《杨村民教馆工作甚紧张》，《大公报》1937年4月19日。

④ 《杨村民教馆举行农产展览今日起连续三日所征展品千余件》，《大公报》1936年10月27日。

三　沟通城乡：杨村实验的特征及启示意义

由于近代中国乡村建设的一个重要特征是"以乡村为本位（或重点）"①，因此 1000 多处大大小小的实（试）验区，绝大多数分布于县以下行政区域境内的村庄或集（市）镇，仅杨村实验区、清河社会试验区、辛庄乡村教育实验区、罗道庄农村建设实验区和青龙桥民众教育实验区等少数分布于临近大城市（而非中小城市或县城）的地区。同时临近北京和天津两大城市者，又仅有杨村实验区。虽然杨村实验的规模和影响与同一时期梁漱溟等人在邹平、晏阳初等人在定县、卢作孚等人在北碚进行的乡村建设实验相比，有较大差距，在思想认识和实践工作中也有轻视（而非忽视）读书、文艺教育等的一面，但由于具有独特的地缘优势，加之胡勤业、王镜铭等主事者的独到认识，杨村实验仍然呈现出不同于其他乡村建设实验的两个重要特征。

其一，胡勤业、王镜铭等人提出"以生计教育为中心"等主张，并将其付诸实践，使之成为完成乡村建设、实现民族复兴的重要环节。在同时期具有一定代表性的乡村建设实验中，定县的晏阳初提出乡村建设运动担负着"民族再造"的使命；"乡村建设"要进行文艺、生计、公民、卫生四大教育，采用学校式、家庭式、社会式三大方式。邹平的梁漱溟提出实现建设新社会和民族复兴必须走由振兴农业以引发工业的乡村建设之路，强调将教育设施（乡学和村学）作为中心。卢作孚认为乡村建设的终极目标是建立一个"完全独立自主的民主国家"，强调"建设应以经济为中心"。燕京大学清河社会试验区等北平近郊的四个实（试）验区"都是要教育民众、组织民众、改造社会、建设乡村、以复兴民族"，并各有其中心事业和机关。虽然这些实（试）验均比较重视生计教育和合作组织，且梁漱溟等人亦曾提出将其置于中心地位，但较为系统地阐明二者与完成乡村建设、实现民族复兴之间关系，并付诸实践者，就管见所及，仅有胡勤业、王镜铭等人。

其二，胡勤业、王镜铭等人利用杨村临近京、津两大城市的地缘优势，

①　王先明、熊亚平：《近代中国乡村建设思想的释义问题》，《南京社会科学》2016 年第 4 期。

大大拓展了城乡间合作与交流的广度和深度。就合作与交流的广度而言，据该馆大事记记载，仅1934年10月至1936年6月，该馆与南开大学、河北省立工业学院、汇文中学、河北省立实验民众教育实验学校、天津市立民众教育馆以及燕京大学农场（作物改良试验场）等进行的交流活动即达10次以上。交流内容包括参观、谈话会、考察、讲学等。如1936年3月29日至31日，天津市立民众教育馆民众徒步旅行团一行13人前来参观。当晚，河北省立乡村民教馆举行欢迎会，馆长胡勤业致欢迎辞并报告组织和工作概况，秘书和各部主任报告工作路线和各项工作情况。第二天参观了民教馆及柳河等村庄的国术会、农友读书会、合作社、表证农家等。3月30日，天津中西女子中学参观团一行18人抵达杨村，在参观民教馆、游览杨村市之后，与天津市立民众教育馆民众徒步旅行团一起到大顿邱、大张庄、小张庄、保稼营等村参观，并进行家庭访问。30日晚在民教馆举行谈话会，"男女旅行团员皆行参加，讨论乡村问题，彼此交换办理民众教育工作的意见"。31日早晨又到下米庄参观河北省立乡村民教馆与河北省立女子师范学院合办的家事教育实验区①。就合作与交流的深度而言，与燕京大学作物改良试验场的合作中订有合作简章六条，包括试验目的、试验材料、试验方法、试验报告及统计、良种繁殖、表证试验期限等②；与河北省立女子师范学院合办的家事教育实验区履行了商讨合办事宜，筹备、举行开幕典礼等程序，合作内容包括幼稚园、短期小学、妇女民校、职业补习学校及各种短期讲习会（保育、助产、家事、看护）、俭道会、主妇会、少女会、体育会、读书会、农忙托儿所、传习处等。从一定意义上说，这些合作和交流属于城乡交流的范畴，在其他乡村建设实验中并不多见。

以上两个重要特征，使杨村实验在近代中国乡村建设实验中具有一定的代表性。从城乡关系视域对其进行研究、思考和总结，不仅有助于丰富关于近代中国乡村建设的认识，而且对当代中国乡村振兴战略的实施具有一定的启示意义。

正如有研究者指出，1930年代乡村危机发生的深层致因，是近代以来

---

① 《天津市民教馆组织旅行团至杨村参观并举行谈话会讨论乡村问题》，《庸报》1936年4月2日。

② 河北省立实验乡村民众教育馆：《河北省立实验乡村民众教育馆两年来实验报告》，第24页。

的城乡背离化历史进程①。在这一历史大背景下，乡村建设实验的主事者们在思考乡村建设问题时，对城乡关系问题也有较多关注。例如，卢作孚强调："政治上最后的问题是全国的问题，他的基础却在乡村"；"乡村教育如果不发达，不但是乡村问题，而且变为城市问题了"；"城市的商品，虽大多数是经过工业制造来的，虽大多数的工业都在城市里，原料却来自乡村。"梁漱溟也指出："新中国建设之前途，乡村与都市是互相沟通的、配合的，不是矛盾的，工业与农业是结合的"。"我们讲从乡村入手，并不是不要都市……乡村越发达，都市也越发达。"然而，由于邹平、定县等距大城市相对较远，因此实验区与大城市（而非中小城市或县城）中的政府机关、高等院校、学术机构等的合作与交流会受到诸多限制。北碚虽然距重庆不远，但实验区与重庆间的交流多不见记载。于是杨村实验中的城乡交流与合作便颇具参考价值。就此而言，本文关于杨村实验及其意义的思考和总结，将有助于丰富关于近代中国乡村建设的认识。

1949年以来，中国社会经济经过70年的较快发展，城乡背离化发展的趋势已有所改观，但尚未发生根本性的转变。因此，在新近提出的新型城镇化、乡村振兴等发展战略中，城乡融合发展仍是一项重要内容。在此过程中，临近大城市市区的村镇在加强与城市科研机构、高等院校、企业的合作，加快城乡间产业融合发展、基础设施互联互通、公共服务共建共享、承接城市功能外溢等方面具有许多优势，从而能够在加快自身发展的同时，对周边村镇的发展形成辐射和示范效应。就此而言，本文关于杨村实验及其意义的思考和总结，对于当代中国乡村振兴战略的推进，尤其是坚持以经济建设为中心，强化社会组织作用，加强城乡合作与交流，形成城乡协同发展等方面，仍具有一定的启示意义。

（原刊《历史教学》2020年第12期）

---

① 王先明：《试论城乡背离化进程中的乡村危机——关于20世纪30年代中国乡村危机问题的辨析》，《近代史研究》2013年第3期。

传教士与近代中国农学的兴起[*]

李尹蒂[**]

中国自古以来，以农桑为本，内治之道，首在劝农。农为政本，历代以来，劝农垦荒之令屡下，竭人力以尽地利。至清代，当局于农务仍沿袭督课以奖其劳的农业政策。古者，有农政而无农[①]。近代以来，重商渐兴，以商立国一时蔚为大观，农政渐趋退隐。至戊戌时期，农务兼采中西之法，设农务中学堂的上谕出台，农政渐兴，农学亦随之出现。

在近代中国西学东渐过程中，农学的引进、演变、传播、运用与定型是其重要方面。维新时期，虽然变法头绪万端，但有关农务农事的上书却优先处理，重点关注[②]。学界对近代农学的探究多始于 1898 年（清光绪二十四年）。此前农学的传播、形成等活动的历史几乎湮没无闻，从传统农政到近代农学之间，缺少过渡转变的历程。故而，在追根溯源考察新事物农学出现的真实诱因方面，仍可拓展。实际上，戊戌之前，西方农学知识便已传入中国社会。最初对泰西农学情形进行介绍的，是以推广西方文化为宗旨的传教士们。

* 基金项目：国家社科基金重大项目（17ZDA198）；中央高校基本科研业务费专项资金项目（2015B04314）。

** 李尹蒂（1984—），湖北汉川人，历史学博士，河海大学马克思主义学院副教授，主要从事农学史研究。

① 古代农书，"叙述历朝古籍所载的经验，缺乏统一的主张，原理的说明，从科学的态度观之，尚不能算其为农学"。至"十八世纪以来，各种科学，发展甚速，如植物学、动物学、化学，都大有进步，方始构成科学原理。十九世纪初年，推拉氏 Thaer 著学理的农业，首以科学原理，说明农桑状况，实为农学的起源"。顾复：《农业与农学》，《农村月刊》第 8 期，1947 年，第 23 页。

② 刘锦藻撰《清朝续文献通考》第 4 册，浙江古籍出版社，1988，第 324 页。

一 胥于格致的泰西农政之法

传教士对西方农务的描述，多见于早期传教士报刊中。德国传教士花之安较早撰文对德国农政院进行了介绍。1872 年，《中国教会新报》刊载花之安的《西国农政说》文。该文指出：中外的农政没有太大的差异，只不过农业方法有区别。具体表现为："泰西时尚，举凡商贾农工，胥于格致。"且西国古今相较，农业事半功倍，在于"日创新法"的功劳，因为西国就农事专门设立书院，传授农业知识。如德国有农政院，一方面"以地产之物，查考原质，次辨土性所宜，余则粪溉壅培，终则某种应配某壤、某粪，务使各得其所。更或今年植此，而明年植他"；另一方面注意农业机器的使用，"汽机咸具，用审代劳，若逢新创器械，众未解领，则为细释"①。

一年后，花之安写就《德国学校论略》一书，对德国农政院具体情况进行了说明。这本书提到农政院课艺包括绵羊孳生事宜；牛肥健、牛乳、牛乳油、牛乳膏；马事宜；鸡、鸭、鹅、孔雀、白鸽孳生；蚕桑；植葡提；果木、蔬菜；五谷丰歉；草苑；草酒叶；植烟事宜；农具；农艺、农事源流；农事沿革；艺圃；林木，花木事宜；量地、土质；鸟兽；植学；石质；化学：一活化学、二死化学；花事宜；医鸟兽；格致，格物另有专院此农事；建田庐法；显微镜察物法；绘图法，绘图另有专院②。从中可见，德国农政院授课包括了近三十种科目，内容较为繁杂。梁启超在编纂《西学书目表》时，认为此书较为全面地展现了德国学校教育的规模③。通过对《德国学校论略》的阅读，晚清士人李善兰意识到：德国不仅仅练兵出于学校，更让人感慨的是其"四民之业，无不有学"的现象，就此他预言"德国学校之盛如此，将见人才辈出"④。

在介绍西国农政院总体概况的同时，传教士们亦推荐了泰西农器的使用。据传教士称：传统农器，需要大量人力来操作，效率过低。英国方面聘请本国人与美国人，要求他们自创新法改良农器。在政府的牵头与呼吁

① 花之安：《西国农政说》，《中国教会新报》第 170 期，1872 年，第 5—6 页。
② 花之安：《德国学校论略》，羊城小书会真宝堂藏板，1873，第 35 页。
③ 梁启超：《饮冰室合集集外文》（下），北京大学出版社，2005，第 1159 页。
④ 李善兰：《德国学校论略序》，《中西闻见录》第 21 期，1874 年，第 129—132 页。

下，得四十三种新式刈获之器。泰西农器的特点为"出力在器，用器在人"，即"只须一夫之手，随意引之，无需推腕之力，即刈获甚速"①。英国当局出面奖励了新式农器的发明与试行。就此，亦有报道称：英国务农"以西国大镰芟之"，而"西镰大于中国镰刀数倍，两手持用，若握锄然"。② 英国传教士傅兰雅将西方农器分为农事机器、牲口运动之器和汽机运动之器三种。而农事器具，又有三类："一为人工之器，一为马力之器，一为煤火之器。上中下三等，农事均可取用。"③ 出使英国的晚清大臣郭嵩焘与刘锡鸿二人，曾亲眼目睹英国农器的使用，倡议中国农家使用西法农器④。

1870 年代，对泰西农学学理介绍较为详细的是英国传教士傅兰雅。1877 年 5 月，傅兰雅发表《农事略论》一文。文中明确指出：泰西农事，属于格致学的范畴。以英国为例，该国数十年内农政大兴，原因之一为对农务化学知识的强调与使用。他们在务农中注重依托化学之理，"知何种泥土，合于种何种植物。若本处泥土不合种此物，则应如何加粪料培壅，使其土合于种之"。泥土、农作物、肥料的适合与否，学理上的依据为化学家里必格提出的"原质"之法。近代早期化学家认为：植物的原质有十八种，分别为氧气、氢气、氮气、碳、硫、磷、氯气、碘、溴、氟气、钾、钠、钙、镁、铝、矽、铁和锰。一种花草内，虽然不能兼备这十八种原质，但前四种是必不可少的。农人"须知何种土质能生何种植物，如其泥土之原质，与欲种之物不合，或缺所需之料，则必添补。或加砂灰粉炭等质，使所种之物茂盛。或壅粪等料，使所种之土肥沃。故农家能将泥土化分，以知其可种何物，则不致有误"。这是近代中国社会较早对农务化学的论说。另一方面，农政公会的设立是英国农政大兴的又一原因。农政公会设立的初衷，在于广泛考察农桑格致之法。就此，傅兰雅倡议晚清当局，设立鼓励农事的农政公会，考究农书，问询天下农政之事，劝勉农务化学在晚近中国试行，进行农业展览，以推动中国农业振兴。除了英人农务，傅兰雅还对法国农事学院情况进行了说明，并提到美国与比利时两国，同样注重

① 《英国农器新法》，《中西闻见录》第 6 期，1873 年，第 374 页。
② 艾约瑟：《英国农政》，《中西闻见录》第 26 期，1874 年，第 426 页。
③ 傅兰雅：《农事略论》，《格致汇编》第 4 期，1877 年，第 1—8 页。
④ 傅兰雅，《中国钦差在英国查农器之事》，《格致汇编》第 7 期，1877 年，第 5—6 页。

考究农学，设立农政书院。

1880 年代，传教士们继续宣传泰西农政之法，并呼吁中国设立传授农业知识的专门机构——农政书院。1883 年，德国传教士花之安再次撰文介绍泰西设农政书院以促进农事的做法，并强调成立泰西农政书院的意图在于审查田质之肥瘠，探究耒耜之浅深，或研究农业肥料使用等农业技术的方法，也就是对农务化学和新式农器的考究。该文后被收入花之安的《自西徂东》一书中，由广学会重印单行本发行。单行本发行时，花之安大声疾呼"冀中国在上之人，在各省之中设立农政院，购各项美种器用，延请西人指示，务于农政之间勤于善法，使得丰凶无憾"①。1893 年，主管广学会事务的英国传教士李提摩太，在参加科考的秀才中散发花之安的《自西徂东》一书②，从而扩大了对西法农政院的宣传。无独有偶，美国传教士丁韪良也倡议"设馆以授农事"，主张农学馆的设立。在《西学考略》中他指出："德国农圃各术，恒为实学馆。蒙馆之别，其设专馆以教之，亦至百五十处。均有附置庄田于古汀浦（德之一邦）。自咸丰二年始开，而肄业者已有一万八千人。法国农政馆有上中下三等之分，下者均置有庄田数十顷，设提调一员，教习三四人或五六人不等。"③ 传教士们对德国和法国农政馆的描述，虽然各有侧重，但都在阐述泰西政府对农政的重视，尤其是对设专门机构讲习科学务农的强调。

19 世纪后期呼吁在中国设农政馆以教授农学的传教士不少，其中对格致之法呼吁比较积极的是英国传教士李提摩太。早在 1892 年 2 月 20 日，他在给英国某报编辑的信中，就已指出中国社会需要意识到农业化学的重要④。1893 年，在华传教士为扩大《万国公报》的影响，吸引士人对五洲利国利民新法的关注，举行《万国公报》征文活动。拟题数十道，请西国博学人士，分别撰文。此次征文共出三十个题目，其中之一为"农学"。贝德礼据此著成《农学新法》一文，该文由李提摩太和蔡尔康合力译述，刊

---

① 花之安：《自西徂东》，上海书店出版社，2002，第 182—184 页。
② 李提摩太：《亲历晚清四十五年：李提摩太在华回忆录》，天津人民出版社，2005，第 202 页。
③ 丁韪良：《西学考略》，《续修四库全书》（1299），上海古籍出版社，1996，第 722 页。
④ Timothy Richard, "The Enlightenment of China," *The North - China Herald and Supreme Court & Consular Gazette*, vol. 19, 1892, p. 246.

载在 1893 年 5 月的《万国公报》中，后由广学会出单行本发行。

李提摩太就《农学新法》文做一引言，揭其纲领于文字开篇，突出新法对增加农产量提高农业效益的作用。他分析道：最近五十年，欧洲争相倡议农学新法，原因在于新法对农业生产的促进作用。就此，他专门做了比较：假设不知新法之前，农产量为每亩一斛。实行新法务农后，平均农产量能增加到二斛。更甚的是，若地土肥沃，农产量能增加至六斛。以此类推，粮食从一百份增加到一百二十份，畜牧业能增产百分之七十之多，农利丰盛，长此以往，人民自是生活富足。在李提摩太看来，农学新法核心在于化学肥料的使用。他进一步阐述道："无粪之地约可产谷十二斗，有粪之地可产三十二斗，用化学培植之地可产三十四斗。"故而推断中国每省之地，若以化学肥料浇灌，农产量可成倍增加。

《农学新法》的主旨在于"以化学导中国农夫"。该文作者是贝德礼，由于相关记载不多，此人生平难知其详。这篇文章针对中国农业固守成法的现状，专门宣传介绍西国的农学新法，又称为"农学化学之法"。贝德礼所言之农学新法，其核心概念为"原质"，即今天的化学元素。他认为农务化学中，有十四种原质。农业中之土壤、花草与万物，都是由这十四种原质合成而来。十四种原质分别为："一曰氧气，二曰轻气，三曰淡气，四曰炭，五曰矽，六曰硫，七曰磷，八曰绿气，九曰钾，十曰纳，十一曰钙，十二曰镁，十三曰铝，十四曰铁。"在此十四种原质之外，偶尔还有三种原质，分别为锰、碘和氟气。需要注意的是：贝德礼提到的"原质"概念，较之二十多年前傅兰雅的描述，少了溴这个元素。在"原质"概念的基础上，贝德礼进一步提出农务化学要义有四，即：考察土性、分析原质、讲究浇壅之法与估量壅田之法。农学新法的意义在于：使农家者流，"洞谙何种禾稼系何种原质，即以何种原质按其分量配给而成。就田中灌溉，而培壅之。瘠土可成沃壤，沃壤更倍增腴"①。他大声疾呼，人丁兴旺地大物博的中国，农学至关重要。而农学之中，化学万不可抛弃与荒废。贝德礼的描述，和此前传教士的介绍，有一个共同之处，即他们都凸显农务化学在农业发展史上具有时代性的转折意义。

---

① 贝德礼、李提摩太、铸铁生：《农学新法》，《万国公报》第 52 期，1893 年，第 23—52 页。

19 世纪末，李提摩太多次宣传西方农学新法的获利①，并写有《农人新法纪略》一文。这篇文章是他翻译泰西农人新法之大略而成。文中指出，西人务农新法，首先注重选种。李提摩太给出的依据是：有人用多年时间精选种子，精选之后种植。一粒种子收成有一万八百四十粒之多。然后再选麦种七八百粒，"试播于地，勃然而生。至于日至成熟，竟敷一人一年之用"。虽然数字描述的准确性有待考证，但文中对选种的强调，则彰显出农业种植从粗放种植到精细种植转变的趋势。其次，新法务农还注重对土脉的转换与考察。李提摩太提出若地面为若干碎石，可以设法碾碎混于土中，这样碎石可转化为沃壤。最后，文中还强调农业粪肥的重要性。因贫苦农家无力买粪，有三法可获：一是"在制造药料可以当有水之粪浇灌田地，盖药内所生之小虫臭烂可壮土脉也"；此外还有二法："天气寒冷，将水罐若干盛以沸汤藏置土中，使土脉和暖，此一法也。再用玻璃罩围护之以御寒气，则生长必速，又一法也。如用各法合而行之，则不但每亩多出十倍，即出百倍皆可预期。"②需要注意的是：李提摩太对"药料""沸汤""玻璃罩"等概念，并没有仔细说明，让人费解。但几年后，维新志士康有为在上清帝书中，仍引用了李提摩太的论述，借以倡议晚清当局对务农之学的关注。

总而言之，19 世纪中后期传教士们对泰西农政之法的引介，主要集中在被纳入学校体制的农政院说明、化学肥料及用新式之机器上。而"置仪器以助耕；讲化学以助长，二者均恃兴农学"③。传教士们所描述的西方农政新法，迥然于中国传统农政，引起了晚清士林的注意。

二　士林的解读

通商数十载，商政渐兴，农政渐隐。"海内之士，抵掌谈洋务者项相望，综其言论，不逾两途：一曰练兵，以敌外陵；二曰通商，以杜内耗。"④朝中政情虽如此，然经由西方传教士们对泰西农术的描述，泰西农政"农

① Timothy Richard Article 1, No Title, *The Chinese Recorder and Missionary Journal*, vol. 1, 1894, p. 358.
② 陈忠倚编《皇朝经世文三编》卷三十四，上海书局，1901，第61—62 页。
③ 胡美裕：《论农学》，《万国公报》第 129 期，1899 年，第 25—28 页。
④ 梁启超：《农会报序》，《时务报》第 23 期，1897 年，第 4—7 页。

之有学"的现象始为晚清士林所知。

上海格致书院山长王韬整理 1886—1894 年书院举办的历次考试中优胜者答案的汇编，成《格致书院艺》。据艺中的观点，我们能从中了解农学在晚清民众间传播时士子们的反应。

1886 年，在朝廷仿行西人富强之术数十年却未见成效时，格致书院出题，问询今日中国该以怎样的方法走向富强。获得超等第二名的士子提出：为解决此问题，必须效法西方，重视格致之学。泰西富强之本，在于其有用之学的存在，即各国工商兵农，"莫不有学，莫不各学其所学，分之为各途，合之为同源"。故而中西比较，得出结论：中国农村歉收，除水旱等自然灾害影响外，务农者不学是另一重要原因。因西国讲求农法，农夫大多数能识字，故而他们能读报获取农学知识，精于栽培耕种等农务。换言之，西法农务强于中国者，在于西方重视农业教育，农人能够得新法，习农学，实行科学种植。他建议："设农艺之塾，将见农家者流，父诏子令，兄勉其弟，劝令入塾，以求所为垦土之法，粪田之用，治生之术，豢畜之方，于是农政修，水利举，物产盛，而且富有。"士子答卷中描述的泰西农法内容，多从传教士的宣传介绍中所得。耐人寻味的是：获此次艺第三名的士子，提出宜重农政，同样建议参用西法，主张格致兴农，即"求雨之法，宜以祈求悬火药于空中，以电气燃之，空气流动，雨泽即降。若濒河之地，非用风轮扇，即用吸水机，以资灌溉。若用桔槔戽水，大不及水龙盖。水龙喷水甚高，一得空中氧气，与甘霖无异、禾稻沾之，其兴勃焉"。所言"氧气"与"电气"等西法知识，同样来源于早期传教士的描述。

在 1887 年的课艺中，更有士人将"农学"直接定义为"备荒之本政"。是年格致书院冬季题，以"古今灾荒平时如何预备，临事如何补救论"问及士子。获超等第一名的赵元益应对此文，提出八种备荒之策，分别为树艺、绘图、农学、铁路、保商、治河、蚕桑和制造。其中备荒之本政为"农学"。赵元益指出施行农学，要点有二：一是专设农官，总管农务；二为仿行泰西农学馆之法，"借化学之理，查究地脉，何土与何物相宜。借植物动物之学，俾栽种牧畜，各顺其性情。则不但原有之物，出产较前丰美，且可博采万方佳种，萃于一堂，散于通国。而农务因农学而愈盛矣"①。江

① 王韬：《格致书院课艺（1886—1887）》，上海格致书院，1886，第 26—35 页。

南制造局翻译馆的任职，为赵元益提供了接触西学的机会。他的"备荒说"，倡农学之兴，而"农学"包括立农官与设农学馆两方面内容，突破传统广种植以备荒政惯习，为近代农业教育的先声。赵元益对泰西农学馆的认识，源于任职于京师同文馆的传教士丁韪良所著《西学考略》一书。

舆论也注意到西方农学之法，提出"种植备荒说"。该说与传统开垦之法截然不同。《申报》有文道：西法植物学的关键在于"辨菽麦之种，而兴阡陌之利焉。烛之以显微之镜，而知其脉络条理。参之于电学分合之法，而知其所秉者为何质。参之于化学体验之法，而知其所需者为何器"，据此可知何土种植、何时饲养及以何种肥料培植农作物①。《申报》所载"备荒之法"与赵元益的"备荒说"已迥然于传统农政之备荒，二者所言均提及"借化学之理"，分析何土与何物相宜，这些都属于早期传教士所描述的泰西农政之法。

1896 年前，晚清知识界对泰西农政之法的认知，多来自于当时传教士的介绍。梁启超的总结便是佐证。在《读西学书法》中，梁启超言："西人富民之道，仍以农桑畜牧为本。论者每谓西人重商而贱农，非也。彼中农家，近率改用新法，以化学粪田，以机器播获，每年所入，视旧法最少亦可增一倍。中国若能务此，岂患贫邪？惜前此洋务诸公，不以此事为重，故农政各书，悉未译出。惟《农事略论》《农学新法》两种，合成不过万字，略言其梗概耳。"他提到的《农事略论》《农学新法》内容，出自西方传教士傅兰雅主编的《格致汇编》，曾多次被时人提及与引用。梁启超《西学书目表》中还提到"农政类"书籍有七本，分别为李提摩太的《农学新法》（广学会本），傅兰雅的《农事略论》，康发达的《蚕务图说》，傅兰雅的《纺织机器图说》《西国漂染棉布论》《种蔗制糖论略》《西国养蜂法》，后六本均为格致汇编本。传教士介绍泰西农学的书籍被收入晚清丛书中，在知识阶层中广为传阅。农学会创办人之一的朱祖荣，在给汪康年的信函中，也提到了《农学新法》《农事略论》两书②。

甲午战后，农政渐兴。西方传教士对西法农政的描述，引发士人的讨论与思考。故而 1897 年 1 月 13 日（清光绪二十二年十二月十一日），《时

---

① 本报讯：《种植备荒说》，《申报》1889 年 5 月 22 日，第 1 版。
② 《汪康年师友书札》第 1 册，上海古籍出版社，1986，第 222—224 页。

务报》沪上同志开设时务会，出第一次时务会的题目。其中一题为"论农学"。此次征文，第一名为张寿滋所作《农学论》。在文中，他指出农事非学不可，所谓"明农学者"，即考究"植物所含各种原质为何类，所成何物，能养之各种土性。所供植物之质，何法能化分之。倘若该土无养此植物之质，则须用何等粪料"。若不究心农事之学，"只就田面循例造工，则地力必不能尽，物产必不能丰盛。如此，不得谓晓农务，纵老于农事，亦不过一帮粗工之农工而已"。文中还指出中国农务不注意肥料与农器两端的危害：其一，近代中国农人拘泥古法，对所下田中肥料的成分与用量，并未考察，以至所用之肥料，出现有害于农作物种植的情况；其二，传统农作中使用的犁耙等各种农器，简陋廉价，在农事作业中，容易出现费地、费工、费时的现象。而西国农家则"讲学问历练等事，凡气是何物，水是何质，光有几色，土有几等，植物有几种，培植有几法，均须切实精究，故今日欧美诸国出产，比之前数十年收成加至若干倍"[1]。张寿滋认为"农学"为农务至要之事，他提到的化学粪肥与"原质"的概念，无出传教士所述泰西农学新法的范畴。得益于《时务报》馆中知识分子的帮助，近代中国第一份农学期刊《农学报》和农学团体务农会开始出现[2]，政情随之改变。

三　修农政，必先兴农学

传教士所言泰西农政之法，得到晚清朝臣的注意。官书局大臣孙家鼐认为：晚近中国，"西学一日不振，即人才一日不出。人才一日不出，即国势一日不振"[3]，就此他旁征博引相关著作，将西学分为十八类，编辑《续西学大成》一书。书中"农学"为西学之一。农学类收录文章共四篇，分别为《养民新说》（即《西国富户利民说》）、《染布西法》、《蔗糖西法》和《化学农务》。其中由官书局审定的《化学农务》一书，集中介绍泰西农务化学之法。该书称："泰西农学有新旧两法，其要旨在于肥地以苗物本，与

---

① 张寿滋：《农学论》，《农学报》第 4 期，1897 年，第 50—53 页。
② 李尹蒂：《务农会与〈时务报〉馆》，《江苏社会科学》2014 年第 3 期，第 231—238 页。
③ 孙家鼐：《续西学大成》，上海飞鸿阁书林坊，1897，第 2 页。

中华成法无其差殊。今姑舍旧法而言新法。新法中之可法者甚多，其他不必论。论化学之关系农学者。盖西人于近百年来，专讲化学，遂于农学全书而外，别开门径，名曰化学农务。"① 此主张实为《农学新法》一文中的核心观点。

1896 年 2 月 1 日（清光绪二十一年十二月十八日），张之洞明确提出"拟就江宁省城创设储才学堂一区，分立交涉、农政、工艺、商务四大纲"。其中，农政之学分子目四：曰种植、曰水利、曰畜牧、曰农器。就此打算聘请法、德两国农政之教习②。武昌农务学堂的拟设顿时成为舆论关注的焦点。被国人奉为革新楷模的日本人，将此事视为"中国政府拟留意农务"的举动，称："中国农业素未讲求，政府中近颇留意于此。拟聘美国伯利儿来中国，振兴农学。日前既发电音于伯利尔，伯利尔已应允中国之聘，将航海而至。"③ 和张之洞有类似想法的还有孙家鼐，他在"议复陈遵筹京师建立学堂情形折"中，呼吁"学问宜分科"，拟分立十科。其中一科为农学科，种植、水利附焉④。庞鸿书则进一步提出：将农学等需要实验的学科剔除出大学堂，以待将来成立各种专门学校。他的理由是："农学皆当验诸实事，不容托之空言，且各省异，宜当于省会设立学堂。"⑤ 虽然朝臣奏疏对农学具体内涵并没有进一步解释，对农务学堂的可行性操作和农学人才培养取向等问题也没有清晰说明，但较之传统农政，他们认同了农务化学和试验农学的新概念。这些新知识在近代中国的传播，都来自早期传教士的叙说。正是因为传教士们的引介，西法农学传入中国，在晚近知识分子与朝臣的论说下，从知识走向制度，农学进入学堂，农业教育开始出现。

中国农业教育是晚近自甲午时期渐兴的农政遭遇千古未有之变局后效仿西方各国事事设学的产物。朝野为追求农学新法带来的农业收益，呼吁农务设教以导其术，开始注意农业教育，倡导"欲修农政，必先兴农学"，设农工科、农学堂的建议遂被提出。对于农务兼采中西之法的讨论，并非

① 孙家鼐：《续西学大成》，第 5 页。
② 赵德馨：《张之洞全集》第 3 册，武汉出版社，2008，第 320—321 页。
③ 古城贞吉：《中国拟留意农业》，《时务报》第 39 期，1897 年，第 18 页。
④ 《中国近代史》编写组：《戊戌变法》，上海人民出版社，1972，第 427 页。
⑤ 国家档案局明清档案馆编《戊戌变法档案史料》，中华书局，1958，第 285 页。

止于纸上之空文。晚清社会农务成学的设想，从坐而论道的言说走向了具体实施行动：除选派学生出洋入农业学堂留学外，在张之洞、袁世凯等地方督抚大员的倡导下，湖北农务学堂与直隶农务学堂开始纳农业于专业学堂之中。20世纪初，农业教育被纳入学堂章程，农科大学和高中初等农业学堂纷纷设立。在"种植之学，在于实业教育导以先路"的舆论氛围中，"农业之兴，非学不可"成为时人共识。

需要说明的是：近代中国对传教士描述的泰西农政之法，最初是以比附的方式被认同和接受的。"泰西之新法，乃窃我古圣之绪余，暗合三王之古法"的理念存在于国人心中①。虽科学务农的关键在农业化学，然而事实上，农业化学不易掌握，即使到了民国时期，提倡振兴农业者人数众多，但能解农业化学的内涵及其重要性者，仍然很少②。究其原因，是对西方农学的误解：在时人看来，西人所言肥料，就是《周礼》中所说的"分别牛羊麋和鹿等粪的性质，使和土壤种子性质，样样的相宜"③。故有人更为明确提出："地宜何谷，播种必察其土脉；气分养淡，植物必顺其生机，此粪田之法有与《周官》草人土化焚骨渍种之法相似者。"对于泰西农器，晚清社会有人则认为使用西法农器，成本太大，不适用于中国④。

虽然晚清知识界与朝廷重臣，对传教士描述的泰西农法理解并不透彻，但较之传统农政，"农非学无以辨菽麦，别肥硗，尽地力"的观点，已成为共识，这标志着近代农业向科学务农的靠近。更重要的是，农业教育使自古以来士与农分途的传统被打破，具有变革传统观念的意义。"中国士农分途相沿已久，习诗书者沦于空虚，事畎亩者安于愚闇，空虚则无实业可执，愚闇则无进步可图"，农学"探各国富强之源，浚中土本有之利，化士人空虚之弊，辟农民愚闇之蒙，合士农于一途，融体用于一贯"⑤。"四民之业，亦有学之"的观念逐渐被时人接受，士与农分途的成

---

① 赵树贵、曾丽雅编《陈炽集》，中华书局，1997，第152页。
② 冯子章：《农业化学之重要及述日本东京帝大农业化学科之内容》，《农声》第113期，1928年，第9—11页。
③ 铭九：《中国以农立国易图富强论》，《北直农话报》第4期，1906年，第3—5页。
④ 陈学恂，田正平编《中国近代教育史资料汇编·留学教育》，上海教育出版社，1991，第8—9页。
⑤ 朱有瓛主编《中国近代学制史料》第2辑下册，华东师范大学出版社，1989，第184页。

见被破除。振兴农务以逐农利的初衷，引发农之有学为人所知。知识的传播带来观念的改变，观念的改变引起政策和制度的更新，农务被纳入学制，农学终从传统的农政中脱胎而出。它的出现，揭示了一个新时代的到来并体现了时代的内容。

（原刊《华南农业大学学报》2018 年第 1 期）

城市视角下的近代华北
农民进城原因研究

柳　敏[*]

　　18 世纪后半叶以来，英、法、美等国相继经过工业革命，农业在国民经济结构中的比重下降，而工矿业和商业集聚的区域生产力飞速发展，吸引大量农业劳动力向城镇流动，形成近代城市化浪潮。[①] 中国农民进城，古已有之，除政治性与军事性等强制性移民外，多为短暂性的市场交换、临时性的进城乞讨或探亲访友，尚不足以称为迁移，而是并未长期改变居住地的人口流动。自晚清以来实业初兴，城市发展，政局不宁，民生艰难，乡村凋敝，农民纷纷离乡进城，并于 1920—1930 年代达到高潮，乡村社会出现千年未有之大变局，亦成近代乡村建设运动之缘由。学界关于农民离村原因的研究主要立足于对农村情况的调查资料，关注 1930 年代农民离村的共时性探讨。近代学者强调三大因素：资本帝国主义者对农村经济的破坏、军阀土豪劣绅对农民的榨取、天灾人祸对农民加紧压迫。[②] 择要言之，一为天灾，一为兵祸。[③] 1990 年代以来，学者对于农民离村直接原因的分析

*　柳敏（1974—），湖北武汉人，历史学博士，青岛农业大学马克思主义学院教授，主要从事近代城市史和乡村史研究。

① 王章辉、黄柯可主编《欧美农村劳动力的转移与城市化》，社会科学文献出版社，1999，第 3—9 页。
② 田中忠夫：《中国农民的离村问题》，《社会月刊》第 1 卷第 6 期，1929 年，第 7—8 页；马松玲：《中国农民的离村向市问题》，《生存月刊》第 4 卷第 1 期，1932 年，第 84—90 页；逸民：《中国农民离村向市问题的解剖》，《时代青年》第 16 期，1933 年，第 16 页；董汝舟：《中国农民离村问题之检讨》，《新中华》第 1 卷第 9 期，1933 年，第 7—8 页。
③ 吴至信：《中国农民离村问题》，《民族杂志》第 5 卷第 7 期，1937 年，第 1172 页。

侧重于人口压力说①、生产力压力说②、环境压力说③、城市吸引力说④及推拉力综合因素说⑤，但其根本原因均指向天灾兵匪、帝国主义侵略、苛捐杂税、城市吸引等方面。揆诸城市史资料，可以发现，在城市化的不同时期，在城乡关系演进的不同阶段，城乡推力与拉力的强度及对个体的影响力存在显著不同。对乡村移民来说，城乡间的作用力存在着因时、因人、因地而异的情形。

天津和青岛作为华北典型的移民城市，也是最早一批被南京国民政府指定为"特别市"的都市，在近代城市管理制度的引入与发展、近代工业的创办与管理、城市事业的推进等方面是华北城市近代化的先行者与模范地，青岛相对完整的城市档案与天津比较全面的工人调查也为探究两地移民状况提供了丰富的资料。1928—1937 年的天津与青岛，在自然条件、经济结构、城市管理等方面具有相似性，在研究资料方面有互补性，在经济腹地与城市化历程方面，天津较青岛更广阔、悠久，以天津与青岛为研究区域，便于把握华北农民进城的整体面相，亦可管窥腹地广狭与历史积淀深浅对农民进城规模的不同影响。本文结合近代天津和青岛城市史料及城市发展历程，探讨不同时期华北农民的进城原因及其群体差异，总体而言，华北农民进城更多是在乡村失序的生存困境下的被迫选择。

一　离乡进城：人口分布的时空流变

晚清以来，在全国活跃的商业化进程中，天津和青岛经历着快速的发展，由偏远的海隅边陲到军镇、市镇，在区域转运贸易中发挥了独到作用，

---

① 彭南生：《近代农民离村与城市社会问题》，《史学月刊》1999 年第 6 期；彭南生：《也论近代农民离村原因——兼与王文昌同志商榷》，《历史研究》1999 年第 6 期。

② 王文昌：《20 世纪 30 年代前期农民离村问题》，《历史研究》1993 年第 2 期。

③ 李凤琴：《20 世纪二三十年代中国北方十省农民离村问题研究——以华北地区山东、山西、河南、河北为重点》，《中国历史地理论丛》2004 年第 2 期。

④ 周应堂、王思明：《近代农民离村原因研究》，《中国经济史研究》2011 年第 1 期。

⑤ 夏明方：《民国时期自然灾害与乡村社会》，中华书局，2000，第 109 页；张利民等：《近代环渤海地区经济与社会研究》，天津社会科学院出版社，2003，第 457—465 页；池子华：《农民工与近代社会变迁》，安徽人民出版社，2006；王印焕：《1911—1937 年冀鲁豫农民离村问题研究》，中国社会出版社，2004；何一民主编《近代中国城市发展与社会变迁，1840—1949 年》，科学出版社，2004。

开埠以后，两地借助特殊的政治地位、区位优势及新式投资，迅速发展为北方最重要的通商口岸和工商业城市。但因历史积淀的差异，天津工商业规模远远大于青岛，如 1929 年天津华界有工厂 2186 家，商店 21043 家，①青岛至 1932 年有工厂 174 家，市区商店 6746 家。② 两市外来人口增加规模不同。

　　1840 年前后，天津城区共计 32632 户，198715 人。经商者人数较多，盐商、流动小贩和店铺商人共有 17709 户，占天津城区总户数的 54.27%。③开埠后人口增加迅速，至全面抗战爆发前，天津人口激增主要发生在三个时期：1906—1910 年，人口自 40 余万增至 60 余万；1921—1925 年，人口自 77 万余增至 107 万余，1933—1937 年，人口自 103 万余增至 126 万余，④成为近代中国拥有百万人口的四个特大城市之一。青岛在 1892 年章高元率兵约 2000 人驻防后，加上青岛口的 65 家商铺及附近居民，总数在 4000 人左右。德占初期，统计青岛地区乡村人口共计 8.3 万，⑤ 1901 年，青岛市区人口近 1.5 万，至 1913 年，青岛市区有 5 万多人，加上乡区人口共 18 万余，⑥ 到日本占领时的 1917 年，市区人口 7.7 万余，总计 197535 人，⑦ 至 1927 年则市区人口 13.35 万，市乡合计 30 余万人，⑧ 1931 年市区人口 17.8 万余，1937 年市区人口增至 23 万余，总人口 57 万余。⑨ 青岛成为山东区域内人口最多的城市。可见，青岛市区人口增长有三个时期：德占日据时期，年均增长 0.3 万 – 0.6 万；1927—1931 年，人口增长相对最快，年均增长 1.1 万；1931—1937 年，年均增长约 0.9 万。

---

① 吴瓯主编《天津市社会局统计汇刊》，天津市社会局，1931。
② 青岛市社会局编《青岛市工商业概览》，青岛市社会局，1932，第 14 页；青岛市社会局编《青岛市商店调查》，青岛市社会局，1933，第 1 页。
③ 天津市地方志编修委员会编著《天津通志·旧志点校卷（下）》，南开大学出版社，2001，第 435—441 页。
④ 李竞能主编《天津人口史》，南开大学出版社，1990，第 82 页。
⑤ 青岛市档案馆编《青岛开埠十七年——〈胶澳发展备忘录〉全译》，中国档案出版社，2007，第 193 页。
⑥ 青岛市档案馆编《人口资料汇编（1897—1949）》，青岛市档案馆藏，档案号：C21374，第 4—5 页。
⑦ 青岛市档案馆编《帝国主义与胶海关》，档案出版社，1986，第 279 页。
⑧ 《胶澳志》，成文出版社，1968，第 231 页。
⑨ 青岛市档案馆编《人口资料汇编（1897—1949）》，档案号：C21374，青岛市档案馆藏，第 6—8 页。

　　城市人口的增加一般与三大因素有关：自然增长率、人口迁移量及行政区域变动。天津于 1934 年、青岛于 1935 年先后扩大市区范围，故人口增长较为明显。两市人口的自然增长率较低，如天津在 1929—1934 年的人口年均粗出生率为 2.43‰—5.19‰，死亡率为 8.91‰—13.05‰。[1] 青岛市 1924—1935 年，除 1933 年和 1935 年出生率高于死亡率，其他年份死亡率均高于出生率，[2] 故两市新增人口主要依赖外来移民的增加。据估算，从 1840 年到 1936 年迁移至天津的非本籍人口占 78.89%，其中 20 世纪初到 1920 年代末迁津人数最多，每年有 3 万余人，占年净增人数的 95.86%。[3] 天津市移民多来自河北和山东，"工人籍贯，以河北为最多，山东次之"[4]。纺织工人在天津劳工中占六成以上，[5] 1930 年代初期，天津华新、裕元和恒源三大纱厂河北籍工人占 55.28%。山东籍工人占 10.49%。[6] 对天津 151 家铁路工人家庭籍贯的抽样调查表明，河北省籍者共 127 家，占总数的 84.11%，山东省籍者 13 家，占 8.61%。[7] 青岛移民中以山东人尤其是邻县的胶县、平度为最，"当地劳工除本市附近及即墨胶州数县土民外，以来自鲁南一带者为多"[8]。现存青岛市公安局人口统计资料表明，青岛市区人口以山东籍移民为主，如 1929 年山东移民占外来移民的 87.98%，1932 年山东籍移民占 83.75%，1936 年占 81.02%。[9]

　　近代天津和青岛的外地移民中除外国侨民、官僚地主移民、南方的商人、买办、技工移民外，绝大多数移民来自华北农村，广大农民离乡进城构成社会变迁的重要面相，并开启了城乡人口的分布变局。由于城市历史积淀期的差异、工商业启动阶段与发展程度的不同，两地吸纳人口的时期

① 李竞能主编《天津人口史》，南开大学出版社，1990，第 112、140—142 页。
② 青岛市档案馆编《人口资料汇编（1897—1949）》，档案号：C21374，青岛市档案馆藏，第 34 页。
③ 罗澍伟主编《近代天津城市史》，中国社会科学出版社，1993，第 461 页。
④ 刘大钧：《中国工业调查报告》上册，中国经济统计研究所，1937，"第三编"，第 33 页。
⑤ 邓庆澜主编《天津市工业统计》（第二次），天津市社会局，1935，第 65 页。
⑥ 方显廷：《中国之棉纺织业》，上海商务印书馆，1934，第 134 页。
⑦ 刘东流：《天津铁路工人家庭与人口的分析》，《现实生活》1937 年第 1 卷第 6 期，第 19—20 页。
⑧ 《胶济铁路二十二年份各站年报》，《铁路月刊（胶济线）》1935 年第 5 卷第 3 期。
⑨ 青岛市档案馆编《人口资料汇编（1897—1949）》，档案号：C21374，青岛市档案馆藏，第 17—18 页。

与规模有较大差异，天津腹地较广，吸纳河北、山东两省的农民较多，青岛偏居鲁省东隅，主要吸纳省内尤其是邻县农民。商业传统更悠久、城市化进程更早、腹地更广阔、工商业规模更大的天津显然在移民增长的数量和速度方面要远远超过青岛。

二　城市化启动时期：工商业兴起，吸纳青壮年农民进城

20 世纪以来，中国城乡社会呈现分途演进、背离化发展的态势，[①] 城市社会在贸易网络扩大、专业服务发展的同时，出现生产结构的重构、社会结构的分化及生活方式的演进，农村人力和财力不断向城市流动。城市人口的增加主要有两大原因：新行业向农村的招工与新生计对农民的吸引。

天津城初置时，军屯为主，盐业为辅，随着港口贸易的繁荣，商人转迁日益增加，"津邑居民，自顺治以来，由各省迁来者十之七八"[②]。至晚清时期，实业兴办，来自农村的产业工人日益增多。北方第一座船舶修造厂——大沽船坞兴建时，招用了 600 多名大沽附近农村的铁木工匠以及破产的农民、渔民等，[③] 启新洋灰公司经常雇用的工人，在 1806—1911 年为 200 到 300 人，1912—1914 年约为 1500 人，工人多数来自唐山附近各县和山东省农村。[④] 德国初占青岛时，青岛船坞工艺厂从 1902 年到 1908 年总计招收了 490 名来自山东农村的学徒。[⑤] 1900 年德国人建四方机厂时，270 名中国工人多数是来自当地的铁匠、木匠，[⑥] 整个德占时期，从山东农村和全国各地涌入青岛的技工、壮工等每年保持在数万人。[⑦] 青岛华新纱厂创办后，其

---

① 王先明：《乡路漫漫：20 世纪之中国乡村（1901—1949）》，社会科学文献出版社，2017，第 604—646 页。

② 徐士銮：《敬乡笔述》，张守谦点校，天津古籍出版社，1986，第 127 页。

③ 中国人民政治协商会议天津市委员会文史资料研究委员会编《天津文史资料选辑》第 1 辑，天津人民出版社，1978，第 130 页。

④ 《天津文史资料选辑》第 1 辑，1978，第 150 页。

⑤ 青岛市档案馆编《胶澳租借地经济与社会发展（1897—1914）》，中国文史出版社，2004，第 429—431 页。

⑥ 山东省地方史志编纂委员会编《山东省志·铁路志》，山东人民出版社，1993，第 420—421 页。

⑦ 寿扬宾编著《青岛海港史：近代部分》，人民交通出版社，1986，第 53 页。

学徒、工人来自山东各地农村。① 天津和青岛近代工业起步之际，也是城市
人口激增之时，企业招工往往优先吸纳乡村青壮年人口，就业机会增加成
为早期华北城市人口增加的主要原因。

中国在机器大工业发展的同时，传统行业如丝茶却因在国际市场竞争
中丧失有利地位而衰落，大量农村剩余劳动力不能被农村工业吸收。② 外来
商品的涌入破坏了中国乡村以农为食以工为用的乡村家庭生计模式，③ 随着
城市建设的发展和乡村副业的破产，农民陆续进城。天津在未开商埠以前，
居民多务渔耕，其次是业商者。通商以后，天津为华北商务汇集之区；农
业渐渐被淘汰；同时工业品的需求旺盛，故乡民趋于市区，投身工业，人
口遂亦激增。④ 天津的近代产业工人，一般都来自北方农村中破产的农民或
手工业者。⑤ 天津织布业中，外省工人占总数的 94.3%，"其趋驰津市，无
非为谋生计焉"⑥。

在就业人数与对外来人口的吸引力方面，商业具有交易效率的即时性、
空间与时间的灵活性与对资金、技能要求的包容性，比工业更能吸引移民
的进入，这是一个老少咸宜、贫富皆可的职业，而两地开埠以前转运贸易
极为活跃，相继开埠后，迅速发展为华北地区商品生产加工点、中外商品
集散地和贸易转运连接点。与贸易相关的货栈、打包、搬运、批发、捎客
等行业迅速扩展，贸易的伴生行业如银行、钱庄、旅店、典当、饭店等也
随其扩展。即使在近代工业已经颇有发展的 30 年代，商业依然在城市发展
中发挥着重要作用。故时人言：与其谓为"工业的天津"，不如谓为"集散
的天津"更为恰当。⑦ 两市有业人口中，商业人员一直占比最多。天津和青
岛的大多数商铺、货栈均录用同村及同县人。而工人的录用中，熟人关系
占主导地位。大量商店学徒、无业者亦多来自创业者的原籍，他们与各店

---

① 青岛市李沧区政协文史委员会编《李沧文史：记忆中的村庄》（中），青岛出版社，2008，
第 157 页。
② 刘佛丁主编《中国近代经济发展史》，高等教育出版社，1999，第 151—156 页。
③ 费孝通：《中国士绅——城乡关系论集》，赵旭东、秦志杰译，外语教学与研究出版社，
2011，第 137—141 页。
④ 《天津市之风俗调查》，《河北月刊》第 1 卷第 3 期，1933 年，第 1 页。
⑤ 来新夏：《天津近代史》，南开大学出版社，1987，第 123 页。
⑥ 方显廷：《天津织布工业》，南开大学经济学院，1931，第 66、77 页。
⑦ 刘东流：《天津铁路工人家属的婚姻疾病与教育程度的调查》，《新中华》第 5 卷第 13 期，
1937 年，第 117 页。

经理有地缘或血缘关系。

从天津、青岛城市化启动初期来看，由于工商业对男性青壮年的需要，近代工商业的回乡招工模式推动青壮年农民优先进入城市，一个人进城往往伴随着原籍一村一县农民的进城趋势，乡村移民呈现出追随他们亲人和老乡进城的链式迁移，同时，进城可以求职，可以满足对生活的更高期待，返乡移民的洋气和改变也刺激投亲谋事的进城移民越来越多。

三　农村失序时期：兵匪天灾交乘，农民被迫离乡

1920 年代为移民人口增加最快速的时期，此时两市人口增加主要因乡村发展环境恶化，主要表现为天灾人祸，捐税繁杂，使得乡村社会失序，农民被迫离乡。晚清以来，统一的皇权国家秩序已经崩溃，新的民族国家秩序尚未建立，各种权势集团狼奔豕突，强权横行，民不聊生。1912—1930年，各地军阀与豪绅的强取豪夺和苛捐杂税成为困扰各地农村的首要问题。同时，新旧军阀间的混战绵延至 1930 年，内战稍歇，日本侵略旋即而至。战乱中的农民遭受着严重的苦难，如马若孟所言："没有其他现象对农村造成过像敌对的军事集团互相争夺地盘时造成的这样的动乱和不幸。"[1] 政权的武力化和割据化使整个社会陷入严重的失序状态，匪患与兵灾轮番蹂躏，尤其以京津门户华北军事要地冀、鲁、豫为重。

居民极感不安，凡有资财者，均纷纷迁避，以致"胶路来青之客车，此项避难者极形拥挤"[2]。河北每遇战事，沧州、静海、独流等邻近各县难民即往京津等地逃生。战难频繁，至一地有事，邻乡皆如惊弓之鸟，应时而动。如杨村军队开火，"而北仓辛庄、西沽堤头、宜兴埠一带之居民，异常恐惶，均纷纷迁移"[3]。1926 年直鲁连军和奉军在河北交战，看见军队开来占用民房，天津周边大量乡民来津沽避难。[4] 自日军逼近平津后，天津附近各乡村之农民，既害怕溃兵掳掠，又担心敌兵暴行，而以天津为安全地，

---

① 〔美〕马若孟：《中国农民经济——河北和山东的农业发展，1890—1949》，史建云译，江苏人民出版社，1999，第 313 页。
② 《内地居民来青避难》，《青岛时报》1934 年 4 月 17 日，第 6 版。
③ 《杨村居民逃难来津》，《益世报》1925 年 12 月 11 日，第 10 版。
④ 《难民来津》《益世报》1926 年 4 月 12 日、15 日、18 日、27 日，第 11 版。

于是贫民妇孺，多相率逃至津郊一带。另据难民称，家乡本无战事，不过时受溃军凌辱，百姓供给民房饮食，军队甚至逼勒钱财，故不能走。[①] 难民在战事稍定后虽多数回乡，但留津者仍不少。[②] 从青岛市贫民调查情况来看，来自胶县、临沂、平度、日照等匪祸重灾区的贫民最多。[③] 从24户灾民进入习艺所的原因来看，有7户因家乡匪灾侵扰，进城避难。[④] 青岛1920年代较1910年代人口增加85.5%，首要原因即"内地匪氛不靖，乡民避难商埠"[⑤]。

战争肆虐和土匪滋扰交相为害，农民不仅生活无法安定，财物为其掳掠，且又因政治劣化，捐税加增，富户贫民均不堪负累。舆论认为，"中国人民之最大痛苦，为饱受苛虐之政而无从呼吁"[⑥]。与民国初年的富户、青壮年进城不同，此期无论贫富、良否均有离乡倾向。"乡村富户既多移寓平、津，而贫苦农民亦因农村破产，无以资生，群相麇集工业中心，谋求生路，因而津埠人口大见增加。"[⑦] 各县的逃犯或兵匪被打散后，往往进城避难，或遣散进城。[⑧] 天津那些资遣回籍的军人，依然身着军装，招摇过市，不少沦为乞丐。[⑨]

频繁的水旱天灾，更使农民处境雪上加霜。1912—1948年，河北、河南、山东、山西共发生水灾2250次，占全国水灾7408次的30%，旱灾1993次，占全国旱灾5935次的34%，虫灾757次，占全国虫灾1719次的44%。[⑩] 1933年后，华北农村水旱交作，并受世界经济危机之波及，不仅农民生活困顿，中小商人亦受影响，家贫如洗，致各处灾民盈道，纷纷向都

① 记者：《天津东局子难民视察记》，《北辰杂志》第5卷第9期，1933年，第1—2页。

② 吉长：《参观天津难民窝铺记》，《生活周刊》第1卷第24期，1933年，第147页。

③ 《青岛市各公安分局管界贫民调查表》（1932年4—6月调查），档案号：B21-3-69，青岛市档案馆藏。

④ 《青岛总商会收请入贫民习艺所函件》（1929），档案号：B38-1-482、483，青岛市档案馆藏。

⑤ 青岛市档案馆编《帝国主义与胶海关》，档案出版社，1986，第244页。

⑥ 《呜呼苛捐杂税》，《大公报》1929年12月17日，第2版。

⑦ 天津社会科学院历史研究所编辑《天津历史资料》第5期，天津社会科学院历史研究所，1980，第86页。

⑧ 《1930年青岛市公安局侦缉土匪案卷》，档案号：A17-3-572，青岛市档案馆藏。

⑨ 《退伍军人滋扰》，《大公报》1929年1月16日，第12版。

⑩ 夏明方：《民国时期自然灾害与乡村社会》，中华书局，2000，第34页。

市求生，在调查的 65 位天津铁路职工务工原因中，因乡间生活困窘的有 23 人，占 35.38%，在乡业农者几乎全由"生活困难""水灾"等原因来津觅食。① 弃农为工的久大盐厂工人，他们离开家乡的原因主要有两种：一是地少人多，生活不能维持；二是兵匪水旱，乡间不能居住。② 一些人甚至押卖、诱拐女性，或为缓解生活困境，或为从中谋利。从天津《大公报》记者蒋逸霄对"津市职业的妇女生活"的报道来看，信息较完整的 16 名妇女中，有 9 名是因家乡生活困难而入城求生，6 名是进城投靠亲人或由亲人、乡邻带到城市谋生，1 名是为躲避丈夫虐待而逃往城市。③ 1929 年青岛市育婴堂送济良所的 18 名妇女中，17 名是遭绑架而来的乡下女子。④

与城市化初期主要是青壮年进城不同，1920 年代的华北地区兵匪相连、天灾频发、基层劣化，农民苛税繁多，日益贫困，乡村社会失序，众多村庄不具备基本的生存条件，农民无论贫富、年龄、性别、远近，多有避难于城市以求生机者。20 年代两市人口的大量激增，即是此乡村社会生活环境恶化的产物。

四　地理区位优势：城市经济发展，郊区农民受益

城市发展的溢出效应总是最先惠及邻县或城郊的农民，他们进城务工，或趁农闲时来城市做苦力或小工。除技术工人来自南方，天津和青岛的普通工人和学徒多来自工头的家乡，以及厂区附近村或邻县的农村。1915 年天津模范纱厂开办，工人"不是在天津招募，而是全部在离天津三十至五十里的津浦、京奉铁路附近的村落里招来的，全部住在宿舍里"⑤。天津各纱厂通行的雇工办法，是由工头负责为厂方招募，如华新纱厂由厂方派遣代理人在天津临近招募学徒或返回原籍向其乡人劝说，说明待遇，诱来天

---

① 刘东流：《天津铁路工人家庭与人口的分析》，《现实生活》第 1 卷第 6 期，1937 年，第 20 页。

② 林颂河：《塘沽工人调查》，北平社会调查所，1930，第 125 页。

③ 蒋逸霄：《津市职业的妇女生活（1—49）》，《大公报》1930 年 2 月 8 日，第 11 版；1930 年 6 月 16 日，第 9 版。

④ 《育婴堂送济良所 18 名妇女》（1929），档案号：B38－1－479，青岛市档案馆藏。

⑤ 〔日〕东亚同文会：《支那省别全志》第 18 卷，东亚同文会，1918，第 727 页。

津工厂工作。① 胶州自德国在青岛筑港建路后，四方商贾和居民多移住青岛，② 即墨"以交通便利关系，来青服务于工商界者日众"③。

　　天津和青岛的较大规模的工厂，尤其是用工较多的纺织厂一般兴建在城郊农村，这便利了当地村民进厂务工。青岛四方、沧口纱厂集中，附近村民进厂务工颇不少，"少壮者作工于工厂，老弱之辈则从事耕耘"④。在李村乡区，村民多赴纱厂务工。⑤ 吴家村的村民，大半均在市内外各工厂务工，专靠田地生活的占极少数。⑥ 胶县南庄人姜少福，至 1930 年止，在青岛出苦力已有 7 年多。他一般在五月至八月间种收地瓜后，再来青务工。⑦ 城郊村民享有就近转业的便利，天津市内村庄有两大特点：一是因人均耕地少且地势低洼易涝，住户务农者极少，以工商为主业，而以务农为副业；二是土著居民少，而外来移民多。佟楼村和邵公庄的村民多在附近北洋火柴第一厂和济安自来水厂务工。西沽村土著或经商、或负苦、或到丹华火柴公司当工人，农户反而都系客籍。西于庄村民多以捕鱼、卖鱼、拉车、扛包为生。东于王庄农民多来自山东，本地村民则以卖鱼为生。席厂村近二十年增加 400 多户，均是外乡人，农民以卖鱼、卖菜、拉车最多。复兴庄和唐家口住户两万余人，因距离海河近，村民装卸船货或拉人力车、地排车，或进烟草公司务工。小于庄因华新纱厂成立后征募工人，十年间住户从 30 余户增加到 1623 户。妇女们或进厂务工、或在家为军服店缝纫军衣，或糊火柴盒。⑧

　　同时，城郊农民进城从事农产品贩卖、垃圾掏运均有地利之便，为城市服务的奶牛养殖、蔬菜栽培、果树种植也逐渐兴起。近郊农村开始城市化进程，在青岛乡区李村区的制造物品，有编制柳筐竹筐、制造冻粉等，

① 方显廷：《中国之棉纺织业》，上海商务印书馆，1934，第137—140页。
② 殷梦霞、李强选编《民国铁路沿线经济调查报告汇编》第5册，国家图书馆出版社，2009，第551页。
③ 殷梦霞、李强选编《民国铁路沿线经济调查报告汇编》第5册，第131页。
④ 《青岛之农村续》，《青岛时报》1934年7月9日，"自治周刊"第99期。
⑤ 《李村乡区农村经济概况调查》，《青岛时报》1933年3月19日，第6版。
⑥ 《巡阅天后宫四方路台东镇吴家村小记》，《青岛时报》1934年2月19日，第6版。
⑦ 《三分局送匪犯孙玉昌等一案》（1930），档案号：A17-3-572，青岛市档案馆藏。
⑧ 吴瓯：《天津市农业调查报告》，王强主编《近代农业调查资料》第9册，凤凰出版社，2014，第24—48页。

九水区有织布、织席、糊火柴盒等，沧口一区，品类最繁，有 100 余种
之多。[①]

总体而言，邻近城市的乡村最先受益于工商业的发展，无论是进厂务
工，就近从事商业服务，或是扩展农村生产经营类别，均较偏远农村有更
多的谋生机会与谋利渠道，城边村或城中村成为最早就地城市化的区域，
当地农村剩余劳动力已经成为就地转移的最早一批市民。

研究结论：农民进城的时空与群体差异

综上所述，农民离村问题不能仅从乡村社会演进的共通性问题去探讨，
而应结合不同时期、不同城市及不同群体的实际情况进行考量。从 19 世纪
末 20 世纪初城市化启动时期来看，由于城市基础建设的需要和工商业的发
展，对产业工人、技术工人和商人群体需求较大，通过招雇方式进城的青
壮年农民较多。城市工业初创时期对劳动力的需求是促成天津和青岛此期
人口增长的主要动力，两地人口增加与城市建设和工业发展呈现一定的互
动性。而自 1920 年代起，农民的贫穷与乡村的灾荒与匪祸是更重要的推力。

近代农业恐慌和农村崩溃论盛行于 1931—1935 年[②]，农民进城高峰却
是在 1920—1930 年。关于此期乡村经济的状况，有珀金斯的停滞的平衡
说[③]、章有义的衰退说、吴承明的增长说[④]、徐秀丽等的增长 - 萎缩 - 回复
的分阶段考量[⑤]、李金铮的"相对发展，绝对落后"说[⑥]。当然，土地承载
力与生产技术、土地开发利用、农业生产结构、粮食耕作制度、生态环境
等因素均有关系，即使人均耕地减少，也并不意味着生活条件的必然恶化。
在学界研究尚存争议的情况下，经济压力说尚缺乏充足的论据，1912—1949

---

① 《各区举办各种社会调查案》，《青岛市乡村建设月刊》第 1 卷第 2 期，1933 年。
② 王先明：《乡路漫漫：20 世纪之中国乡村（1901—1949）》，社会科学文献出版社，2017，
第 427 页。
③ 〔美〕德·希·珀金斯：《中国农业的发展（1368—1968 年）》，宋海文等译，上海译文出
版社，1984，第 242 页。
④ 吴承明：《中国近代农业生产力的考察》，《中国经济史研究》1989 年第 2 期，第 70—73 页。
⑤ 从翰香主编《近代冀鲁豫乡村》，中国社会科学出版社，1995，第 245 页。
⑥ 李金铮：《发展还是衰落：中国近代乡村经济的演变趋势》，《史学月刊》2013 年第 11 期，
第 8—11 页。

年，山东农民平均每年闯关东人数达到 48 万之多，尤其是 1927 年、1929年这两年均在 80 万人以上，1928 年移民最多，达 104 万人，[①] 农民离村期、城市人口激增期与农业危机期并非同步，而与山东严重的旱灾和军阀混战形势相吻合。土地资源的匮乏确实使部分农民选择到他乡务农，农业挤压出来的剩余人口也部分流向了城市，乡村的灾变与混乱恰为农民规模化进城之主要原因，或可以认为，大多数近代农民是被逼进城的。

乡村秩序相对较好，社会环境变动较少的村民往往不愿进城务工，在青岛辖境的水灵山岛，"该岛距青市最近但到市内谋生之人绝少，天主教人曾为在本市介绍月得二三十元之职工，但不数日均弃职逃回"[②]。岛民不愿进城，与其闭塞之风和生活习惯有关，也因岛上太平，即使生活贫困，居民并不轻易进城。天津市社会局的妓女调查中，文安县连年水灾，来自文安的妓女有 85 人。高阳县因为织布业非常发达，妇女有工可务，且土地比较肥饶，沦落为娼者仅 2 人。[③] 一些山东难民到天津、即墨贫民到青岛的乡区耕种土地，只为避难而往。如同 1920 年代末至 1930 年代初的上海移民多半是被逼出家园的难民，"可以说，这一时期中国人口城市化步伐加快，一定程度上是恶劣的环境所致"[④]。

进城流的城市内部信息表明，1920 年以来，农民流动的根本原因是整个社会秩序与自然环境的异常变动，尤其是政治形势的动荡。天津大众媒体均对难民来津多有关注，"近来本埠贫民，日见增多，查其原因，系因频年战事，各县人民，多已无衣无食，故均纷纷来津"[⑤]。天津女佣介绍所利润最好的时候，"是每次兵燹，水、旱灾以后的几个月内"[⑥]。林颂河对久大盐公司工人的调查表明，大多数农人弃农就工，平时因为地少人多，生活不能维持，近几年的天灾人祸，使直鲁农民，不能安居乡里，摇动了农村

① 路遇：《清代和民国山东移民东北史略》，上海社会科学院出版社，1987，第 50—52 页。
② 《水灵山岛调查报告书续》，《青岛时报》1932 年 9 月 12 日，"自治周刊"，第 7 期。
③ 李文海主编《民国时期社会调查丛编：底边社会卷下》，福建教育出版社，2005，第544 页。
④ 忻平：《从上海发现历史——现代化进程中的上海人及其社会生活（1927—1937）》，上海人民出版社，1996，第 207—208 页。
⑤ 《贫民增多之原因》，《大公报》1927 年 1 月 11 日，第 7 版。
⑥ 《仆妇介绍所剖析》，《益世报》1933 年 10 月 21 日，第 5 版。

的基础，经济的影响究竟是最重要的。① 青岛西镇聚居的移民，"或是水旱天灾，或是兵燹匪患，生活无术的时候，便拖老带少，忍痛的背井离乡，跑到这地方来"②。由社会环境变动引致的农村经济的衰败成为移民进城的直接原因。

由于城乡发展阶段与乡村区位优势的不同，近代农民进城呈现明显的群体差异。第一，在进城动机方面基本分为发展型和生存型。20世纪初的青壮年人口进城，主要是发展型移民，他们为改变自身生活状态，在老乡的劝诱下进城务工经商。1920年代那些被乡村的灾荒和兵匪逼迫进城的农民则多是生存型移民，他们卖掉土地和房产，举家迁移，这几乎断绝了他们对家乡的归路，这样彻底地告别故土，也促进他们必须积极地投入城市生活。第二，在移民进城的途径方面，集体性的对农民招工和跟从性的随亲友进城，往往易于获得一份相对稳定的工作，最糟糕的是被拐卖的女性和逃难的家庭，进城后或沦为娼妓、歌女、小贩，或沦为乞丐、苦力、车夫，常常处于城市底层。第三，在移民籍贯方面，城市乡区和邻县农民最先感知城市发展的变化及对个体的机会，是最先城市化的区域群体。那些手工业或商业基础较雄厚并在城市已经建立相应工商业关系网的乡村可大大降低农民进城的机会成本，形成工商业发展中的"同乡而聚"的特点及城市经济生活中县域力量的集中现象。在天津，河北霸县人、南宫人经营日用百货，枣强人、南宫人、冀县人从事地毯业，交河人从事铸铁业，蓬莱人、掖县人、益都人经营饭馆。在青岛，黄县人主营纱布业，开设行栈业从事土产进出口贸易的多是掖县人、黄县人、潍县人、即墨人、沙河人、寿光人、即墨人、胶县人则把持码头货运。由此可见，农民进城体现了社会生活处境与危机应对方式的群体化特征，更折射出自然灾害、时局动荡、经济萧条的结构性变动下民众被迫流离的时代趋向。

（原刊《青岛农业大学学报》2021年第1期）

---

① 林颂河：《塘沽工人调查》，北平社会调查所，1930，第125页。
② 《平民院阶级之分析》，《青岛时报》1936年3月29日，第6版。

图书在版编目（CIP）数据

基层治理：社会精英与近代中国乡村建设／柳敏主
编. -- 北京：社会科学文献出版社，2022.4
（近代中国乡村建设研究丛书）
ISBN 978 - 7 - 5201 - 9628 - 4

Ⅰ.①基… Ⅱ.①柳… Ⅲ.①城乡建设 - 中国 - 近代
- 文集 Ⅳ.①F299.295 - 53

中国版本图书馆 CIP 数据核字（2022）第 013228 号

近代中国乡村建设研究丛书

基层治理：社会精英与近代中国乡村建设

主　　编／柳　敏

出 版 人／王利民
责任编辑／李期耀
文稿编辑／毛筱倩　崔园卉
责任印制／王京美

出　　版／社会科学文献出版社·历史学分社（010）59367256
　　　　　地址：北京市北三环中路甲29号院华龙大厦　邮编：100029
　　　　　网址：www.ssap.com.cn
发　　行／社会科学文献出版社（010）59367028
印　　装／天津千鹤文化传播有限公司

规　　格／开　本：787mm×1092mm　1/16
　　　　　印　张：16.5　字　数：271千字
版　　次／2022年4月第1版　2022年4月第1次印刷
书　　号／ISBN 978 - 7 - 5201 - 9628 - 4
定　　价／98.00元

读者服务电话：4008918866